木簡学入門

志学社選書

002

大庭脩博士

（大庭博子氏提供）

まえがき

「これが漢簡です」と、森鹿三《もりしかぞう》先生は多少興奮気味で、われわれにも改まった口調になった。香港の骨董商が持参したとかいう居延漢簡《きょえんかんかん》を、京大人文科学研究所の研究会でメンバーに御ひろうになったことがあったが、もう三十年ほども以前のことだった。生まれて初めて、それまで研究していた漢簡の実物を見て、「何だ、挿し込み式の箸箱のふたみたいだな」と感じた。

そして私のばあい、多くの仲間が別の専門を見つけてそちらのフィールドへ発展をし、あるいは木簡研究を導いていただいた森鹿三先生が亡くなったあとでも、なお箸箱のふたとのおつき合いが続いている。

イギリスのブリティシュ・ミュジアムでスタインの敦煌《とんこう》漢簡、ストックホルムの民族博物館ではヘディンの楼蘭《ローラン》晋簡、台北《たいほく》の中央研究院で居延漢簡、同じく中央図書館で居延漢簡の離れ、北京の考古研究所では武威《ぶい》漢簡のモデル、そして甘粛《かんしゅく》省博物館ではその本物をはじめ、甘谷《かんこく》漢簡や、一九七三・七四年発掘の居延漢簡のイミテーションなど、長い間に実見した箸箱のふたも多数をかぞえる。冊書になった武威漢簡のモデルなどは、まきずしのすだれを広げるような感じでもある。

きわめて幸運な偶然が私を木簡研究に結びつけた。いろいろ数えあげれば何でも幸運になるだろうが、ちょうど大学院に進む時期に、日本で居延漢簡の本式の共同研究が始まったということが、もっとも幸運な偶然だといってよい。師匠との出会い、テキストとの出会いなどに較べて、この天の時に際会したことが、巨視的にはもっとも幸運であろう。

そして、居延漢簡そのものが持っていた不幸な研究の遅延、すなわち、一九三〇・三一年の発掘品であるにもかかわらず、第二次世界大戦による研究の遅延が、かえって森鹿三先生のような碩学と、私たちのような初心者が、同時に研究をスタートさせるという結果になった。

このことは、さらに長期間にわたる日中関係の遮断についてもいえる。戦後の日中関係は、文化大革命および、中国の対外政策の大転換により、一九七二年の日中復交を契機にきわめて緊密な友好的なものとなり、かつ別の意味での文化大革命の結果、中国国内における考古学的発掘のいちじるしい進展があって、多数の漢簡の出土という事実を加え、最近とみにその情報と研究成果の発表に接するようになった。この面では、これより以後の研究者がいっそう多くの新発見の事実を見ることができるだろうが、とにかく一九七三・七四年発掘の第二次の居延漢簡の写真、釈文《しゃくぶん》の全貌に接し得る時も間近いのである。

このような環境にあって何か私にできることがあるとすれば、それは木簡研究への誘ないではなかろうか。

時あたかも日本国内でも平城京木簡はじめ多数の木簡、あるいは漆紙《うるしがみ》の発見が報じられている。文書・記録の出土ということは新しい学問分野の発見であり、木簡学が提唱され、木簡学会が発足している。

中国木簡の研究史からいえば、今がその中核である居延漢簡研究の、第一次と第二次との端境期に当る。今のうちに来るべき大発展に備えて一人でも多くの研究者を準備しておかねばならない。

そういう時期に私は、本書をもって木簡学への誘ないを、読者によびかけるものである。

大庭脩

木簡学入門　目次

第一章　木簡学への誘ない

日本出土の第一号木簡

木簡学という言葉は新しい。この言葉が公式の場所で使われたのは、一九七四（昭和四十九）年十一月九日に東京大学法文一号館二十五番教室で行なわれた、史学会第七十二回大会の公開講演の席で、当時の奈良国立文化財研究所、埋蔵文化財センター長であった坪井《つぼい》清足《きよたり》氏が、「木簡学の提唱」という題で話されたのが始めである。

奈良市の西郊にある平城宮跡で長くその調査に従い、一九五六（昭和三十一）年一月二十六日、SK二一九地点という発掘地点で木簡の最初の出土があって以来、木簡の発掘・調査にたずさわって来た坪井氏の熱弁は、講演当時で平城宮跡だけでも二万二千点、藤原宮跡で二千点、大宰府跡で一千点、その他十指をこえる出土地を見るにいたった「木簡」という新しい歴史学の資料についての関心をいちだんとよびおこした。いまや木簡学という言葉もしだいに用いられるようになってきている。坪井氏の「提唱」に唱和する声が広まりつつあるといってよいだろう。

では木簡学とは何だろう。それを説くためには、「木簡」とは何かということを考えなければなるまい。

日本で、木簡というものが出土したのは、平城宮跡が初めてではない。一九三〇（昭和五）年九月七日に、秋田県仙北《せんぼく》郡にある払田柵址《ほった》で出土したことがあり、この時の発掘の次第を書いた藤井東一氏の「拂田柵」（「秋田考古会会誌二―四）には、すでに木簡という言葉がある。

このことは、一九七七年十二月十三日に平城宮跡資料館会議室で行なわれた第三回木簡研究集会で、当時東北歴史資料館勤務の平川南《ひらかわみなみ》氏の「東北地方出土の木簡」についての報告の中で指摘され、私を含めた参加者の間で、そんな以前にもう使っていた言葉なのかという意味の嘆声が聞かれた。平川氏は、その時に出土した木簡の一つが現存していることを見つけ出されたそうである。日本出土の第二号木簡の再発見で、木簡学にとってはきわめて重要なことである。

ところで平川氏が報告要旨に引用された「拂田柵」の文章を読むと、藤井氏はその木簡についてこういう表現をしている。

これは浜田《はまだ》耕作《こうさく》先生著『通論考古学』の写真版にある木簡と云ふものによく似て居る様に、我々素人には考へられる。

ずい分慎重で遠慮深い表現だ。当時が官尊民卑の時代であったことに原因の一つはあると思うが、もう一つ、『通論考古学』に掲げられている木簡と、あまりに年代が離れすぎているることにたいするとまどいがあったのではないかと察せられる。

というのは、浜田博士の同書第四図版に出ているのは、漢・晋時代の木簡だからである。浜田博士の『通論考古学』は一九二二(大正十一)年に初版が刊行された。博士がヨーロッパ留学中の研究成果にもとづいて作られた斬新な考古学の概説書で、当時の新しい資料が数多く盛り込まれている。

木簡もまた新資料の一つであった。中国の木簡は、その当時でも、そして今でもすべて発掘されたものであり、中国木簡の発掘出土は、今世紀初めのヨーロッパ人による西域探検の結果、再びこの世に出てきた。浜田博士はその新資料を紹介されたのである。

日本木簡だって出土品ではないかと思われるかも知れない。ところが、日本には正倉院《しょうそういん》に保存され伝世したものがある。正倉院には伝世木簡が約四十点ある

文字を書く素材——パピルス

人類がコミュニケーションの手段として文字を用いるようになったのは、古いことである。世界の各地でさまざまな文字が発明されたが、同時にその文字を書きつける物が必要となった。文字を書くための材料——書写《しょしゃ》材料もまたさまざまに工夫をされた。有名なものはパピルスである。

パピルスは、和名をカミガヤツリという植物で、エジプトのナイル河畔その他に生える多

年草である。三稜のある円柱形の茎を包んでいる薄い皮をはぎ重ね、密着させて作った書写材料が、通常いうところのパピルスである。エジプトでは第五王朝（前二四九四〜前二三四五）時代から用いられはじめ、以来、三千五百年にわたって使用されている。パピルスに書いた文書には、古代エジプトの神官文字や民衆文字、ヘブライ、ギリシア、ラテン、コプト、アラビア等の各語が書かれたものがある。

パピルス文書というと、今日では、ギリシア語で書かれた前三一一年から紀元六四一年までの約一千年のものがもっとも主要で、この研究はとくにヘレニズム世界の究明に役立っている。そのため、パピルスといえばギリシアのものと思い勝ちだが、じつはカイロの国立エジプト図書館には西紀九世紀から十一世紀あたりの、アラビア語のパピルス文書が収蔵されていて、予想外に長く使用されていることがわかる。

ではこういう草を用いて書写材料を作るのは、エジプト付近に限るのかといえば、中国の前漢中期（前一世紀）に生きた路温舒《ろおんじょ》という人は、子供のころ、沢に生えている蒲《ほ》を採集して、切って牒《ちょう》（書写材料の一つ、二四ページ参照）を作り書物を写したと伝記にあるから、中国でも同類の知恵があったことになる。

さてこのようなギリシアのパピルス文書を読むためには、専門的な技術が必要で、その技術を学んだうえ、それを研究する特別な学問が発達し、パピロロジーと呼ばれている。この学問を日本に導入したのは故粟野頼之助《あわのらいのすけ》関西学院大学教授であった。

ところで、このようなパピルスを書写材料に使っていた地域では、そのほかの素材にはいっさい字を書かなかったのかというとそうではない。たとえば、エジプトにおいては、エジプト文字ヒエログリフが石に刻されていることは衆知のことであろうし、木の棺に書かれていることもある。ロンドンのブリティシュ・ミュージアムには、多分エジプトで発見されただろうという、ホーマーのイリアッドの詩句を六行、後期ギリシアの書体で書いた板が展示されている。鉄の下げ手がついていて、学校で使ったものだろうという。文字を書く素材は単一ではないのである。

甲骨文と金石文

中国のばあいはどうであろう。現在残っている古いものからいえば、まず殷《いん》代の甲骨文《こうこつぶん》がある。亀の甲や獣の骨に彫りつけた文字で、占いに用いた。その時代は殷の滅んだ前一〇二八年から二百数十年前までさかのぼる。中国の文字資料としては最古のもので、それだけに釈読できない文字もなお数多くあり、その研究は特別な甲骨学を修得していなければ歯が立たない。

1　甲骨文

2　金文

ところが殷代の文字資料としては、別に当時の青銅器に刻した銘文がある。殷の青銅器類は、美術的にも技術的にもきわめて高いレベルにあるが、その銘文を読み釈くには、高度の知識が必要である。青銅器に銘文を刻する風習は、その後の周《しゅう》時代になるといっそう盛んになり、長い銘文を持つ銅器がたくさんある。青銅器をはじめ金属器につけられた銘文は、金文《きんぶん》という伝統的呼称があり、これを研究する金文学は、中国では宋《そう》代あたりから発達した伝統的な学問である。

一方、中国には、石に文字を彫刻して表示することが行なわれた。つまり石碑を立てる風習で、たれかの功績をたたえる頌徳《しょうとく》碑、墓の主の行状を残すための墓碑、それを墓の中に納めた墓誌などがある。こういう石碑を集めた陝西《せんせい》省博物館の西安碑林《せいあんひりん》は有名であるが、最近調査の進んでいる唐《とう》の太宗李世民《たいそうりせいみん》の墓、昭陵《しょうりょう》の陵域内から発見された碑や墓誌を集めた昭陵碑林もすばらしいものである。こういう文字を刻した石造品は、一般に石刻《せきこく》とよばれ、金文と石刻の研究をあわせて金石学《きんせきがく》という学問が中国の伝統的学問分野に存在する。

3　昭陵碑林

石に文字を刻することは、けっして中国あるいは中国文化圏に固有のものではない。先にもいったとおり、エジプトにもあるし、ギリシア・ローマにもある。それはエジプト文字解読の端初となったのが有名なロゼッタ・ストーンの発見であり、黒曜石《こくようせき》のこの碑に、ヒエログリフとギリシア文字とで同文の文章が刻されていた一例をあげれば十分理解できるだろう。

ところで、こういう金属器や石に文字を書く目的は、その文の永久保存にあって、いわゆる日常的なものではない。エジプトやギリシアにおける日常の書写材料はパピルスであった。中国においてはそれが紙であることは容易に想像できる。そして、この紙に書かれた文字資料を中心にして研究される資料学が、古文書学だといってよいだろう。もっとも、古文書学は紙に書かれたもの以外は対象にしないというわけではなく、また中国よりは日本の方がはるかに体系的に発達している。

帛書《はくしょ》の発見

紙の発明は中国でなされた。発明者としての栄誉は一世紀の人、後漢《ごかん》の蔡倫《さいりん》が担っている。「蔡倫が紙を発明した」ということは、いわば世界史の常識になっていて、もし世界史の試験でそう答えなかったら減点されるだろう。だが、蔡倫以前の紙が発見されている事実は、学界の常識である。学界の常識と教科書の常識にズレがあることは、これまた教師の常識で驚くことではない。紙のはなしはあとにまわしておこう。

4　帛書に描かれた墓主軟侯夫人　馬王堆1号墓出土

それがいつであったかは別として、紙が発明される以前に、中国において日常的に使用された書写材料は何であっただろうか。そこでとりあげられるのは、帛《はく》というと絹と、竹や木であった。

帛に書いたものは帛書《はくしょ》とよばれる。一九五〇年代初めに湖南《こなん》省長沙《ちょうさ》近郊の古墓で一枚の帛書が発見されて話題になった。出土のさいは、たたんで漆奩《しつれん》（はこ）箱の中におさめられていたといい、のちアメリカのコックス氏の手に入ったという。四周に朱、藍《あい》、絳《あか》の三色で神像をえがき、中央には左右にわけ、一方に十三行、もう一方は八行にわたって文字が書かれている。完全なものは毎行三十四字である。まわりの神像の意味もはっきりせず、帛文の解読も不明な点やかけた部分が多くて明らかでないが、戦国時代の楚巫《そふ》（楚の国の〝みこ〟）に関連するもので、墓葬に用いたのは厭勝《ようしょう》（まじない）の意味をもつのではないかと考えられている。

帛書の画期的な発見は一九七三年に行なわれた。湖南省長沙馬王堆といえば、軑侯利《たいこうり》蒼《そう》の妻であると推定される女性の湿屍《しつし》が出た一号墓が有名であるが、つづいて二号・三号墓がこの年に発掘され、三号墓の東側の辺箱《へんしょう》とよばれる副葬品を納めるための副室から、五七号の番号が与えられた長方形の漆の奩《れん》（はこ）が見つかり、その下部に多くの帛書が長方形に折り畳んで納まっていたのであ

5　『戦国従横家書』

る。
その内容は、『老子』が二種類、『伊尹《いいん》・九主《きゅうしゅ》』と名づくべき法家思想の佚書《いっしょ》、『黄帝四経《こうていしきょう》』と名づくべき『経法《きょうほう》』『十大経《じゅうだいきょう》』『称《しょう》』『道原《どうげん》』の四書もある。これは黄老《こうろう》思想の書物である。また、総計で二十七章一万一千字におよぶ『戦国従横家書《せんごくじゅうおうかしょ》』があって、その内容の五分の三は現在の『史記』にも『戦国策《せんごくさく》』にもない話が書いてある。細かい断片をつなぎ合わせる作業がたいへんで、うっかり息がかかると飛ぶので苦労をしたと、中国社会科学院歴史研究所の馬雍《ばよう》氏は語ってくれた。

医学関係の書物で『五十二病方《ごじゅうにびょうほう》』というものも出てきた。全長四三〇センチ、幅約二四センチの帛に篆書《てんしょ》で書いてあり、『脈法《みゃくほう》』など四種の医書とともにこの帛に書いてあるが、一行三十二字で四百五十九行におよぶ。このほか『導引図《どういんず》』という体操の図解、地図が三枚、さらに棺室の東西の両壁にかけてあった帛画をはじめ計四枚の帛画も発掘された。

三号墓の主は、軑侯利蒼の男子で、漢の文帝十二（前一六八）年二月に死んだことがわかるので（二四八ページ参照）、前二世紀に書物などに帛が用いられていたすばらしい証拠品が見つかったわけである。帛書の発掘はこのように新しいので、なお「帛書学」というような特別な分野はないようである。

木簡学の必要性

さきにふれた蔡倫《さいりん》が紙を発明したことを記すのは、『後漢書』の「蔡倫伝」であるが、その記事によると、文字を書く材料として、帛は高価である点が欠点であるとしている。したがって書物や地図を書くのにはよいが、日常用には適しないのである。

では、古代中国において日常的に使われていた書写材料は何であったかといえば、竹や木であったということになる。そこで、竹や木という素材が文字を書くための材料として使用されたばあい、それにはどういう特色があり、どのように取扱ってゆかねばならないかが問題になる。そのためには特別な知識が必要である。パピルスを取扱うために「パピロロジー」が必要であるように、木簡には「木簡学」が必要であり、それは金文・石刻に対する金石学、甲骨文にたいする甲骨学に匹敵するものである。

坪井清足氏の「木簡学の提唱」以来、しだいに人口にのぼりはじめた木簡学を、中国の木簡を研究して来たものとしてどのように考えているか、これから研究しようとする人はどうすればよいかを書いてみようと思う。したがって、今後本書の中に記されることは、中国の木簡のことが主体になる。それで、その前にもう少し一般的な話をしておこう。

西洋の木簡

私たちが木簡研究に入ったころは、「紙が発明される以前、中国では文字を竹に書いた。竹のない地域では竹の代りに木を用いた」というように説明するのが常識であった。もしかすると、いまでもこの説明が一般的常識であるかもしれない。そして、紙が中国の発明であり、製紙法は紀元七五一年のタラスの戦いで捕虜になった唐の兵士の中にいた紙すき職人によって西に伝わったということから、西洋では紙がなかった時代は、パピルス、羊皮紙などを用いていたというように考えが展開してゆく。その結果、日本人には西洋でも木に文字を書くことがあったという発想が出てこなくなってしまったように思う。

エジプトやギリシアでも石に文字を刻んだことは、ロゼッタ・ストーンの例ですでに述べたし、ホーマーの詩を書いた木板のことも述べた。しかし、もっとおもしろい話がある。『月刊言語』昭和五十年四月号に渡部昇一《わたなべしょういち》氏が〝「神」と「上」の語源について〟という文章を書いておられるが、その中に、ドイツ語の書物の意味のBuchと、ぶなの木Bucheとは語源的に同じで、古代においてぶなの木の板は文字を書く材料であり、「先ず複数形のぶなの木の木片を示す語が出来、それが書物の意味を持ち、それから単数形の書物を意味する単語が作られた」とある。

これはひじょうに参考になることで、このことがわかってみると、紙がなかったから木に書いたというわけではなく、むしろ木を削って文字を書く素材にすること自体が普遍的な人間の知恵だといえる。

さらに興味深い例がある。一九七二年秋、イギリスのヴィンドランダの四世紀のローマ遺跡にトレンチを入れたR・E・バーレー氏は、製作者の名前の入った女性用の皮サンダルを含む皮製品や繊維製品の断片を発掘し、一九七三年三月にこの遺跡にもう一度鍬を入れたところ、皮製品、繊維製品のかたまりとともに木に文字の書いてあるものを発掘した。

これらは私信を含むが、多くはローマ陸軍の記録で、紀元一世紀後半から二世紀初めと見られている。ローマ史研究者の間では“The Vindolanda writing Tablets”とよばれ、一九七三・七四年のローマ史の雑誌には話題になっている。ローマ時代の木簡は、従来、一九二〇年代以来南イタリーのポンペイ、ヘルクラネウム、スイスのヴィンドネッサなどのローマ遺跡から出土していたのである。

インド、タイの木簡

つぎにインドの貝多羅《ばいたら》のことを考えてみよう。日本の法隆《ほうりゅうじ》寺、知恩《ちおん》寺などに貝葉《ばいよう》経典の断片が保存されており、それらは書体から五〜六世紀のものと推定され、世界でも古いもののうちに入る。

貝多羅というのはサンスクリット語のバットラ、すなわち「葉」の訳で、ターラというシュロ科の樹の葉を乾燥して縦七センチ、横四五〜六〇センチほどに切り、筆または錐で文字を書いた。サンスクリット語の仏教経典、いわゆる梵本《ぼんぽん》仏典はこれに書かれた。そして、今世紀の中央アジア探検の先駆者の一人、イギリスの騎兵大尉バワーが一八九一年にクチャで入手した樺皮に書いた経文も、二世紀にさかのぼるといわれるが、大きく見れば貝多羅と同様の、木に書いたものといえるであろう。

一九七九年三月二十九日の朝日新聞夕刊に書かれた田辺繁治《たなべしげじ》氏の文章によれば、北部タイのチェンマイ周辺の寺院に、九万点を上まわる「ランナータイ」語で「バイ・ラーン」に書かれた文書が発見され、タイ国立チェンマイ大学と、日本の国立民族学博物館が合同でそのマイクロ化保存を行なっているという。ランナータイは北部タイの地域に十三世紀以来成立していたタイ族の王国で、十六世紀には首都チェンマイを中心に仏教を基調とする独自の文化を誇っていたが、十九世紀末にシャムに併合された。「バイ・ラーン」はラーン樹のバイ（葉）で、ヤシの一種の葉に書いてある。

九万点の文書の内容は、仏教経典のほかに、寺院の縁起、王室の年代記、慣習法の法典などがあるそうだ。そうしてみると、十六世紀になっても、なお貝多羅《ばいたら》が実用されていたことになる。この細長い木質の書写材料の一部に穴をあけて紐《ひも》を通してとじて用いている様子を見ると、たとえばチベット版大蔵経が、いまは紙であるが、その原型は貝多羅であったことが容易に想像でき、インド、東南アジア等における書物の発達のあとが見られるのである。

このように考えてみれば、紙がないので竹に書き、竹のない所は木に書いたという説明はまったく通用しないことが明らかであろう。木を書写材料に使うのが世界共通の知恵で、中国の竹の成育する地域では竹を用いたといわねばならぬ。

また、紙がないから木に書いた、紙が発明されると木に書かなくなったともいいかねることは、たとえば、正倉院文書と併存して平城木簡が出土するようになってみれば、異論の余地がない。今日でも水にぬれるような場所では木を用いており、木の特性が活きる所ではなお木が書写材料に使われているのである。

最後に、ローマ時代の木簡の研究はどのような分野で扱われているだろうか。それらの論文は、Latin Palaeography（ラテン古文書学）や Epigraphy（金石学）の雑誌に出ている。木簡学を独立させるほど、まだ出土資料の量がないのであろう。

第二章　木簡とは何か ――その形と名称――

箇の字義

いま、「木簡とは何か」とたずねられたとしよう。私の答えは、「文字を書くために加工した木片または竹片」ということになる。この答えは簡単だから、具体的にあれはどうか、これはどうかと検討しはじめると、いろいろな問題が出てくるが、それはあとで始末がつく。それよりも、日本語の木簡という言葉自体のほうが、せんさくすれば問題を含んでいる。そこでまず、「簡」という言葉から考えてみよう。

「簡」という文字の成り立ちからいえば、竹かんむりは包括的に竹に関するものであることを示し、間が「かん」という発音を示している。後漢の人許慎《きょしん》が作った『説文解字《せつもんかいじ》』という字書の説明の仕方では、「竹に従《した》がう、間の声」という。竹のなかで「かん」とよばれるものという意味である。ではその簡《かん》はどういうものなのかといえば、『説文解字』は「簡は牒《ちょう》なり（簡とは牒のことだ）」と説明している。

しかしこの説明では、牒というものを知らないからわからない。そこで今度は、「牒」を『説文解字』でひいてみよう。牒の旁は蝶と同じで、これが字音の〝ちょう〟をしめすと思われる。では偏《へん》の片は何であろう。これは片という字である。つまり部首では片部に属する字なのだ。そこで「片」をしらべると〝判木《はんぼく》〟のことだと書いてある。漢字の成り立ちの説明には、時に判じ物のようなのがあるといっても、こんな所で判木といわれては見当がつかぬ。そこで『説文解字』の注を見ることにしよう。

　中国の古典には多く注のついたものがある。『詩経《しきょう》』や『書経《しょきょう》』をはじめ、『史記《しき》』にも『漢書《かんじょ》』にも注がある。注がつけられるのは、それが本文のままでは理解できないからで、注はどの部分について解説したものかをよく考えて読まねばならぬ。それから、一つのことに多くの注がつけられているばあいには、従前からいちばん評判の良い注はどれかを知ること、そして、腑におちなければ、評判が良くとも絶対正しいとは限らぬことを思って、他の注もよく見ることである。『説文解字』の注では、清朝の段玉裁《だんぎょくさい》の注が評判がよい。なお注を集成したものに、民国の丁福保《ていふくほ》の『説文解字詁林《こりん》』という本がある。

片部の文字

　段玉裁の注によると、判とは分の意味で、分けて二つになった木片のことであり、半木のことだという。こういわれてみると、片というのは、「𣎵(木)」を半分にした右側の「片」の形から出ていることが納得される。だから「片」部の字は、半分にした木、それを拡大した意味にとれば加工した木に関連すると見ることができる。そこで「牒」の字を探すと、〝牒とは札《さつ》のことだ〟と書いてある。なるほど札のことか。でもことのついでに「札」を調べるとどうなるだろう。「札」は木部だから部首のほうはわかるが、〝札は牒のこと〟であると書いてある。

牒とは札のことで、札とは牒のことだといわれたのでは、字書を引く意味がなくなってしまう。しかし『説文解字』では往々こういうぐるぐる廻りがおこる。こんなときは、要するに札と牒とは同じものを指しているのだと考えて、他の方法でさらに意味を追っかけるのがよい。幸い、札はふだの意味とわかっているから一応落ちつきを得るのであるが。そうすると簡は牒であり、牒は札である。だから簡も札も同じである。したがって簡は木の札《ふだ》かというと、それは竹かんむりがついているのだから、竹のふだを指すと考えねばならない。むしろ、簡は牒、札は牒、いずれも牒だが、簡は竹の牒、札は木の牒、したがって簡札といういいかたがあるのである。このときの牒には、木を加工した意味の片部の意味はうすれて、素材はともかく文字を書くために加工されたものを一般的に指していると見たほうがよい。

『説文解字』という字書ができたとき、それにもとづいて文字の使用が始まったのではなく、昔から使われていた文字を整理してこの字書ができたことを忘れてはならない。それ故甲骨文字などを考えるばあいは、『説文解字』は新しすぎることになり、甲骨学の方では白川《しらかわ》　静《しずか》氏が『説文新義《しんぎ》』を作っておられるほどである。

ところで、話をつぎに進める前に、片部の字をもう二つ見ておこう。一つは「版《はん》」という字、これは〝片である〟というから、木を二つに分けたもの、したがって加工した木を意味する。もう一つは「牘《とく》」で、〝書版〟の意味であるとするから、文字を書くために加工した木である。

この辺で先にのべた、『説文解字』の説明を額面通り取ったときにおこったぐるぐる廻り、すなわち、簡は牒であり、牒は札であり、札は牒であるという答えが出たとき、他の方法で意味を追っかけるのがよいと述べたことを処理しておきたい。

王充の『論衡』から

許慎と同じく後漢の人で王充《おうじゅう》という人が『論衡《ろんこう》』という本を書いている。その「量知篇《りょうちへん》」というところで、彼は人が学問をせねば役に立たぬことをたとえてつぎのようなことをいっている。

人いまだ学問せざるを矇《もう》という。矇とは、竹木の類なり。それ竹は山に生じ、木は林に長ずるも、未だ入るところを知らず。竹を截《き》りて筒と為し、破りてもって牒《ちょう》を為《つく》る。筆墨の跡を加えてすなわち文字を成す。大なるは経《けい》と為し、小なるは伝記《でんき》と為す。木を断ちて槧《ざん》を為り、木を析《さ》きて板を為る。刀もて刮削《かっさく》を加えてすなわち奏牘を成す。

人が学問をしない状態では、どんなに素質があっても用をなさない。学問をして自分を仕上げてゆかなければ物の役に立たぬことを、山林に生長したままの竹木にたとえて述べているのであるが、われわれにはそのたとえの、竹や木が文字が書けるようになるプロセスのほうがたいせつである。とりあえずは竹のほうが必要だ。

竹を截《き》って筒となすのは、竹をしかるべき長さで横に截って筒状のものをつくることで、その筒を破って、すなわち、縦に割いて牒を作るというのである。このばあいの牒は、材料は竹にきまっているから、一般名詞として、文字を書くために加工したものの意味である。そうすると〝簡とは牒のことである〟という『説文解字』の解を逆にとって、この牒がすなわち簡なのだということに落ちつくであろう。

木簡という言葉

簡が竹のふだだとすると、木簡という言葉は文字どおり木に竹をついだ表現である。神経質にいえば、簡札《かんさつ》とか簡牘《かんとく》とかいう表現のほうがより原義には忠実だ。竹簡木札《ちくかんもくさつ》、竹簡木牘《ちくかんもくとく》の意味である。だから、日本でいう木簡学という言葉を中国語でいうならば、簡牘学《かんとくがく》ということになる。台湾《たいわん》の馬《ば》先醒《せんせい》氏に『簡牘学要義《かんとくがくようぎ》』という本がある。

ただ、日本ではまだ、竹簡が出土していない。いったい日本で竹を書写材料に使ったのかどうかは、重要な問題の一つである。そういう背景も知ったうえで、木簡という木に竹をついだ表現のばあいの簡の意味は、文字を書くために加工したふだを一般的に指すものであると理解しておこう。したがって以後本書で木簡というばあいは、簡牘の意味で使っていると理解してもらいたい。

漢簡の標準

中国の木簡のなかでもっとも出土数の多いのは漢時代の木簡で、漢簡とよぶ。秦時代のものは秦簡、晋のものは晋簡という。

漢簡の標準的なものは、長さ約二三センチ、幅約一センチ、厚さ〇・二〜三センチの木または竹のふだである。その姿は図6にしめしてあるが、ちなみに本書の版面は上下一四・三センチ、活字二行分でほぼ一センチある。長さや幅を考えてみてほしい。この中に字を書くと二十字から四十字くらいはいる。（字の大小によることはいうまでもないが。）この約二三センチという長さには意味がある。それは漢尺の一尺の長さにあたる。したがって長さ一尺、幅五分のふだが漢の標準的な簡であるといってよい。

一枚の簡に書くことができる字数がせいぜい四十字どまりであるとすると、文章がその字数を上まわったならどうすればいいだろう。

まず長さはそのままで幅を拡げればよい。漢簡のなかには長さは約二三センチで、幅が一・八ないし二・八センチあり、文字が二行に書かれているものがある。そして文章がそれで完結しているばあいがある。長さ一尺で、幅が一寸前後のものである。この形のものを当時「両行《りょうこう》」と呼んだ（図7）。両行の名称は当時の文献資料には見あたらないが、

安漢隧、札二百、両行五十、縄十丈、五月輸（下欠）　一八三・二、一八三・七

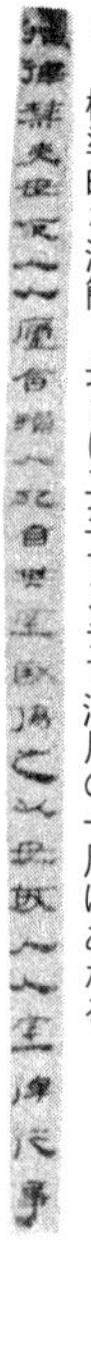

6　標準的な漢簡　長さは二三センチで漢尺の一尺にあたる

7　両行の木簡　前四六年（元康四）の文書

8　安漢隧あての検

と書いた検《けん》（上ぶた、四一ページ参照。図8）などによって推定できる。これは、安漢隊《あんかんすい》という見張り台で使用するための文書用の木札二百枚、両行五十枚、縄十丈を送った荷物につけた上ぶたか、見張り台で保存するための上ぶただろうと思われ、文中ふつうの「札」にたいして「両行」が並記されている。

牘《とく》

標準の簡《かん》にくらべて幅の広いものを、後世一般的に牘《とく》とよんでいる。両行《りょうこう》を牘と見ることは可能である。牘になぜ幅の広いものを指す意味がついてきたのかを私はこう考える。本来の、素材の意味を含めた竹簡、木牘を考えたとき、竹簡は幅を拡げるのに限度がある。それは竹簡を作って、竹の表側（外側）に字を書くのか、裏側（内側）に字を書くのかということと関係がある。竹簡では文字は内側に書くのがふつうである。出土した実例、あるいは竹簡を掘り出した記録にも、竹の表側の青みが残っていたという話が多くある。竹には丸みがあるから、幅を広くしてかつそれを平にするには限度があり、内側に書くならば外側に書くよりもさらに幅の限界は狭くなる理窟である。その点、木のばあいはそういう問題はないから、書くスペースの広いものは自然木を用い、それによって牘にそういう意味が加わったのであろう。

竹を用いて幅の広いものを作った例が一九七五年に湖北《こほく》省江陵《こうりょう》県鳳凰山《ほうおうざん》一六八号墓から出土した。これは竹の表側を使い、五面に削ってある。中国の報告書ではこれを竹牘《ちくとく》とよんでいるが、このばあいの牘は幅の広いものをよぶ使用例である。

殺青《さっせい》

この機会に殺青《さっせい》ということにふれておこう。『後漢書』の「呉祐《ごゆう》伝」に

（父の恢《かい》）簡を殺青してもって経書を写さんと欲す。

という文があり、唐《とう》の李賢《りけん》の注では、殺青とは、火をもって簡を炙《あぶ》り、汗せしめ、其の青を取る。書き易く、また蠹《むしく》わず。これを殺青といい、また汗簡という、と解説している。簡を火にあぶって汗せしめるというのは、あぶら気を抜くことであると理解するのがふつうの考えであるが、前漢末の劉向《りゅうきょう》の『別録』の文として残っているものに、

殺青とは、直《ただ》ちに青竹を治し、簡を作り、これに書するのみ。

といって、あぶるの汗せしめるのというのではなく、青竹の枯れるのを待たずにすぐに簡を作って書くことだと述べている。唐の李賢でももはや竹簡に字を書く時代の人ではないのだが、明の人になるとさらに想像がはいってくる。姚福《ようふく》という人の『青渓暇筆《せいけいかひつ》』という随筆では、

古えは書を著すに竹を以てす。初め稿を汗青《かんせい》に書す。汗青とは竹皮《ちくひ》浮滑《ふかつ》なること汗のごとし。その改抹《かいまつ》に易きをもってなり。すでに正せばすなわち殺青して竹素に書く。殺とは削るなり。言うこころは、青皮を去りて竹白に書く。改易すべからざればなり。

といっている。竹の青皮の上に原稿を書く。すべすべしていて書きなおしやすいからだ。稿が定まったなら青皮を削ってその下の白い所に書く。この青皮を削るのが殺青であるという意見である。姚氏がもしいまに生きて、出土竹簡に竹皮のついていることを聞けばさぞ驚くことだろう。前漢末の劉向、唐の李賢、明の姚福と時代が降り、時がへだたるにつれて、殺青という文字面《づら》からのみの解釈になってくる様子が看てとれるだろう。

望文生義《ぼうぶんせいぎ》を避ける

これは、いわゆる望文生義《ぼうぶんせいぎ》の類である。望レ文生レ義とは、古典を解釈するときに、くわしく考証をしないで自分の推定で判断することで、研究者のもっとも戒めなければならぬ心得ごとである。だが、一歩下って考えてみよう。私たちがもし、竹簡の出土品を知らなかったら、姚《よう》氏の解釈を正しいとしたのではないだろうか。

今日、考古学が発達して、歴史時代の実物が多く出土している。日本木簡に例をとってみても、平城木簡などの奈良時代のものはいうまでもなく、広島県福山《ふくやま》市の草戸《くさど》千軒《せんげん》町遺跡のような室町時代の遺跡からも木簡が出ている。物を知らないで文献のみにかかわっていたなら、姚氏と同様の解釈をやりかねないではないか。今日の文献研究において陥りかねない望文生義を防ぐことに、木簡学の一つの特色があるといいたい。

牘についてもう一つ思い浮かぶことを書いておこう。それは日本の木簡のことである。日本の木簡は、直感的にいって漢簡に比較すると大きい。漢のスタンダードの簡が二三センチ対一センチという細長い感じであるのにたいして、日本木簡のスタンダードである短冊形《たんざく》木簡は、長さ二〇センチ前後、幅二～三センチのものが多い。したがってむしろ漢の両行の方に近い。だから日本木簡は、簡というより牘というべきでないかと私は思う。

このへんで話をもとへもどそう。簡の長さを固定して、幅を広げて書くスペースを拡げてゆけばどうなるかを検討中であった。

幅を拡げればしだいに縦横が接近して正方形に近づく。こういうものは方《ほう》とよぶ。板《ばん》というばあいもある。横が縦よりも長くなったばあい、極端にいえば簡を横長で使うことはないか。それはなくはない。しかし中国ではきわめてまれで、むしろ日本の木簡の方が例があるようである。

簡の長さを伸ばしたら

つぎに、簡《かん》の幅を変えないで、長さを伸ばしても書くスペースは広くなる。

いまかりに長さを倍の二尺にしてみると、『説文解字』に「檄《げき》」は〝二尺の書〟とする説明と合う。『漢書』の「高帝紀《こうていき》」の中に

吾羽《う》檄《げき》をもって天下の兵を徴《め》す

という文があり、檄というのは召し文《ぶみ》で、急なときには鳥の羽をつけて速疾《そくしつ》をしめしたのだと、唐の顔師古《がんしこ》がいっている。また後世、檄といえば、軍書であるという解釈もある。右の「高帝紀」でも、天下の兵に動員令を下す意味にとれば軍書と見ることもできる。これが檄書であるという例は示すことができるので、後に改めてふれるが、長文で、しかも一本の木簡に書かれているばあいが多いので、やはり本来は長い簡を檄とよんだことは認めてよい。

さらにもう一尺延ばして三尺にすると、それは「槧《ざん》」というものにあたる。後漢の劉煕《りゅうき》の書いた『釈名《しゃくめい》』という字書に、「槧」は〝版の長さ三尺のもの〟と説明している。現実に居延漢簡の中に六七・八センチの木簡がある。三尺というと約七〇センチだが、この簡は少し下端が欠けているので、たしかに槧が使われていた。もっとも『説文解字』では「槧」とは〝牘《とく》の樸《ぼく》なるもの〟と説明する。樸というのは素の意味、牘は前からいうように書版、字を書くためのふだ、それで槧というのは書版の素なるもので、未だ書いていないものであるという。素の本義は色あげしていないもとの糸のことである。これは樸と同じ旁《つくり》をもつ「璞《はく》」がまだみがきをかけない玉、「僕」はみがきのかかっていない人だから、樸もまだ字を書いていない牘という解釈はうなずける。

それでは『釈名』のいう長さ三尺の版という解釈とどうつながるだろうか。これをつなぐのは二六ページに書いた『論衡』「量知篇」の記事である。そこには〝木を断ちて槧《ざん》を為《つく》り、木を析《さ》きて板を為る。刀もて刮削《かっさく》を加えてすなわち奏牘《そうとく》を成す〟とある。だから牘を作る早い時期が槧《ざん》であることは明らかである。したがって槧はなお三尺の長さがあり、ふつうの一尺の牘にするためにはさらに切るのではないか。ただ特別な用途のときは三尺のままで使い、それは当然槧という名でよぶのではないか。私はそう考えるから、『釈名』も『説文解字』も正しいと思う。

木簡の長さの意味

それでは三尺の槧は何に使うのか。木簡の長さに何か意味があるのだろうか。

漢ではスタンダードの木簡は一尺であると先にいった。「尺牘《せきとく》」という手紙を意味する言葉はこれにもとづく。ふつうの文書類が一尺であるのにたいして、皇帝は一尺一寸の簡を使った。それで「尺一詔《しゃくいつのしょう》」という言葉がある。そこで『史記』の「匈奴《きょうど》伝」の話の意味がわかってくる。その話とは

> 漢が匈奴単于《ぜんう》に書を遺わすときは、牘は尺一寸のものを使用し、文章は「皇帝匈奴大単于に敬問《けいもん》す、恙《つつが》無きや」と書き出した。ところが、漢の文帝劉恒《りゅうこう》が宗室《そうしつ》の女《むすめ》を単于に嫁せしめて和親策をとったとき、この和親公主のお伴を強制されて匈奴の臣となった宦《かん》官《がん》の中行説《ちゅうこうえつ》は漢をうらんで匈奴に入れ知恵をし、老上《ろうじょう》単于が漢に書を遺わすときは一尺二寸の牘を用い、印封も漢のものより大きくし、文章は「天地生む所、日月置く所の匈奴大単于、漢皇帝に敬問す。恙なきや」ということにした。

というものである。木簡の長い方が優位を示すことがわかるだろう。

書物のばあい、何寸の簡に書くかはその書物の格づけに関連している。「鄭玄注論語序《じょうげんちゅうろんごじょ》」、つまり、後漢の大儒、鄭玄が論語に注をつけたその注の序文に、『孝経鉤命決《こうきょうこうめいけつ》』という緯書《いしょ》の記事を引用して、〝春秋《しゅんじゅう》は二尺四寸、孝経は一尺二寸、論語は八寸〟の簡に書くということを記している。『春秋』はすなわち儒教の基本的なテキストである経書《けいしょ》の一つであるから、経書は二尺四寸の簡に書いたというわけだ。これは後漢の人周磐《しゅうばん》が死ぬときに遺言して、二尺四寸の簡に『書経《しょきょう》』の尭典《ぎょうてん》を書いて棺の前に置かせたという話と共通する。

武威漢簡の『儀礼《ぎらい》』

一九五九年に甘粛省武威県の磨咀子《まそし》六号後漢墓から出土した『儀礼《ぎらい》』のうち、甲本の木簡は五五・五〜五六センチ、幅〇・七五センチ、丙本は長さ五六・五センチ、幅〇・九センチあり、漢尺二尺四寸は五五・九二センチとすればほぼ制度どおりということになる。

このほかに、前漢の書物である『塩鉄論《えんてつろん》』の「貴聖篇《きせいへん》」に〝二尺四寸の律〟という語があり、『史記』「酷吏伝《こくりでん》」には〝三尺の法〟、『漢書』「朱博伝《しゅはくでん》」には〝三尺の律令〟という語があって、律令が長い簡に書かれたことを暗示しているが、「槧《ざん》」のところでふれた居延漢簡の中の六七・八センチの簡甲二五五一は令《れい》の目録であり、令文を書いた同類の簡がある。したがって三尺の律令の存在をうらづける遺物である。このような簡の長さにいろいろな意味のあることがわかると、槧を切断しないでそのまま使う必要もあることが理解されよう。

簡の幅をひろげたり、長さをのばしたりして書くためのスペースを拡大することを考えてきたが、これには限度がある。大部な書物などはとても一簡では処理できない。内容が二簡以上にわたることはむしろふつうのことである。そのときはどうしただろうか。

冊書《さくしょ》

内容が二簡以上にわたるばあいはそれをひもでしばってひとまとめにした。その形を象形した文字が「冊《さく》」で、「策《さく》」も同じ意味である。ひもでしばった「冊書《さくしょ》」がそのままの形を保って出土した例はしだいに数を増している。

一九三〇年に甘粛省北部のエチナ川流域で発見された居延漢簡の中に、三本の木簡よりなる冊書と、七十五簡よりなる冊書があり、前者は永光《えいこう》二年（前四二）の下級武官の父の死去にともなう忌引《きびき》の報告書、後者は永元《えいげん》五年（九三）の物品の帳簿であった。一九七二年には湖南省長沙馬王堆一号前漢初期墓から三百簡ばかりの簡をしばった冊書が巻いた状態で出土した。この墓は長沙丞相軑侯夫人の湿屍が出土して世界を驚かせた有名な墓だが、この冊書は「遣策《けんさく》」という副葬品のリスト（八九ページ参照）で、紐《ひも》が切れて一部分は失われていた。一九七三〜七四年に甘粛省のエチナ川流域が再調査され、新しく居延漢簡が大量に出土したが、その中には七十種におよぶ冊書が含まれているといわれ、紐が朽ちてなくなってはいるが、冊書の原状を保ったままで出土したものを加えるとその例はもっと増える。

冊という字は、甲骨文（図9）や金文（図10）のなかにすでにあるし、『書経』の中にもで

9　甲骨文の冊

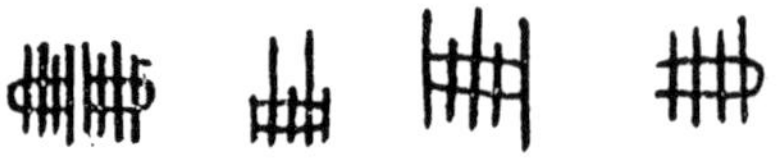
10　金文の冊

てくるから、その淵源は非常に古いものであり、それが簡を綴った形を象形しているのだから、簡牘《かんとく》を書写材料として使用したのは殷《いん》代にさかのぼるのである。

一長一短

『説文解字』の「冊」の字の説明では、〝其の札の一長一短を象どる〟といい、後漢末の蔡《さい》邕《よう》が書いた制度の解説書『独断《どくだん》』の中にも、策書は〝その制、長さ二尺、短き者は之に半《なか》ばし、其の次《じ》は一長一短、両編〟すると書いている。『独断』の文章は、長さ二尺の簡と、その半分、つまり一尺の簡とを使って、その順序は長い簡のつぎは短い簡、そのつぎは長い簡というように長短を一簡ずつ交互に連ね、両編、つまり二ヵ所に紐《ひも》をかけるという意味である。

話はそれるが、私がはじめてこの『独断』の文章に接したとき、「其次一長一短」という漢文が読めず、いろいろ考えたあげく、日本の和刻版『独断』には返り点、送り仮名がついているから参考になろうと思って、東京の本屋の目録にあった和刻版を購入した。荷物がついたので急いで開いて問題の箇所を見ると、なんと、自分が読めないこのあたりには返り点も送り仮名もないではないか。何だ江戸時代の学者も読めなかったのかと、自分の学力の低さをよそにおおいに安心した憶えがある。「次」という字を次第の意味の次《じ》と読むか、次《つぎ》と読むかで決まるのだが、それはそれとして、中国の古典で和刻版のあるものは、参考にする必要がある。返り点が入っている本は本と思わぬなどといった偉い中国研究の先生もいるが、私と同様実力のないものは、お互に先人の訓読にも謙虚に学ぶべきだろうと思う。

典・扁・編

甲骨文や金文の冊の字も、簡をならべて両編、つまり二ヵ所でひもをかけた象形であるが、秦の始皇帝の文字の統一によって廃止された東方諸国の文字である「古文」の中には、笧《さく》という字があったという。これは竹を用い、二簡を二ヵ所で編んだ形をあらわしている。また冊を台の上にのせると「典」という字になる。それから「扁《へん》」という字がある。扁額《へんがく》などと熟していまでも使うが、これは戸と冊とがあつまってできた字で、門戸にかかげる書である。

　したがって、「編」は文字の成り立ちからして冊に関係のある糸のことである。ふつうはあさいと、上等の本は「素糸綸《そしのりん》」とか「青糸綸《せいしのりん》」とかを用いた。一九七三・七四年出土の居延漢簡の冊書の中には赤い糸で編んだものがあったという。その種の冊書がどういう内容であったかはいまだ発表されていない。例外として、有名な孔子が愛読した『易《えき》』の本がある。「韋編《いへん》三たび絶つ」という韋編とは、〝なめしがわ〟で編んであったという意味で、それが何度も切れるほどくりかえして読んだのである。

　先にふれた武威出土の『儀礼』を復原すると図11のようになるが、長いので四ヵ所に編をかけ、編のかかる所は字がなくて空白になっている。そして一簡ずつ下端に番号がついてお

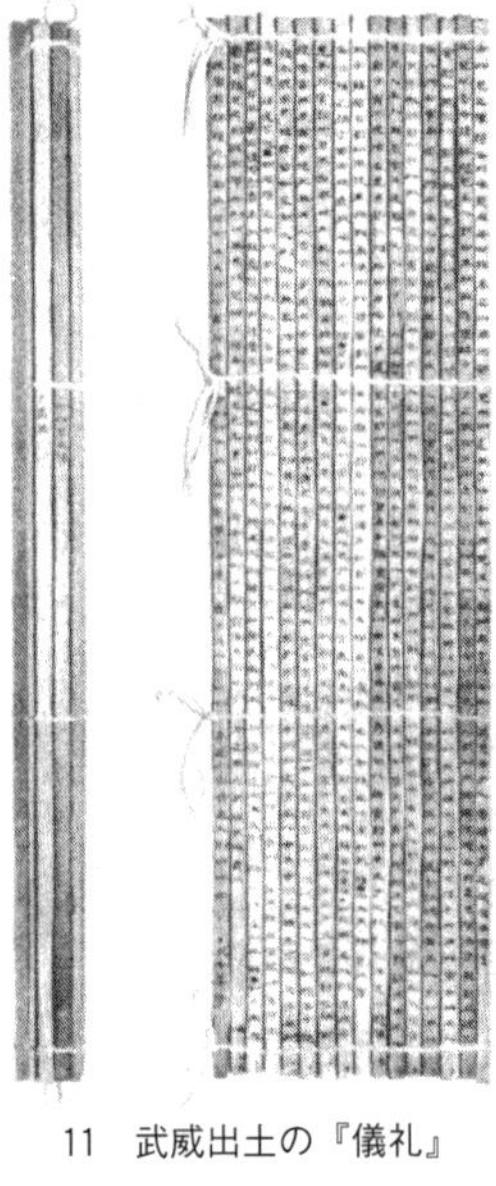

11　武威出土の『儀礼』

り、巻くと第一簡の背面に書いた題名が表に出る。番号は編が切れたときに順序が狂わないための配慮で、前漢時代の書物、山東省《さんとう》臨沂県《りんぎ》銀雀《ぎんじゃくざん》山一号墓出土の書物にはまだこの工夫はなかった。

編が切れて冊書の一部がなくなると脱簡《だっかん》、失なわれなくとも綴じちがえると錯簡《さくかん》になる。脱簡がいまの本の落丁《らくちょう》、錯簡が乱丁《らんちょう》に相当する。簡が破損して一部分が残ると断簡で、いわゆる断簡零墨《だんかんれいぼく》、木簡学が対象にするのはまさしく断簡がほとんどだから、断簡学といったほうがより適当かもしれぬ。

日本木簡の冊書

日本木簡には冊書がなかったのではないかと考えられている。ただ平城京出土の「考選木《こうせんもく》簡《かん》」という官吏の考課昇進、つまり勤務評定に関係のある木簡グループは、筒の上半五分の一くらいの位置に横に穴があけてあり、この穴に紐《ひも》を通してまとめることができる。冊書に似た状態にとじることがあり得たが、これはむしろ一枚ずつが独立したカードのように作用し、考選の作業の必要からとじたりバラバラにしたのではないかと東野《とうの》治之《はるゆき》氏は考えている。冊書の有無と関係するのが、簡の背面を使用するかどうかという問題である。中国の木簡では表に書いて裏は何も書かないのがふつうで、漢代の公文書のばあい、書記官の副署が裏にあることがある。本文の文章が表から裏へつづくという例は、漢代では私信にはあるが、公文書ではほとんどない。魏晋簡になると公文書でもそういう例がある。だいたい、竹簡を使って、竹の青皮が残った状態で使用すれば、反対側まで字を書くことは考えられないのであるが、簡を連ねて冊書にした状態では、これまた両面に書くことは考えられないだろう。魏晋簡に両面使用の例が出てくるのは、紙と併用される時代であったことと関連するのであろう。同時にその内容が一簡で完結するものであるはずだ。ただ取扱い上の便宜からいうと、冊書の長いものよりは一本にまとまっているほうが都合がよい。そこで多少発想の転換をしてみる。

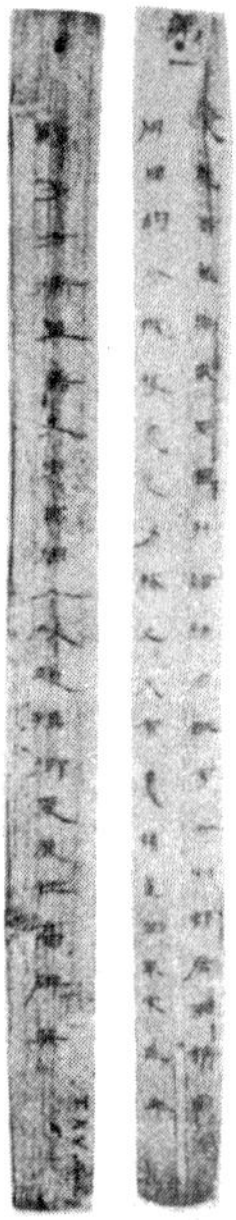

12 敦煌出土の觚

13 肩水候あての検

觚《こ》

いままで見てきた木簡は表裏二面の板状のものばかりで、書くためのスペースは表裏二面に限られていた。かりに木を三角柱状に削って三面を作ったり、四角い棒状に削って四面を使えばどうなるか。四角い棒の四面に書けば、四本の木簡を使った冊書と同じ効果をもつ。こういう多面体のものを「觚《こ》」とよぶのである。材料をしめす竹かんむりをつけた「⿱竹觚《こ》」という字もあり、「笘《せん》」「籥《やく》」なども同じ意味に使うことがある。

図12の觚は敦煌漢簡《とんこうかんかん》の一つで早くから有名なものである。内容は『急就篇《きゅうしゅうへん》』という、前漢の史游《しゆう》が作った初心者の識字、書法学習のための教科書。上の穴に紐を通してつるし、ま

わしながら参照する。ただこれはむしろ特殊な用い方であって、觚に書いた文から判断すると檄《げき》書（軍書、軍の命令）が多いようである。簡便な効用を生かしたものといえよう。

以上にのべたところは木簡のなかで、書写材料として使用されるばあいに、どういう形のものがどんな名称をもっているかを中心にしたのである。同じ木簡の中には、さらに特別な用途のものがある。機能によっては同じ形の木簡でもちがった名称でよぶことがある。そういう面から一・二のものを紹介したい。

検《けん》

まず第一に「検《けん》」という名称から始めよう。「検」は『説文解字』では〝書署である〟と解説している。宛名書きのことである。一方劉熙の『釈名』では〝検とは禁の意味で、諸物を閉じて中味を開いたり露わしたりせぬためのもの〟であるという。これまたまったく意味が違うが、事実上は両方とも正しい。モデル・ケースで説明しよう。

一枚の木簡に公私の文書を書いて相手に送り届けるさいに、ふつうの木簡をもう一枚重ねて本文の文面を覆い、紐でしばっておけば中味は見えない。だからカバーの木簡は劉《りゅう》熙《き》のいう禁のはたらきをしている。そのカバーの上に宛名を書けば、『説文解字』にいう署書《しょしょ》になっているというわけである。図13はその例で、「肩水候《けんすいこう》」というのが文書の届け先である。

この木簡はふつうの簡より幅が広いから、文書用に使えば「両行《りょうこう》」になる。同じ木簡でもその使用目的、つまりはたらきによって名称が変るというのはこのことだ。文書を受取った側では紐を解いて中味を見るが、そのとき検は用ずみで捨てられる。検は受信者側に残り発信者側には残らない。だから、検が出土すれば、その出土地は検の宛名の役所のある場所と考えてよい。木簡の出土地が当時のどんな場所かを考えるときに、検はたいへん重要なものとなる。

検の中には単純に宛名を書いたもののほかに、図13のようにだれの封印があったか、だれがいつ配達してきたかを左右に小さな字で書き入れてある例がある。そのばあいは宛名書きとは筆跡がちがう、別筆で書いており、受信者側の記録である。

それから、たんに宛名書きだけでなく、その後に「以郵行《いゆうこう》」（図13）「以亭行《いていこう》」、「行者走《こうしゃそう》」、「吏馬馳行《りばちこう》」などという文句がついているものがある。これは文書の伝達方法の指定である。漢の文書の伝達は、道路沿いに五里に一郵、十里に一亭の割合いを基本単位として、郵、あるいは亭という機関をおき文書をリレーする。「以郵行」「以亭行」はその通常便のことであり、「行者走」は運搬者が走るように指定、「吏馬馳行」は馬で走れという指定、緊急速達便というわけである。

封泥《ふうでい》

通常の簡を検として用いるほかに、特別な形をした検がある。図14にあるような枠のついたもので、図では正面と側面をしめす。枠が出ばっているのは、その彫りこんだ部分に「封《ふう》泥《でい》」を入れて保護するためで、この場所を「璽室《じしつ》」という。そこで「封泥」の説明をしよう。封泥というのは、泥を用いたシールのことである。泥といっても、いまの粘土を想像されたい。原則は簡牘を紐でしばり、その上に一ヵ所泥を押しつけ、泥のうえに印を押す。泥が固まると紐の上に固定されて、これをはずさないと紐が解けない。したがって封泥の裏側には紐のあとがくぼんでいるのがふつうである。璽室のない、たんに板をあわせた検のばあいが漢でいう検押《けんおう》、あるいは梜《きょう》にあたり、璽室のついた検を用いたばあいが斗《と》検封《けんふう》といったのではないかと考えられる。璽室の部分に見えるみぞは紐がかかる部分である（図14）。

封泥の色はいろいろあったようで、通常は赭黄色だが、『漢旧儀《かんきゅうぎ》』によると皇帝は紫泥を用いたというし、『東観漢紀《とうかんかんき》』によると、鄧訓《とうくん》という人は「好んで青泥をもって書を封じた」そうである。事実、山東省臨淄出土の封泥には深赭、浅赭、赭黄、赭紅、灰紫などの色があるという。

14　枠のついた検　正面と側面。正面の中央が璽室

封泥が歴史的な遺物として注目されるようになったのは清末のことで、呉式芬《ごしきふん》、陳介祺《ちんかいき》が『封泥攷略《ふうでいこうりゃく》』という本を著したのが封泥に関する専門書の最初であった。当初はなおその真実性を疑う人もあり、これは印の鎔型ではないかという説もあったが、臨淄《りんし》の古城址から多くの出土をみ、それを集めて羅《ら》振玉《しんぎょく》が『齊魯《せいろ》封泥集存《ふうでいしゅうそん》』を出版したあたりから世の認識も改まった。戦前、日本の学者によって行なわれた楽浪《らくろう》郡遺跡の調査でも多数出土し、藤田《ふじた》亮《りょう》策《さく》氏の「楽浪封泥考《らくろうふうでいこう》」「同続考」などの研究がある。封泥の出土のばあいは、発信者の印が押されているのだから、封泥に見られる印の主は絶対その着信地たる出土地にはいないと考えるのが原則で、検とは逆になる。

漢の印

封泥のついでに漢の印に関してもふれておこう。封泥をみるとほとんどのものは文字が盛り上っている。ということは印は文字が凹んでいるわけである。

いわゆる陰刻《いんこく》で、漢の印はほとんどがそうであり、有名な「漢委奴国王《かんのわのなのこくおう》」印も文字がほりこまれている。だからもし、漢印に印肉をつけて押せば、文字は白く出る。ただし、漢では印肉をつけて紙に押すのではなくて、封泥に押したのであるから、文字の凹んだ印であればこそ、泥に押して引き抜くと文字が浮き出る効果があるのである。図15は有名な馬王堆《まおうたい》一号墓の副葬品についていた検と封泥、およびその封泥からとった拓本で、「軑侯家丞《たいこうかじょう》」の印で封じてある。

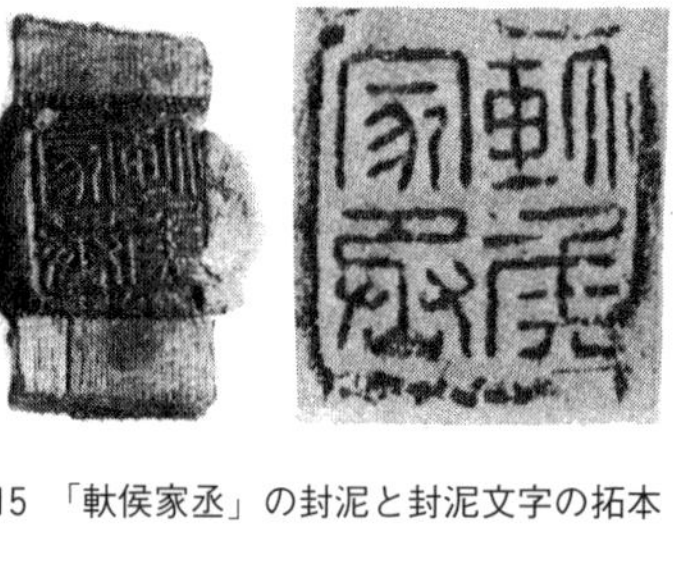

15 「軑侯家丞」の封泥と封泥文字の拓本

もう一つ、漢の官印は官職印で、「張掖太守章《ちょうえきたいしゅのしょう》」というように、張掖郡の太守職の印であって、太守府という役所の印ではない。各種の官吏はそれぞれの職として印を授けられ、その印はランクに応じて金、銀、銅にわかれ、それに応じた色の綬《じゅ》という紐がついている。金印紫綬、銀印青綬、銅印黒綬である。

この印綬を授けられることがその官職に任命される具体的な証拠になる。後世では任命する旨を書いた文書(告身《こくしん》とか誥命《こうめい》という)が証拠であるのとたいへんちがっている。その理由の一つは、木簡に書いた文書は削ればすぐに変えられるので、紙に書いた文書に比較して改《かい》竄《ざん》がしやすい。紙の文書が用いられるようになって文書自体に関する信頼度がたかまったということがある。もちろん古代においては、物を与えることによって何かを保証するということは多く行なわれていた。印もその一例ではある。

そこで、そういう意味をもった印を用いてシールをするのであるから、封泥のもつ意味はたいへん重要であり、検に封泥をまもるための璽室があるのはしごくもっともであろう。

カロシュティー木簡

文書の伝送に検をつけ、封泥をする方法は中国で始まったのであろうが、これが西の方にも伝わり、カロシュティー文字で書かれた木簡文書にも使用されている。カロシュティー文字とは、西北インド中心に、アフガニスタン、バルチスタン、東西トルキスタンで用いられていた文字で、前五・四世紀〜三世紀にできたと推定されるものである。タ一リム盆地南縁の、タクラマカン砂漠に埋没していたニヤの遺跡や、ダンダン＝ウイリクなどで発掘されたが、中国木簡にくらべると幅が広くて形がいろいろあり、細工がていねいである。そして紐でしばって封泥をつけたままのものがいくつか発見され、封泥のしかたを理解するのに役立った。

検は一つ一つの文書につけるばあいのほかに袋につけた。木の文書を多数はこぶときには袋に入れたし、物品を運ぶ袋にもつけた。図16は河南《かなん》郡滎陽《けいよう》県から秋《しゅう》賦《ふ》銭《せん》五千銭を送って来た袋についていた検で、銭を入れて封印したときの責任者と立会の吏の名がわかる。また図17は前線にいた兵士の衣料袋につけた検で、このほか、箭《や》や弩《ど》などの武器などの名前と員数を書いた検があるから、そういう武器を通常は武器庫に格納しているときに、本人か保管責任者の封泥で封印して置いてあったのかもしれない。

楬《けつ》

つぎに楬《けつ》とよぶ木簡についてのべる。これは図18にあるような形をしていて、多くは頭部にまるみをつけ、その部分を墨で塗りつぶしたり、網目状に墨の線をひいたりしている。書いてある内容は、物品名、文書名、帳簿名、武器の員数などで、形状から考えても、今日の鉄道荷札などいわゆる「えふ（会符）」と同じように、物につけて標識としていたことは明らかである。

その使用状況がわかる実例として馬王堆一号墓出土の竹製のかご——竹笥——の写真（図19）を見てもらいたい。左側に楬があり、紐《ひも》の中央には「軑侯家丞」の印で封じた封検《ふうけん》の姿がみえる。また、一九七三・七四年に発掘された居延漢簡には、甲渠候官《こうきょこうかん》城の文書室が発見され、冊書とそれにつけた楬が見つかったため、「建武三年十二月候粟君所責寇恩事」というような当時の文書名がそのままわかった例が多くある。

楬の形はこのような「えふ」状のものだけでなく、図20のように頭部に切りこみがあって

16 賦銭を送る袋につけた検

17 前線の兵士の衣料袋につけた検

しばりつけたのではないかと思われるものもあり、ニヤの晋代の墓から出たものには図21のように副葬品にしばりつけただろうと想像されるものもある。この形の木簡は、日本の平城京をはじめ各地で出土する、日本簡の研究者によって「つけ札」と呼ばれているものと共通

18　帳簿につけた楬

20　頭部に切り込みのある楬

21　ニヤ出土の楬

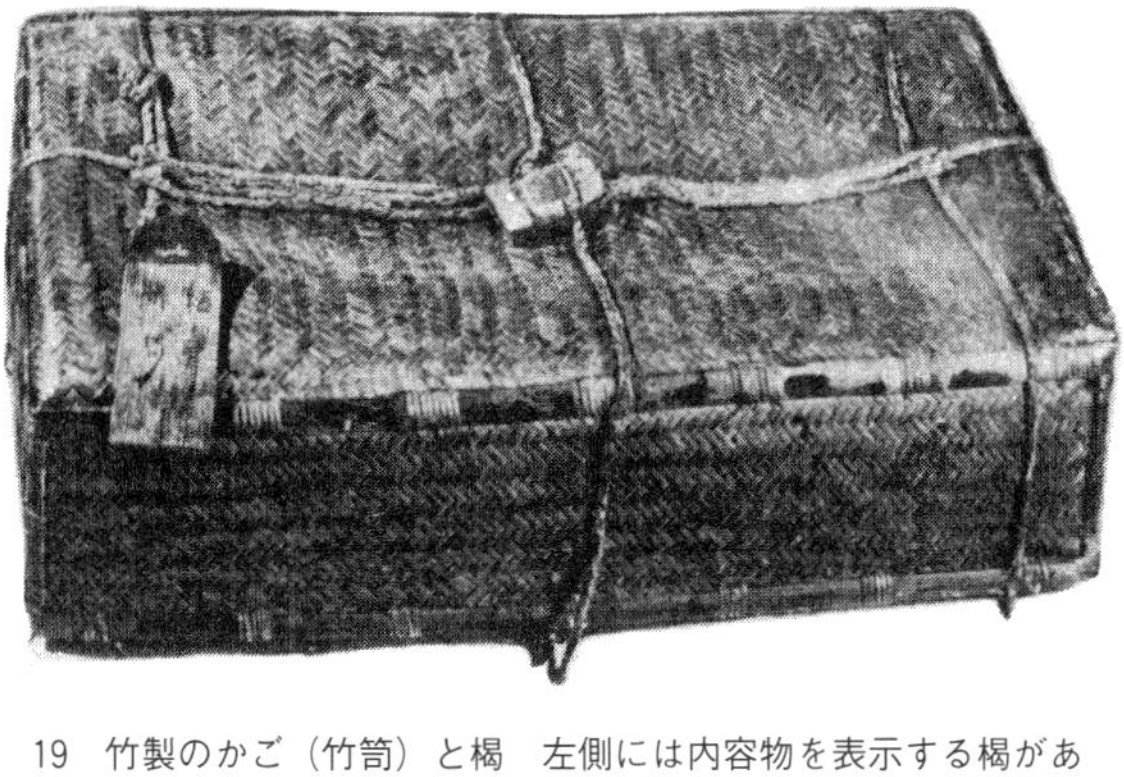

19　竹製のかご（竹笥）と楬　左側には内容物を表示する楬があり、中央には検がついている

の性格をもっている。

楬という名称は、清朝末の考証学者で清朝滅亡後一時日本の京都に流寓していた王国維《おうこくい》氏の「簡牘検署考《かんとくけんしょこう》」という論文の中にはやく指摘されている。この論文は木簡学の基礎文献の第一に指を屈すべきものである。

しかしながら、王氏以後、木簡の研究者のあいだではほとんど用いられていない名称で、居延漢簡の研究者労榦《ろうかん》氏は、これを簿検《ぼけん》という分類の中に入れ、『長沙馬王堆一号漢墓』の編者は「木牌」とよぶ。一九七八年一月刊の「文物」に出ている居延漢簡の発掘簡報では、籤《せん》、巻宗標《かんそうひょう》札《さつ》、木楬《もくけい》など呼称に統一は見られない。楬という名は、『周礼』の秋官、職金のところに、

楬而璽之（楬してこれに璽す）

という句があり、その注に鄭玄《じょうげん》が、〝楬とはその数量を書き、もってその物に著くるなり〟といい、また〝今時の書して表識するところあり、これを楬桀《けっちょ》という〟としているのにもとづく。

符とは

「符」というものがある。『説文解字』には、符とは〝信《しん》の意味である〟といい、〝漢の制度では、竹の長さ六寸のものを以てし、分かちて相合す〟と書いている。居延漢簡のなかに符

がある。二枚は一九三〇年の発掘簡の中にあり、一九七三・七四年発掘の中にすくなくも一枚あることが写真でわかる（図22）。

始元七年閏月甲辰、居延与金関為出入六寸符券、歯百、従第一至千、左在官右移金関、符合以従事　●第八

始元七年（前八〇）閏月の甲辰の日、居延（都尉府）と金関とのあいだで出入の六寸の符券をつくる。刻みは百種、番号は第一から千まで、左は官におき、右は金関へ移し、符合すれば事に従う。●第八番

22　居延出土の符

この文面にも「六寸の符券」とあり、事実一五センチほどだから、制度通りで、ただ『説文解字』とちがって木製である。歯《し》というのは刻みで、図の左上にある切り込みをいう。一番から千番まで千組作り（これは八番）、左側は居延の役所におき、右側は金関において、居延から金関のほうへゆくものは左を、金関から役所のほうへくるものは右を持って来、それぞれの所で反対側の符とあわせ、符合すれば信用して用件を行うというのである。『説文解字』のいう〝分かちて相合す（分而相合）〟の意味は〝いったん分かって、再び相合したならば信用する〟ということで、最初一つのものを二つに分けて別々に所持し、必要に応じてそれをつき合わせ、ぴったり合えば相手を信用する、割符《わりふ》のことである。この制度は古く

からあったと思われ、おそらく最初は竹の節を用いただろう。竹を節の所で縦に割き、後に合わせると、おのおのの節は同じ竹でも微妙にちがうから、同一のものかどうか判定は容易であったと思う。

漢代に、中央政府と地方長官とのあいだで、銅虎《どうこ》符と竹使《ちくし》符という二種類の符を各五枚ずつ分け持っていた。銅虎符は銅製の虎の形をしたもので、軍事に関する連絡に限って用い、竹使符はそれ以外の重要事項の連絡に用いた。竹使符の形は不明だが、私は一九五七年に安《あん》徽《き》省寿《じゅ》県から出土した鄂君啓節《がくくんけいのせつ》と同じように竹の節をかたどった銅製のものと推測している。中央からの連絡も、地方からの報告も、ともに使者に持たせて、使者が偽者でない保証に使ったのである。

居延出土の符には「六寸の符券」と書いてある。券は『説文解字』によると〝契のことで、券別の書、刀を以て判ち、その旁に契す。故に書契という〟としており、段玉裁の注では〝判とは分の意味、契とは刻の意味、両家が各々一の書牘を持ち、分かってその旁に刻し、両つが合すれば信用するようにしたもの〟と解いている。居延の符の切りこみが〝旁に契す〟という刻みにあたるもので、「符」が本来竹を使ったのにたいして、「券」は木を用いたと考えてよい。「契」も券と同様のものである。

この方法が簡略化したものが、晋代の木簡にまま見られる、簡の中央に大きく「同」の字を書いたものがある。これは二簡を合わせて両簡にわたって「同」の字を書いたもので、後につきあわせるばあいに備えたと思われる。

杮《はい》

「柹《はい》」というものがある。「杮」という字体をも用いる。この字は柿《かき》とはちがって〝こけら〟という字である。『説文解字』では〝木札を削った朴である〟という。朴は木の皮のことだから、木簡の削り屑のことになる。木簡は書き損じたり、用がすんだなら小刀で削って再生することができる。それで、木簡に書くための筆と、簡牘を削る書刀を持っているところから、漢代の下級官吏を「刀筆の吏」とよぶようになった。

書刀、筆、墨、硯などの文房具が、中国の古墓らしばしば出土する。また、一九五二年に発掘された河北省望都県の一号漢墓の前室壁画には、墓主に奉仕する下級官吏の姿が描かれていて有名であるが、その中の主記史は書記官でひくい榻の上に坐し、前に三本足の円形硯を置き、硯の上には墨が立っている。左壁に画かれた主簿も書記役で前に硯があり、左手に木牘を持ち、右手に筆を持っている姿をしている（図23）。

23　主薄の図　河北省望都県１号漢墓

削り屑を読む

柿は削り屑だからといって軽視することはできない。居延漢簡一万点、平城木簡二万点などという出土数のうち、柿が相当な部分を占めている。そしてその中には重要なことが書かれているときがある。
私がその例として最上のものと思っているのは、岸俊男氏《きしとしお》が九州大宰府第二六次調査で政庁正殿後方の土壙《どこう》から出土した削り屑数片を接合の上、

24 接合された削り屑 太宰府出土 九州歴史資料館

特進鄭国公魏徴時務策壱巻（下欠）

と判読された例である（図24）。

唐の太宗李世民の臣として有名な魏徴《ぎちょう》に『時務策《じむさく》』の書があったことは、『令集解《りょうのしゅうげ》』考課令進士の名と賦役令孝子の条に引く「古記」が引用しているのでわずかに知りうるが、その書が大宰府にあったことが実証された。ただし木簡に書かれた同書があったのではなく、巻頭の部分を紙に書写する前に手近の木簡に習書したものである。くわしくは岸俊男氏の「木と紙」（『宮都と木簡』所収）を見られたい。

ここでいいたいのはこの文字を写真のような状態の柿から釈読された能力に絶大な敬意を表するとともに、その成功に心からなる拍手を贈りたい。こういうものはコロンブスの卵で、だれかが読んでその釈読が固定すると、何の感激もなくなってしまうのだが、厚さ一ミリもない削り屑に目をこらして、見えない文字まで見通すことが、じつは木簡学の大きな魅力、プロ野球の守備の名手が、フェンス越しにホームラン球を捕球してアウトにするようなファ

イン・プレーなのである。

もう一つ柿に関してたいせつなことは、日本簡の研究者のあいだで、たとえば坪井清足氏や東野治之氏の考えで、日本古代の木簡が紙木併用という事情を反映して、広い意味での文書行政とのつながり、とくに文書・帳簿を作成する補助手段として有効に生かされているという点から、削り屑が重視されていることである。

その意味は、木に文字を書くことは、古代のみならず、近世はおろか現代でも行なわれていることだから、木簡学の対象とする木簡は、いったいどの時代のものまでを含めるのかという問題があり、その一つのくぎりとして、削り屑が出土すること、すなわち書写材料として作製された木簡が用ずみになったとき、それを再生して使用する慣行がある時期であることに注目しようというわけである。柿の話が出たところで注意をよびおこしておきたい。

日本で木簡を意味する語

日本の木簡のことにふれたので、日本においては木簡のことをどう呼んでいたかについて書いておこう。

まず「短籍《たんじゃく》」という名が『日本書紀』斉明《さいめい》紀四年の条にあり、ついで『続日本紀』、『聖武紀』天平二年正月辛丑の条にもある。滝川政次郎《たきがわまさじろう》氏が「短冊考《たんざく》」という論文で一九五八年に、最初にのべた払田柵出土木簡に関連して考証された。タンジャク、タンザクと読んでいた。短冊とも書き、『三代実録』に擬階《ぎかい》短冊、成選《じょうせん》短冊などとあり、これに木簡が使われていたことを滝川氏は指摘されたが、後平城京からそれにあたる木簡が出土して滝川氏の予測を実証した。東野氏は滝川氏の論文をついで「奈良平安時代の文献に現われた木簡」（『正倉院文書と木簡の研究』）を調査し、正倉院文書の中にも短籍という語があることや、板写公文という語を使っていることを指摘した。

東野氏の論文には、考選短冊とともに日給簡という公卿・官人・女官の出欠を記録する札や歴名の木簡と名づけた儀式・祭祀への出仕者や賜録にあずかる人名、仕事の分担を記す木札の使用されていた例もあげてある。これらは平安時代における木札使用の慣行が例証されたのであるが、東野氏の研究でもっともたいせつなことは、正倉院文書の中から木簡を意味する「朼《せん》」という字のあることを主張されている点である。これは板朼《ばんせん》、雑物収納朼《ざつぶつしゅうのうせん》、銭《せん》用朼《ようせん》、用朼《ようせん》などと使用されているもので、従来『大日本古文書』や『平安遺文』では杜と釈読して「帳」の意味に理解されていた。それを東野氏は空海の作った字書の『篆隷万象名義《てんれいばんしょうめいぎ》』の中に

朼　俎点反・署・蕳・牒・疫癘

とあって、俎《そ》点反《てんのかえし》がその読み、署は署、蕳は簡の字と考えると、（せん）とよむこの文字が木簡を意味する言葉であると結論されるのである。

朼の文字が木簡を意味するという説は、いまのところ万人が認める説にはなっていない。たとえば角林文雄《かくばやしふみお》氏は「朼」の字は「札」のつくりが本来「乙」の字であるが、その横画が少しずれて「朼」という異体字が生まれたのであり、『篆隷万象名義』の反切《はんせつ》（発音をしめす）

は、俎点反でなく俎黠反《そきつのかえし》、すなわち「さつ」であると反論されている。

私も東野説にはなお疑問を持っており、角林氏の反論を是認するほか、「朼」という字には一本来「ひ（補履反《ほりのかえし》）」という音があってさじの意味のある字で、後世匕の俗字体になっていること、『篆隷万象名義』にはほかに札という字が出ていないから、したがってこれは札であると考えられる点もその理由である。

竹や木の文字

こうしてみると、日本では木簡を意味する文字や言葉が少ないことに気がつく。中国では、先にあげたほかに『説文解字』の竹の部に、「等《とう》——斉簡、そろった簡」、「笵《はん》——法の意味、竹簡の書で古法は竹に書かれて竹刑といった」、「籍《せき》——簿《ぼ》のこと、六寸の簿を指す専という字がある」、「篇——書のこと、簡牘に箸《しる》したもの」、「筭《さん》——長さ六寸で数を計えるためのもの」、「⿱竹将《しょう》——竹を割いてまだ節をとっていないもの」などという文字があり、『釈名』には「笏《こつ》」の字に「忽——ゆるがせにして失忘する——の意味、君が教命することがあったり、言上することがあるときにその上に書いて、忽忘せぬようにする〟とある。

笏は本来手に持つ服装の一つで、大夫や士は木製を持ったが、それがこういう実用を帯びるようになり、現在神職の服装になお名残をとどめているが、これだけさまざまな文字の区別があるということは、それだけ概念が細かく分かれていることで、竹簡木牘がいかに書写材料として多様な使われ方をしていたかを裏書きするものであり、逆に日本では書写材料の主流ではなかったといえるのであろう。

なお、日本木簡の出土以来、朝鮮半島でも木簡が使用されたかどうかという疑問が持たれていたが、一九七五年三月より七六年十二月までのあいだ発掘調査された慶州雁鴨池遺跡から八十本の統一新羅時代の木簡が出土した。漢字が書かれた付札用の切りこみのあるものが多い。

最後に、木簡の使用に関連する秦律の文章があるので記しておく。一九七五年には湖北省雲夢県睡虎地第十一号墓から出た秦代の竹簡の中に、

令県及都官取柳及木棨可用書者、方之以書、毋方者乃用版。其県山之多茾者、以茾纏書。
毋茾者以蒲藺以枲□　一三一
繫之。各以其檴時多積之　司空　一三二

という文がある。司空律の一つで、「県や都の官をして柳および棨（＝柔、つるばみ）の木の書写用のものを取らしめるときは、これを方にして書かしめ、方にならないものは版にさせよ。其の県の山に茾（＝菅《かや》）の多いところでは菅をもって書をしばる縄とし、菅がなければ蒲、藺《い》または枲《し》をもって書を萷（＝繫、緘）せしめよ。おのおのその檴（穫の誤まり）れるときに多くとって積んでおけ〃という内容である。秦の地（＝陝西省）では、柳やつるばみ、つまりどんぐりの木で書版を作り、原則は材を四角に作り、菅や蒲、藺などで簡を編んだこと、官の作業として書写材料を作らせたことがわかる。竹・木とも在地の適当な材料を使って製造して

いたのである。

それから中国で発掘された木簡の木材については、一九四七年に夏鼐《かだい》氏らが発掘した敦煌漢簡を調べた結果がつぎのように発表されている。

一　中国名を青杄《せいかん》（山西）、あるいは杄児松《かんじしょう》（河南）といい、学名をPicea neoveichi Mast. という雲松の一属で、中国産のもの十二種をかぞえる。

二　中国名を毛白楊、学名をPopulus tomentosa Carr. というもの。

三　中国名を水柳、あるいは垂柳、垂枝柳といい、学名をSalix babylonica Linn. というもの。

四　中国名を檉柳あるいは紅柳、学名をTamarix chinensis Lour. というもの。

要するに楊柳科あるいは松柏科の植物が使用されているようである。

第三章　フィールドの木簡と墓中の木簡

1　フィールドの木簡

中国の木簡研究者との出会い

〝請請《ちんちん》（どうぞどうぞ）〟といいながら左隣の人民服の人がタバコをすすめてくれる。〝謝謝《しぇしぇ》〟といって「中華」に火をつけた。その人も一本とり出してうまそうに煙をはき、人懐こく微笑んだ。

「日本語を話しますか?」「いいえ」、「英語は?」「いいえ」。これは困った。私の中国語はこの辺でおしまいである。通訳は卓子《テーブル》の対面《といめん》にいる。それではと取り出した私のメモ帳に、彼はやおらりっぱな文字を書きつけた。「貴方の論文を少しだが読んでいます。だが我々の研究所に貴方の大学の出版物が完全には揃っていないので残念です。」

中国旅行総社主催の北京飯《ふぁんてん》店での歓迎宴の席である。私は驚いてもう一度その人の名札を見なおした。徐萍芳《じょへいほう》と書いてある。はてと考えた途端、はたと思いあたった。「貴方の御名前は苹芳と書くのではありませんか?」「そうです」、「では以前は徐蘋芳と書きませんでしたか？」、「対《とい》！　対《とい》！　近ごろは文字が変わったので」。そういって彼は破顔一笑した。何だそうだったのか。だったら論文の上ではよく知っている。つい先だっても新しく発掘された居延漢簡の発掘報告を読んだばかりである。昨日の深夜北京についたのに、もうこんな学者と会えるなんてと、幸運を喜ぶ暇もなく、私達はさっそくお互の研究について筆談に熱中し始めたのである。

徐さんと私を結ぶ日中友好の掛け橋は「木簡」研究である。私たちの話題は一九七三～七四年に新しく発掘された居延漢簡に及んだ。そのごく一部が一九七九年三月から始まった日中平和友好条約締結記念「中華人民共和国古代文物展」に出品された。だが、私たちの話の内容をわかってもらうためには、今世紀初頭から始まった木簡発掘の物語を述べておく必要がある。

シルク・ロードの探検

25　徐蘋芳氏

シルク・ロード、古代の絹の道という言葉は、中央アジアを経由した古代の東西交通路を指し、らくだを牽《ひ》いた胡人《こじん》や中国商人がオアシス沿いに往還するロマンティックな夢の道のように受け取られている。多くの人の中には、中国の漢代や唐代、古代ローマ人やペルシャ人も、このルートをそう呼んでいたように錯覚している人もある。しかしこの語は、ドイツの地理学者フォン・リヒトホーフェン（F.von Richthofen）が一八七七年以降に書いたChinaという本の中で使った新造語なのである。

一九世紀の終わりごろの世界地図では、中央アジアには白く残されて何も書かれていない一部分があった。その地を訪れて正確に地図を書くことのできる人がいなかったためである。タクラマカン砂漠をはじめとする未知の世界は、学術的研究心と冒険心の魅力ある目標であった。と同時に、周辺諸国の軍事的関心の的でもあった。

ベルリン大学に留学してリヒトホーフェンに師事し、その影響によって中央アジアの探検を志した、スエーデンのスウェン・ヘディン（Sven Hedin）を始めとして、帝政ロシアの将校であったN・M・プルジェヴァルスキー（Przhevaliskiy）、その弟子のP・カズロフ（Kozlov）、ドイツのA・フォン・ルコック（von Le Coq）、A・グリュンベーデル（Grünwedel）、それにブダペスト生まれで英国に帰化したM・アウレル・スタイン（Aurel Stein）、日本の大谷探検隊などが、一八〇〇年代後半から一九三〇年代にかけて、中央アジアの探検を行ない、それぞれ考古学、地理学その他の分野において多くの成果をあげ、歴史研究のために重要な遺跡、遺物を発見した。このうち木簡学に大きな関係を持つのはスウェン・ヘディンとアウレル・スタインである。

スウェン・ヘディン

ヘディンは一八九三〜九七、一八九九〜一九〇二、一九〇六〜〇八、一九二七〜三五年の四度にわたって中央アジアの探検を行なった。彼の限りない業績の中でも大きなものは、トランス・ヒマラヤ山脈を発見したこと、タクラマカン砂漠の地理を明らかにしたこと、ロプ・

ノールの周期的移動を確認したこと、楼蘭遺跡を発見したことなどであるが、タ－リム河を下降して新旧ロプ・ノールの位置を調査したとき、旧ロプ・ノール北岸で、古の楼蘭と推定される遺跡を発見し、多数の紙片とともに晋代の木簡一二一片を発掘した。彼が最初の木簡を発見したのは一九〇一年三月八日である。この晋簡は現在ストックホルムの民族博物館にあり、一九二〇年にドイツの東洋学者A・コンラディ（August Conrady）によって釈文研究が発表された。

26　ヘディン（左）とスタイン

アウレル・スタイン

同じく一九〇一年、彼の第一次探検に出てタ－リム盆地南縁の、タクラマカン砂漠に埋没していたニヤ遺跡を調査中であったスタインは、ニヤXVと名づけた遺址において晋簡五〇点を発見していた。その日は二月三日、ヘディンに先立つことわずか一ヵ月であった。この五〇点の晋簡は、コレジ・ド・フランスのエドワルド・シャバンヌ（Édouard Chavannes）教授によって研究され、一九〇五年の"Journal Asiatique"に発表、二年後に刊行したスタインの報告書"Ancient Khotan"に付録として再録されている。なおスタインの第一次探検では漢文木簡より早くカロシュティー文字を書いた木簡が発見されているが、このことは後にふれる。

スタインは、ついで一九〇六年から一九〇八年にかけて、第二次中央アジア探検を行なった。一九〇六年九月末、コータン・オアシスから東へ向かったスタインは、カダリク（Khādalik）の近くのバラワスト（Balawaste）という小さな遺跡で唐代の木簡九片、十月二十日にニヤ遺跡のNXIVⅲと名づけた建物遺址で一一点の晋代の楬を見つけ、十二月には楼蘭遺跡を調査して魏晋時代の木簡を一四〇簡収得した。このときにもカロシュティー木簡を発見している。

ついで一九〇七年三月十二日、スタインは敦煌に到着した。そして十六日、千仏洞へ行って壁画を見るとともに、初めて敦煌文書を見るのである。敦煌文書は敦煌石室の一隅に保管されていた六朝時代から宋時代にいたる時期の経巻、古文書群で、このときその一部をスタインが購得して持ち帰り、世界を驚倒させた。井上靖氏の『敦煌』は、この文書群が石室に秘められた動機をめぐるフィクションである。

敦煌漢簡

スタインは三月二十五日から敦煌の北方に残る漢代の見張り台や城壁などの調査を行い、合計七〇四点の漢代木簡を発掘した。これが敦煌漢簡とよばれるもので、彼の調査した地域は東経九四度三〇分から九三度一〇分、北緯四〇度のあたりである。

この探検の発掘資料のうち漢文のもの（敦煌文書は含まない）は、前回と同じくシャバンヌ教授によって研究され、一九一三年にオックスフォード大学出版部から、"Les documents chinois dicouverts par Aurel Stein dans les sables du Turkestan Oriental" と題して出版された。

また、この探検の旅行記が“Ruins of Desert Cathay, 2vols.”（1912）であり、正式の報告書が“Serindia”と題する六冊の大冊である。

シャバンヌ教授の研究は、ニヤ晋簡の研究とともに漢晋木簡研究で公刊された最初の業績であり、木簡学上不滅の金字塔というべきものである。このときシャバンヌ氏を助けた人に呉《ご》勤《きん》訓《くん》、魏《ぎ》懐《かい》という二人の中国人留学生があった。またスタイン氏の調査に随行していた蔣《しょう》孝《こう》琬《えん》という中国人がいた。蔣さんが漢簡を読んだ最初の人ということになる。

シャバンヌ氏の“Les documents chinois”は現在ではほとんど手に入らぬ稀書で、私は一九七二年にケンブリッジ大学に留学したとき、同地のHeffersという有名な本屋の地下にある中国書部門へはじめて行ったとき、棚の上に横にしてあった一冊を見つけ、「売るのですか」と尋ねて「売りますよ」と答えられ、喜ぶよりも先に驚いたほどである。

王国維

この本が刊行される頃、当時日本の京都に亡命していた羅振玉・王国維の二人の中国人学者は、シャバンヌ教授からこの本の写真を贈られると、ただちに研究考証を行ない、一九一四年に『流《りゅう》沙《さ》墜《すい》簡《かん》』と題する大著を日本で出版した。王国維氏は京都の永観堂にいたところから観堂と号し、清朝最後の考証学者というべき人で、『観《かん》堂《どう》集《しゅう》林《りん》』と題する研究論文集や『海《かい》寧《ねい》王《おう》忠《ちゅう》慤《かく》公《こう》遺書』という全集がある。『流沙墜簡』は清朝考証学が木簡学の枝に開いた花である。

シャバンヌ氏の本は一簡ずつ釈文を書き、考証をつけているが、敦煌漢簡の写真は五八八点をかかげるのみなのだ、羅・王両氏もその範囲で考証したにとどまる。後で紹介する居延漢簡の研究者労榦氏に『敦煌漢簡校文』という釈文の補訂があるが、これも写真によって作業をしているから、すべての簡には及んでいない。スタイン第二次探検の原簡は大英図書館にあるので、ケンブリッジ大学のマイクル・ローウェー博士（Michael Loewe）は原簡を調査して“Some notes on Han-Time documents from Tun-Huang”という論文を雑誌T'oung-Pao（No.50, 1963）に発表、私も一九七二年に手にとって調査し、若干の釈読を修正した。（大庭脩・「敦煌漢簡釈文私考」関西大学文学論集23－1）

木簡の釈文《しゃくぶん》

ここで釈文《しゃくぶん》というものに少しふれておく。発掘された木簡は、それが戦国時代や秦漢時代のものであれ、平城京出土のものであれ、不完全で読みにくいものが多く、そのうえ古いものは古文、隷書などの古い字体で書かれているから、研究の一歩はそれを現在の字体になおすことからはじまる。その作業が釈読であり、現行の字体になおったものが釈文である。

釈文の作製は木簡学の基礎作業であり、そのためにはたとえば漢簡研究には隷書の知識が必須であり、書体に関する知識は木簡学の基礎知識として必要である。釈文が誤まっていれば、それを用いて研究した結果は誤まりである。そこでわれわれは自分で釈文を作ってみるのだが、シャバンヌ先生といえども完全ではない。釈文研究には徹底的な帰納法が必要で、そのためには類例が多いほうが良い。私にしても、居延漢簡に接した経験からシャバンヌ先生の誤まりを指摘できたにすぎない。しかも誤まりというのは何十字かの中の一字であって、ほとんどは正しく、正しい釈文の中には、もし自分が一人で釈読したならそうは読めなかったものがたくさんある。

研究者や書家の中にはしばしば「シャバンヌの釈文はちがっているよ」とか「労榦の釈文はまちがいだらけだ」などと高言する人があるが、生意気なことはいうべきでない。論文に書くときは誤まりは誤まりと書くけれど、瑕瑾《かきん》をもって釈文すべての価値をおとしめるのはよくない。敦煌漢簡を前にして私は、はじめてこれを読んだシャバンヌという人は偉い学者だったなあとあらためて敬服したのであった。

スタイン第三次探検

スタインは一九一三年から一九一六年にかけて第三次中央アジア探検に出た。一三年の一月にカシミールを出発し、カシュガール、コータン、楼蘭などを経て、一九一四年三月十七日から敦煌北西につづく古代の城壁と見張り台の線に沿って敦煌に入り、さらに東へ調査をつづけ、毛目《マオムー》からエチナ川に沿って黒城にまで至ったのである。

黒城（カラ・ホト）は一九〇八年にロシアのカズロフ探検隊が西夏時代の遺物を発掘した場所であり、遺跡の一部は漢代の居延県のあとで、後にこのエチナ川沿いの見張り台あとからは居延漢簡が発掘されるのだが、スタインはこのとき、全行程で漢代の木簡一六六点を得たのみである。なお楼蘭遺跡でも多くの紙片とともに四九簡の晋簡を発掘した。

第三次探検の正式の報告書は“Innermost Asia”と題して一九二八年に出版されたが、木簡、紙片などの中国文資料はシャバンヌ教授の没後にイギリスに到着し、彼の弟子で後任教授でもあるアンリ・マスペロ（Henri Maspero）教授がその研究に従事した。マスペロ氏は一九二〇年から始めて一九三六年に完成するが、もちろんスタインは“Innermost Asia”の中でマスペロ教授の説をしばしば引用している。ただその報告書の印刷は第二次大戦によって大幅に遅れ、一九五三年になって大英博物館から出版された。“Les documents chinois de la troisième expédition de Sir Aurel Stein en Asie centale”という題で、出版されたときにはマスペロ教授はすでになくなっていた。この書物は大英博物館の出版物だから、同博物館の入口にある絵葉書やガイド・ブックの売場で簡単に買える。日本の洋書屋など当てにしないほうがいい。

なお、スタインの二度にわたる探検で収得した木簡や紙片の写真と釈文を中国で一九三一年に出版したものに、張鳳《ちょうほう》の『漢晋西陲《せいすい》木簡彙編《いへん》』という本がある。

中国木簡の名称

スタインの第三次探検では先に述べたように古長城線沿いに木簡を収得しているので、陳《ちん》夢家《ぼうか》、李書華《りしょか》などの学者はその出土地が、約半分は漢代の行政区画からみて酒泉郡の領域に入るので、すべてを敦煌漢簡とよばないで半数は酒泉漢簡とよぶべきだと主張している。この指摘は注意に値するものである。だがすぐに従う必要はない。その理由を説明すると中国出土木簡の名称のつけ方がわかるので、先で出てくる名称も使いながら少し書いておこう。

敦煌漢簡という名称は、漢の敦煌郡址から出た木簡の意味でついたものか、現在の地名敦煌県附近から出た木簡の意味かといえば、とくに命名の由縁などはだれもいわないが後者であろう。古地名と紛らわしいから酒泉郡址から出たものもあるぞという注意を喚起するのはたいせつだが、命名の原則がちがっているのだ。もっとも原則などは現在のところないようで、たいへん不便である。居延漢簡は漢代の県名からとり、陳・李両氏は郡名をとって張《ちょう》掖《えき》漢簡にしたほうがよいという考えである。だが一九五九年に出た武威《ぶい》漢簡は現在の武威県のほうをとっている。最近出土する木簡は、だいたい現在の県名をつけているばあいが多い。

ただ釈文が発表されるときには変っている例があって、臨沂《りんき》漢簡が銀雀山《ぎんじゃくざん》漢墓竹簡、雲《うん》夢《ぼう》秦簡が睡虎地《すいこち》秦墓竹簡と現在の出土地名になっている。

敦煌地方の再調査

敦煌漢簡は、一九四四年の春に、当時の中央研究院、中央博物院、北京大学文科研究所が合同して組織した西北科学考察団の研究者が、スタインの探検した玉門関《ぎょくもんかん》、陽関《ようかん》の遺址や漢代の防衛線の遺跡を再調査し、そのさい四八簡を採集した。現中国社会科学院副院長の夏鼐氏が中心となって調査をし、「新獲之敦煌漢簡」と題して釈文・考証と写真を一九四八年に発表した。夏鼐氏の『考古学論文集』（一九六一年刊）に収められている。なお原簡は徐苹芳氏の話では台湾にあるそうだ。

敦煌漢簡については、さらに重要な後日譚がある。一九八一年の十月の『文物』誌は、甘粛省博物館と敦煌県文化館の連名で敦煌県西北方九五キロの馬圏湾《ばけんわん》という所で発掘された漢ののろし台についての報告を載せた。この調査は、両館合同で組織した漢代長城調査隊が行なったもので、一九七九年六・七月のあいだに敦煌県境に残っている六九個ののろし台遺跡を調べて、十月から発掘を行なった。そして三三七点にのぼる遺物とともに一二一七枚の木簡を見つけたのである。

その内容は重要なもので、そのことは後でふれるが、いまはとにかく外見の限りで述べてみよう。一九四四年までの敦煌漢簡の数は、合計九百点ばかりである。しかもその数は、酒泉漢簡と呼ばれるものを含めてのことである。だから、スタインの二度の発掘数をすべて含めており、その調査範囲はひじょうに広い。ところが馬圏湾一ヵ所だけでそれを上まわる木簡が見つかった。そして甘粛省博物館の与えたD21というこの発掘点は、スタインが与えた遺跡番号のT11とT12aとの中間にあり、スタイン探検隊は見逃していた遺跡なのである。スタインが見落としていた遺跡が発掘されて、スタイン探検隊の全量を上まわる簡が出土したという事実は、今世紀前半と後半の調査のちがいを具体的にしめすできごとといわねばならない。それはまさしく、探検から発掘への変化を意味するのであろう。

西北科学考査団

アウレル・スタインのこのような活動にたいして、スエーデンのスウェン・ヘディンの活躍も目覚しいものがある。一九三〇年に彼を団長として、スエーデンと中国との合同の探検隊が作られた。中国名は西北科学考査団（考察団ともいう）、英語名でThe Sino-Swedish Expeditionとよばれる。西北とは当時の新疆《しんきょう》省・寧夏《ねいか》省など中国の西北部を指し、一九二七年から三五年のあいだに行なわれたが三期にわかれ、第一期はベルリン－北京－上海の航空路開設のための調査が眼目で、ドイツのルフトハンザ社が出資したが、空路開設にたいする政治的反対があって、ルフトハンザ社が手を引き、第三期は新疆省の内戦にまき込まれて成果をあげられず、けっきょく一九二八年夏から三三年秋までの第二期に、スエーデン・中国両政府の費用と外部の寄附金によって純粋に学術調査を行った時に成果があげられた。

探検隊にはおもにスエーデン・中国両国の学者と若干の他国人学者がいたが、地理学、測地学、地質学、古生植物学、古生物学、動物学、植物学、考古学、民族学、気象学の分野におよび、その成果は全巻で五五巻におよぶ報告書の叢刊（Reports from the Scientific Expedition to the North-westerm Provinces of China under the Leadership of Dr. Sven Hedin – The Sino-Swedish Expedition-Publication）として出版されている。また中国側の報告書も「西北科学考察団叢刊」として数点がある。

このうち木簡学に直接関係するのは考古学の分野で、スエーデン側の学者としてはフォルケ・ベリイマン（Folke Bergman）氏、中国側学者としては黄文弼《こうぶんひつ》氏が参加した。彼らは一九三〇年から三一年にかけて現在の甘粛《かんしゅく》省北部のエチナ川流域で、それはほぼ東経の一〇〇度から一〇一度、北緯四一度から四二度のあいだにあたる地域に点在する漢代の見張り台あとから約一万一百点余の漢代木簡を発掘した。

エチナ川というのはモンゴル名、青海《せいかい》省境の山脈に源を発し、西部甘粛のオアシスを経てガシュン・ノールとソゴ・ノールの二つの鹹湖に分かれて注ぐ河で、中国名は弱水《じゃくすい》、それがガシュン・ノールへ向かうのを西河、ソゴ・ノールへ入るのを東河といい、この両河の沿岸に遺跡が分布する。この下流にあるのがモンゴル語でカラ・ホト、中国名黒城、先に述べたカズロフが探検し、スタインも調査した西夏時代にさかえた都市であり、漢の張掖郡居延県城と推定され、これらの木簡を居延漢簡と名づけるゆえんでもある。

居延漢簡

ベリイマン氏は一九三〇年四月二十七日に、カラ・ホトの東南三〇キロにあるボロツォンチで第一簡を発見した。彼は前日、この地にある見張り台の見取り図を作るため、見張り用の塔に隣接した矩《く》形の部屋を計測していてペンを落とした。それを拾うためにかがんだとき、その側に保存の良い漢の五銖銭《ごしゅせん》（図27）を見つけ、もっと注意深く探してみると、ほどなく銅の鏃《やじり》と別の銭が見つかった。そこでこの日発掘を始め、そしてすぐに第一簡が出土したのである。

その後同地で約三六〇簡、カラ・ホトの西南七〇キロにあるム・ドルベルジンで約四〇〇〇簡、さらにその東南のタラリンジン・ドルベルジンで約一五〇〇簡というように、エチナ川に沿って点在する漢代の保塁址を調査しつづけ、合計一万点あまりの漢簡を発見した。

これらの居延漢簡は、一九三一年五月末に北京に運ばれ、その釈読には北京大学の馬衡《ばこう》、それに向達《しょうだつ》、賀昌羣《がしょうぐん》、余遜《よそん》、労榦《ろうかん》氏らが当った。スエーデンからはカールグレン氏が参加することになっていたが、実現はしなかった。北京における作業はある程度まで進展していた。労榦、余遜両氏の担当した三〇五五簡の釈文の草稿が曬藍《さいらん》本漢簡釈文と名づけられて台湾に現存し、労榦氏の弟子馬先醒《ばせんせい》氏が「簡牘学報」（一九七五）誌に復刻している。また馬衡氏の『居延漢簡釈文稿冊』および『居延漢簡釈文簽《せん》』、賀昌群氏の『居延漢簡釈文稿本』は

27 西北科学考査団収得の漢五銖銭

北京の中国社会科学院考古研究所にある。

　ところが一九三七年以来の日中戦争によりこの作業は中断し、その秋には上海に戦火がおよんだときに写真の原板が焼けてしまい、香港においても災害をうけた。

労榦氏の研究

　その間、わずかに残った写真の副本をもとに、労榦氏は中央研究院の避難先の四川《しせん》省の奥地南渓《なんけい》にあって単独で研究を続け、一九四三年に同地において『居延漢簡考釈』釈文之部四冊、四五年には『居延漢簡考釈』考証之部二冊が石印本で刊行された。労氏自ら原稿を書き、部数も百部に過ぎないという。ついで一九四九年十一月には、上海の商務印書館からこのうち『居延漢簡考釈』釈文之部が、活版印刷二冊本で出版された。一方一九四三年ごろから、居延漢簡を材料に使った労榦氏の考証論文が続々発表され始めた。

　労榦氏の『居延漢簡考釈』の石印本が、一九五一年初めに、当時北京にあった今西春秋《いまにししゅんじゅう》氏の手によって、京都大学人文科学研究所の森鹿三教授のもとに送り届けられ、これを契機に森教授を中心に居延漢簡の共同研究が同研究所で始まった。五一年には上海版の労氏活字本も輸入され始めたので、日本の京都以外の地でも漢簡研究がスタートし、この年は日本の木簡学にとっては意義深い年となった。一九六一年の平城木簡の出土が日本木簡研究上意義深い年とすれば、中国木簡研究については釈文の輸入の年がそれに匹敵するだろう。

　その後の研究の発展については、話が細かくなるからここには書かないでおく。一つの流れとしていえることは、釈文のみが羅列されている本を手にしても、一人だけではたいへん苦労が多いので、どうしても共同研究が必要であり、森鹿三教授を中心にした公的、私的研究グループが二十年近く続いたということであろう。その間森リーダーが書かれた論文が森鹿三著『東洋学研究 居延漢簡篇』にまとまっており、その巻末に私の書いた「森鹿三先生と木簡研究」という解説がつけてある。一九七四年ごろまでの、日本における中国木簡研究史として参考にしていただきたい。

写真による居延漢簡研究

一九五七年になって労榦氏の『居延漢簡』図版之部が台湾から出版され、われわれはようやく木簡の姿を見ることができるようになり、図版に見合う『居延漢簡』考釈之部が一九六〇年に出た。また、中国科学院考古研究所は、中国科学院に残っていた写真を利用して一九五九年に『居延漢簡甲編』を出版、二五五五簡の写真と釈文、索引が含まれている。

一方、考古学的な発掘物の研究は、文字を書いたもの、すちわち木簡類を除いて、スエーデンで行なわれていたが、発掘者のベリイマン氏が途中で病没したため、B・ソンマストローム氏（Bo Sommerström）によって継承され、その成果が“Archaeological Researches in the Edsen-gol Region , Inner Mongolia”というタイトルで二冊、一九五六年と五八年に先述のシノ・スウェーディシュ・エクスペディションのシリーズ第三九冊、第四一冊として刊行された。

これら一連の出版は、それまで労榦氏の釈文を唯一の手掛りとして進められていた、そしてその意味では限界に達していた居延漢簡研究に新しい局面を開いた。事実、釈文に二字しかないため、断簡であろうと処理していたものが大きな検《けん》に書かれていたことが判明するというような例は無数にあり、もちろん森グループは写真による輪読会を開始した。労榦氏の釈文の修正も行なわれ、多くの論文も発表されたが、このグループにロンドン大学のマイクル・ローウェー（Michael Loewe）博士が一年間留学参加し、帰国後ケンブリッジ大学へ転じて同大学出版部から出した“Records of Han Administration”という二冊の大冊は、写真をフルに活用した大収獲であろう。

この間にあって最大の難関は、各簡の出土地がまったくわからないことであった。『居延漢簡甲編』にはわずかに出土地を注記したものもあるが、それは二千五百簡余の中でもわずかなもので、そのために簡相互の関連がつけがたい苦労があった。『甲編』につづいて出るであろう『居延漢簡乙編』にたいする期待は、その面からも大きなものであったが、文化大革命期間は、後述するように多くの木簡の出土を見た反面、出版事業は停滞した。

居延漢簡研究の新段階

「森鹿三団長先生からは、以前から『居延漢簡乙編』を何時出版するのかお尋ねをうけていましたが、林彪《りんぴょう》、四人組を一掃した今、一九七九年の早々に私達は『甲編乙編』を合わせて出版することにしています」と、夏鼐先生は白皙の顔を輝やかしてこう語った。一九七八年十月九日、北京飯店での、森グループを含む我われ〝中国文物・歴史〟研究者友好訪中団が夏鼐先生との会見の席でのことである。

徐苹芳氏は、その前夜、本章の冒頭に書いた私との筆談で、すでに私のこの話を教えてくれていた。「労幹の釈文も、甲編の釈文も良くない」と徐さん。「その通り」と答えると、「釈文を全部検討して甲乙編を一度に出します。」「簡の配列は?」「原簡番号順です。」「それは良い。」「簡の出土地が全部わかりました。これは日本の学者の最大の関心事だったでしょう。」「楽しみに待っています。」そして、『居延漢簡甲乙編』は、一九八二年に刊行されたのである。

居延漢簡研究は、今第三期を迎えようとしている。ただしそれは、『居延漢簡甲乙編』が出たからだけではない。一九七二年から七六年にかけて、甘粛省博物館や所在の人民解放軍部隊などで組織された甘粛居延工作隊が、国家文物局、同省文化局の後援のもとにエチナ川流域の再調査を行ない、とくに七三・七四年に破城子《はじょうし》(ムドルベルジン)を始め三ヵ所で重点的発掘を行なった結果、漢代の甲渠候官城砦遺址《こうきょこうかん》(それが破城子である)、肩水金関遺址《けんすいきんかん》と甲渠第四燧《すい》遺址が明らかとなり、合計で一九、六三七点の木簡が出土したのである。

この木簡は現在整理中であり、すべてが公表されるまでにはなお時日を要するが、そのうちの重要なものがごく一部ながら研究発表され始めたのである。これらは、ベリイマン氏発掘の一九三〇・三一年出土居延漢簡約一万点にたいして倍にあたる量であり、居延漢簡の総量は三万点に達した。まさしく第三期の幕はすでに切って落されているのである。これはいったい、木簡発掘の歴史の上でどういう意味があるのだろうか。

探検から発掘へ

いままで述べてきた中国西北部から中央アジアの発掘は、いずれも今世紀の前半、中国人ではない人たちの手によって行なわれたものである。唯一の例外は、夏鼐氏らによる一九四四年の敦煌附近の調査である。そして、一九四九年は、中華人民共和国が建国した年で、したがってすべては中華人民共和国時代以前に属する。

新しい居延漢簡の発掘を報ずる『文物』誌（一九七八―一）には、この地域での最初の科学的発掘だと述べている。居延地区では暑熱と暴風に悩まされ、一度発掘した所が流沙で埋まってしまって、もう一度発掘しなおす必要さえあったという。そういう場所で、発掘地点や層位関係を明確にしたのは、移動する外国人の探検隊でなく、その土地の人、すなわち中国人民の手によって行なわれたからである。破城子（ム・ドルベルジン）は、ベリイマン氏の調査のA8地点にあたり、当時五二〇〇枚以上の木簡と、一二三〇点の遺物が発見されたところであるが、今回は六八六五枚の木簡と八八一点の遺物が発見され、甲渠候官城砦の全容が明らかになった。

旧居延漢簡はエチナ川全域で一万点あったが、新居延漢簡は三ヵ所の重点的発掘で二万点あった。肩水金関城址は前回約八五〇簡余出土したが、今回は一一、五七七簡発見されている。ということは、もしこの地域全域といわず、タラリンジン・ドルベルジン、ウラン・ドルベルジンなど重要地点と思われる何ヵ所かが掘られたなら、漢簡の数が五万〜六万点に達することは容易なことであろう。

ベリイマン氏の日記によれば、タラリンジン・ドルベルジン（大湾《たいわん》）、ウラン・ドルベルジン（地湾《ちわん》）附近の調査のあと、

この地域の各地点を私が余すところなく研究することはけっしてできない。多分なお多

くの木簡を得ることはできるであろう。しかし秋は深まり、私はさらに川を下ろうと思う。そこにはなお発掘されるのを待っている多くの他の場所がある。

と書いている。ベリイマン氏はすでに調査の限界と、木簡出土の予測とを持っていたのである。そしてこの地域は、先にも書いたようにスタイン第三次探検でスタインが通った場所なのである。けっきょく、今世紀前半の西洋人による西域探検は、まさしくエクスプローレイション（探検）であり、エクスカーベイション（発掘）ではなかったということになるだろう。

それは西域探検の価値をおとしめるものではない。ヘディンの報告書をスタインが読み、スタインの報告書をベリイマンが読み、ベリイマンの報告書を甘粛居延考古隊が研究して研究が継続し、発展しているのである。その点は先にシャバンヌ教授の研究を称揚したのと同じ精神である。先人の業績を正当に評価してこそ、それを正当に継承してこそはじめて我われの研究が生きるのであり、また後進によって我々が乗り越えられるのである。

居延漢簡の総量は圧倒的に多い。これが中国木簡研究の中心になることは明らかである。したがってその第三期の黎明時において木簡学入門の大きな目的は、今後の居延漢簡研究の発展に備えることにあろう。そのおもしろさは応用篇である第四章以後にゆずる。ここではなお発掘物語をつづけてゆかねばならない。

その他の木簡の発掘

西北科学考察団に参加した中国側の学者に黄文弼氏がある。黄氏は一九三二年にロプ・ノール北岸の漢代遺跡を調査し、七一簡の木簡を発見した。この発掘報告、釈文、写真は一九四八年に『羅布淖爾《ロプノール》考古記』と題して出版された。

黄氏の発見したロプ・ノール漢簡の原簡、ベリイマン氏の旧居延漢簡、夏鼐氏らによる新出の敦煌漢簡の原簡は、いずれも現在台湾の台北市南港、歴史語言研究所にある。これら居延漢簡は、戦火を避けて北京から運び出され、戦後一時アメリカ国会図書館に保管されていたことがある。

今世紀前半における木簡発掘史において、日本人が発掘した木簡が二件ある。一つは一九〇八・〇九年に行なわれた大谷探検隊第二次西域探検で、おそらく楼蘭の遺跡で晋の木簡五片が発見され、その模本は一九一五年刊行の『西域考古図譜』と、一九三一年刊の『書道全集巻三』（平凡社刊）に出ている。また一九三一年に朝鮮古蹟研究会が、当時の平壌大同江《へいじょうだいどうこう》面南井里《めんなんせいり》第一一六号墳を発掘したとき、漢代の木牘一枚が出土した。この墓は出土品に美しい漆の篋があったので「楽浪彩篋塚《らくろうさいきょうづか》」と呼ばれるようになり、一九三四年刊の小泉顕夫《こいずみあきお》氏らによる同名の報告書に写真がある。私はこれを楽浪漢簡とよんでいる。

西北のフィールド出土の木簡

一九四九年、中華人民共和国が建国して以後、中国内の各地において国家の建設事業が進展するにともない、長い歴史をもつ国土の地下に埋蔵されていた文化財が発掘される機会が多くなった。そして、以前は木簡といえば西域地方ないしは西北辺境地方から出土するものであったのに、内郡の各地の古墓から出土する例を多く見るようになった。すなわち今世紀後半になっての木簡の出土は、いろいろな面で世紀前半の出土とは様変る面を持つこととなる。

まず発掘者はすべて中国人民であること、出土木簡はいずれも中国において保存されていることは、当然のことながら大きな変化の第一にあげなければならない。

つぎに、出土木簡の時代に関して変化がおこった。西北地方出土簡は中国の勢力、具体的には漢王朝の勢力がその地方へ伸張した武帝劉徹《りゅうてつ》以降のものであった。敦煌、居延など出土の漢簡は前漢後半期から後漢初期までのものが主体であった。それが、前漢初期にさかのぼるのみならず、主として楚の国のものであるが戦国時代の簡、それに秦時代の簡が出土するようになった。それにともない、西北地域では土地柄木牘が多く、竹簡はきわめて少数であったのにたいし、竹簡の出土例が増えた。

一九七三・七四年出土居延漢簡を含めて、西北地域の漢代防衛線から出土する木簡と、内郡の古墓から発掘されるそれとの基本的な性格の相違については、つぎのことを考えねばならない。

西北地域漢代防衛線一帯から出土する木簡は、基本的に廃棄物の性格を持っている。それは、防衛線がなおその機能を果たしている当時に廃棄された木簡、つまり、当時の城砦のなかの廃棄物堆積場から出土するものはいうまでもないが、後漢初期における軍備縮小政策の結果、城砦そのものが廃棄され、機能を停止した当時の状態のまま発掘されたものも同じく廃棄物としての性格を持つと私は考える。

これは一九七三・七四年出土居延漢簡の中に、破城子、すなわち甲渠候官城砦の文書室とおぼしい小部屋から冊書の状態を残して出土したものを考えているのである。これらの西北部の防衛施設は、光武帝劉秀《りゅうしゅう》の軍備縮小にともなって全部放棄され、軍が引き揚げ廃墟となったと考えられており、そのことは砦がすべて廃棄され、不用の文書類も放置されたのだから廃棄物になるというわけである。この廃棄物という性格は、平城京をはじめ多くの宮《きゅう》址《し》、郡衙《ぐんが》あとなどから出土する日本木簡も共通の性格がある。

古墓出土の木簡

それにたいして、古墓の中から出土する木簡類は、しかるべき目的を持って埋められたものので、その目的は墓葬内において永遠に果たされねばならぬものである。よしそれが墓内で朽ちはてようが、二千年の後にはるかなる子孫たちの手で発掘されようが、墓を作りそこへ葬った人たちにはかかわりのないことなのである。この意味するところは、具体的に墓葬中の木簡を説明したほうがよく理解してもらえるだろうと思う。

2　墓から出土する木簡――書籍

書籍

墓から出土する木簡の第一は書籍類である。墓主が生前愛好していた書籍を副葬したもので、先に書いた馬王堆三号墓出土の帛書類はその典型的なものであるが、墓の中から簡牘に書いた書物が出土し、しかもそれが当時には散佚《さんいつ》して存在すら知られていなかった本であったという例が、すでに三世紀にある。

晋の武帝司馬炎《しばえん》の太康《たいこう》二年（二八一）、汲《きゅう》郡（河南省汲県）の人の不準《ふじゅん》が、戦国時代の魏の襄王《じょうおう》の墓とも安釐王《あんりおう》の墓ともいう冢《ちょう》を盗掘したところ、車数十台分の竹書、つまり竹簡に書いた書物が出土した。官はこれを接収し、秘書局において竹簡の順序を正し、当時の字体に書き改めて皇帝の書庫に納めた。この竹書はすべてで七十五篇あり、夏王朝から魏の安釐王二十年までの歴史を書いた『紀年』十二篇、周の穆王が国内を遊歴したことを書いた『穆天子伝《ぼくてんしでん》』五篇などが含まれていて、汲の冢から出たから汲冢書《きゅうちょうしょ》といい、『紀年』は竹簡に書かれていたので『竹書紀年《ちくしょきねん》』とよび、その一部は『穆天子伝』とともにいまに残って片鱗を伝えている。

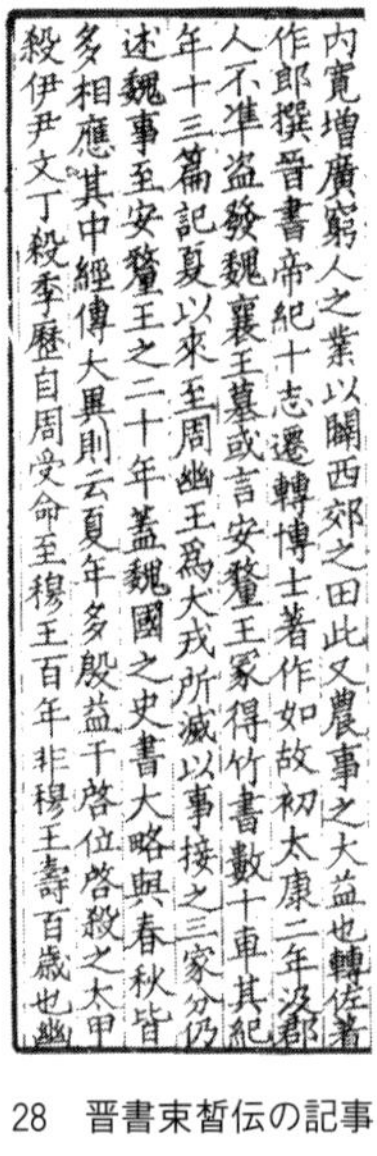
内寛增廣窮人之業以關西郊之田此又農事之大益也轉佐著作郎撰晋書帝紀十志遷轉博士著作如故初太康二年汲郡人不準盗發魏襄王墓或言安釐王冢得竹書數十車其紀年十三篇記夏以來至周幽王爲犬戎所滅以事接之三家分仍述魏事至安釐王之二十年蓋魏國之史書大略與春秋皆多相應其中經傳大異則云夏年多殷益干啓位啓殺之太甲殺伊尹文丁殺季歷自周受命至穆王百年非穆王壽百歲也幽

28　晋書束晳伝の記事

武威漢簡

一九五九年、甘粛省武威県磨咀子六号後漢墓から、竹簡木牘合せて五〇四点が出土したが、そのうち四六九簡は『儀礼』の一部で、中でも喪服《そうふく》篇の異本三種があった。『儀礼』は『周礼』『礼記』とともに三礼と称せられて儒家の経典の一つ、この墓は、出土簡の中に

河平□年四月四日　諸文学弟子出穀五千余斛。
（河平？年四月四日、諸文学弟子《ていし》、穀五千余斛《こく》を出す）

という文があるので、文学弟子たちから死去にさいして穀物を寄せられる立場の人、たとえば郡文学掾《えん》などの地位にある郡学に関係した、礼経専門の人物ではないかと想像されている。

これらの木簡は武威漢簡と呼び、一九六四年に『武威漢簡』と題する報告書が出版され、写真も釈文もついている。分類上甲本とよぶ簡は平均長さ五五・五〜五六センチ、幅〇・七五センチ、厚さ〇・二八センチ内外の木牘、丙本とよばれるものは長さ五六・五センチ、幅〇・九センチで、いずれもほぼ漢尺二尺四寸の簡牘にかかれ、伝えられる漢の木簡の制度に合う。

汲冢書のはなしはあるものの、木簡を使った本の実例は武威漢簡『儀礼』が始めてのものであったから、木簡の書物の姿（図11、三八ページ）として大きな関心を集めた。とくに簡の順序を正して冊書の形に復原してみると、おもしろいことがわかった。まず各簡の下端に番号がつけてあって、編が切れてばらばらになっても、ただちに順序が正せるように配慮してあること、つまり今日の本のページのノンブルに相当する数字が書いてあった。それから、冊書の最初の簡の背面にその篇の名前が書いてあった。これは、漢代の本は文字の面を内側にして巻いてあり、背面の篇名はその状態で識別ができるように配慮されているのである。

臨沂銀雀山の孫臏兵法

ところで中国の地中は恐ろしい。どんな文化財が隠れているかわからない。武威漢簡も顔色を失う大発掘があった。一九七二年四月、山東省の南部、臨沂県の南一キロにある銀雀山という小さな丘にあった二つの漢墓が発掘されたが、その一号墓から四九四二点の竹簡の書籍が出土したのである。

一九七五年に『銀雀山漢墓竹簡〔壹〕』という大部な書物が、写真と釈文をのせて出版され、いずれは三まで出ることになっているが、釈読の作業はいまも継続中である。書籍の内わけは、『孫子《そんし》』、『六韜《りくとう》』、『尉繚子《うつりょうし》』、『管子《かんし》』、『晏子春秋《あんししゅんじゅう》』、『墨子《ぼくし》』など従来から伝っているもののほか、名前だけが伝っていた『孫臏《そんぴん》兵法』が、二千年来の幻《まぼろし》から現《うつ》つとなって姿を見せたのである（図29）。

筆頭に書いた『孫子』という本は、漢では「呉孫子兵法八十二篇、図九巻」と著録されているもので、呉の孫武《そんぶ》が書いたもの、これにたいして「斉孫子八十九篇、図四巻」も著録され、孫臏の著作とされていた。『史記』によると孫武は斉の人で春秋時代末に呉王闔閭《こうりょ》に仕えた兵法家であり、孫臏は武の死後百余年たって斉に生まれ、その国の威王《いおう》に仕えた孫武の子孫である。

ところが、孫臏の兵法＝斉の孫子が後漢以後に佚亡《いつぼう》して伝らなかったので、後世さまざまな憶説が生じ、「孫武の書はじつは孫臏の書である」とか、「現在の孫子の書は偽書である」

29 『孫臏兵法』銀雀山漢墓

とか、「孫武の書を孫臏が改訂補筆したものが現在の孫臏の書である」とか、「孫武は架空の人物で存在しなかったのではないか」など議論がたえなかった。ところが臨沂漢簡の中で現行本孫子に文章があう一九六簡と、あわない三六四簡が存在したので、このあわない孫子は佚亡した孫臏兵法であろうと推定されるにいたったのである。まったく晋代の汲冢書の発掘に比肩すべき歴史的事件である。

兵法書出土の意義

孫臏兵法はこのように一時佚亡していたから格別の話題になったが、学問的にはそれに匹敵するほどの価値があるのは『六韜』、『尉繚子』の出土である。これらの書物も従来は、現存する書は後世の偽書という疑をかけられていたものであるから、少なくともこの墓が作られた前一四〇年から前一一八年のあいだより以前から存在したことが明らかになった。村山《むらやま》孚《まこと》氏編訳『孫臏兵法』（徳間書店刊、一九七六年）、金谷《かなや》治《おさむ》氏訳注『孫臏兵法』（東方書店刊、一九七六年）の訳書がある。この墓主は司馬という幕僚職にあった軍官であろうと思われている。

医書

つぎに書籍の出土で特色のあるものとして医書をあげることができる。一九七二年十一月に、甘粛省武威県旱灘坡《かんなんぱ》後漢初期墓から、総計九二枚の木簡が出た。第二の武威漢簡である。一九七五年十月に刊行された甘粛省博物館、武威県博物館編の『武威漢代医簡』がその写真、釈文集で、その中で簡を第一類四一枚と第二類五一枚に分類する。第一類には簡の右側上・中・下三ヵ所に編縄をかけるための切込みがあり、第二類にはそれがないのが特色である（図30）。最初に何々を治療する方という意味の方名を書き、ついで病名または症状を書き、薬物の名前と分量、治療の方法、服薬の方法、服薬にさいしての禁止事項とその反応の順になっているのが通常である。実用的な医療の方法が主で、病理論的な記述は少ない。東方学報五〇号に赤堀昭《あかぼりあきら》氏の「武威漢代医簡について」の現代訳がある。

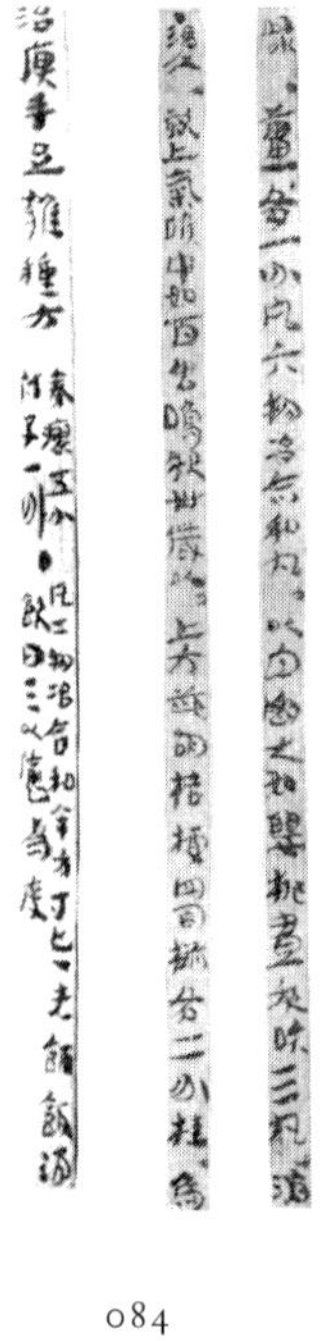

30 『武威漢簡』第一類（右二本）と第二類

つぎに一九七三年の湖南省長沙馬王堆三号墓から、木簡一〇を含む二〇〇点の竹簡の医書が出土している。これは、墓の東辺箱に入っていた第五七号漆奩の中に多くの帛書とともに入っていた。ここでも二種類にわかれ、一つは篆書の筆法が残る隷書で書かれた八八簡で、書名はない。その仮題を何とつけるかは整理研究にあたっている馬王堆漢墓帛書整理小組というプロジェクトチームで意見が一致しなかった。残りのグループは篆書で書かれ、こちらは最初に五十二の目録があり、その病症名が本文中に書かれて、総計二百七十余の治療法が対応して書いてあるので『五十二《ごじゅうに》病方《びょうほう》』と名づけられている。

医書は書籍の中ではもっとも現実的要求の高いものだから、それだけに普及度も高いと思われる。敦煌漢簡や居延漢簡の中にも一、二簡医書の一部と見られる内容の簡があり、敦煌漢簡には馬の病気の治療法を書いた簡もあって、これには武威医簡第一類と同様の切り込み

31　秦簡の出土状況　人骨の間に散在しているのが竹簡である

がある。脱簡を防ぐ目的の書籍の簡の特色であろう。

睡虎地の秦の法律書

一九七五年末に湖北省雲夢県睡虎地第一一号秦墓出土の約一千点の竹簡、いわゆる雲夢秦簡も書籍に関係がある（図31）。一九七七年に『睡虎地秦墓竹簡』と題する大きな本が出版されて、図版と釈文、注釈が公表された。ついで一九七八年には同じ書名で活字本一冊が出版され、今日のスタンダード・テキストになった。その分類では、編年記《へんねんき》、語書《ごしょ》（もとの南郡守騰《とう》文書）、秦《しん》律十八種《りつじゅうはっしゅ》、效律《こうりつ》、秦律雑抄《しんりつざっしょう》、法律答問《ほうりつとうもん》、封診式《ふうしんしき》（もとの治獄程式《ちごくていしき》）、為吏之道《りたるのみち》の八種類にわかれている。このなかで『為吏之道』と仮題を与えたものは五〇簡よりなり、官吏たるべき者の心得を対句で書き述べ、篇末に韵文八首でしめくくった、『荀子《じゅんし》』成相《せいしょう》篇に似た佚書である。

睡虎地一一号墓は、四・一六メートルと三メートルの長方形竪穴土坑墓で、墓の主の喜《き》という人物は始皇帝三〇年（前二一七）に鄢《えん》県の治獄《ちごく》の職で死んだ下級地方官と考えられる。その根拠は編年記にある。これは当初の報告では大事記とよばれた五三簡で、秦の昭王《しょうおう》元年（前三〇六）から始皇帝三〇年にいたるあいだの秦の重要な事件を書き、そのあいだに昭王四五年（前二六二）に生まれた喜という人物が、楡《ゆ》県の史、安陸《あんりく》県御史《ぎょし》、鄢県令史《れいし》、同治獄などの官についたことが点綴されているもので、したがって始皇帝三〇年に終っているのは喜が死んだためであると判断するのである。

この編年記が、戦国・秦時代の歴史事実の研究に価値あるものであることはいうに及ばぬが、いまはしばらくその学術的価値は脇において、よく考える必要がある。それは何故この編年記がこの墓に入れてあったのかということである。そうすると、先に秦の昭王以後の秦の重要事件のあいだに喜に関することが点綴されているといったが、またそう一般には説明されているが、これは喜の墓であり、喜は下級地方官で秦の歴史を左右したような人ではないことを考えてみると、喜の生涯を秦の重要事件と年代的に対比して書かれたもので、けっして秦史一般年表が副葬されているのではないと考えねばならない。だからこれは、秦王朝の大事記でもなければ編年記でもなく、墓主喜の年譜なのである。つまりこれを系譜的にたどれば後世の墓誌銘につながるものである。したがって編年記という書籍が出土したのではない。

私はこの考えをもっと敷衍《ふえん》して、晋の汲冢書の中にあった『竹書紀年』も同様の目的をもっていた副葬品でなかったかと考える。出土の事情が稀有《けう》のことであり、貴重な資料的価値があったから、後世『竹書紀年』という一つの書籍として取り扱われはしたけれど、本来は墓誌のようなものであったのではないか。

南郡守騰の語書は、始皇帝二〇年（前二二七）に南郡守であった騰が郡内に下した布告で、その治下にある吏としてつねに心得ているべきものであったのだろう。これも書籍ではない。

秦律十八種、效律、秦律雑抄はいずれも商鞅《しょうおう》の六律以外の律条文を書いたものであり、法律答問は、ほぼ六律の範囲に入る内容であるが律の本条文はなく、律文中の難解な語句の注釈や、特別なケースにたいする適用などが書いてあって、漢の律説、唐の律疏議《りつそぎ》あるいは問答に類するものである。それから封診式は、当初治獄案例と名づけられていたが、簡背に名称が書いてあることがわかってその名称に従ったもので事件のモデル・ケースにたいし、地方官吏が取調べをして事件の処理をするばあいの手続き、とくに「爰書《えんしょ》」という調書を作成する書き方の例を集めてある。私は爰書の文例集と考えている。

これらは秦の法を研究するうえで、いまだかつてなかった貴重な史料であるが、その価値はそれとして、いったいたんなる各個ばらばらの法条文を、別個に墓中に収めることがあり得るだろうかと考えてみると、これらは法条文集、律問答集、爰書文例集という書籍であったと考えざるを得ない。だから私は、法律書が出土したというのである。のちにも述べるようにこれはどういう木簡で、なぜそこにあるのかを明確にすることが木簡学の第一歩であり、その角度からの位置づけが従来の中国木簡の研究では不十分なように考えられる。雲夢秦簡のばあいはとくにそう思われるので、これを素材に少し述べてみた。

書籍出土の意義

墓に納められた書籍については、もう一つ、一九五七年に河南省信陽長台関《しんようちょうだいかん》戦国墓で発掘された竹・木簡一一七簡の一部の内容が書物の可能性がある。中山大学古文字研究室楚簡整理小組が一九七六年の『文物』六号に出した中間報告によれば、全部で五・六百字の文章で、戦国時代末期の楚の国のものである。信陽長台関出土遺物は北京歴史博物館に陳列され、一見して豊かな精美な器物群に驚かされたが、竹簡類は陳列されていなかった。夏鼐先生の話によれば、『信陽楚墓』という報告書が準備されつつあるという。

まだこのほかに、河北省定《てい》県の第四〇号墓出土の儒家系統の書物などもあるが、後述にまかせて書籍が出土したばあい、それが学術研究上いかに役立つかを述べておこう。

まず『孫臏兵法』の例が端的にしめすように、従来伝わっていなかった文献が出土すれば、それが当代の思想、歴史、文学の研究上有用であることは論をまたない。かりに従来伝わっている書物であっても、『六韜』『尉繚子』のように現行本の成立年代が確かでない文献のばあいは、成立年代の下限を定めるのに役立つ。そして、簡牘に書かれている文字と現行テキストとの比較研究により、本文校訂が可能となる。ただし簡牘のテキストがかならずしも善本であるとは限らないことは注意を要する。武威漢簡の『儀礼』などはその例である。

さらにもっと一般的に見るならば、書籍の出土は、その分野の専門家にとってはきわめて重要な影響を及ぼすが、それだけに影響する範囲は限定されているという半面があり、敦煌・居延漢簡などが各種の分野に影響するのとはおのずから異なっているといえるであろう。

3　墓から出土する木簡二――遣策《けんさく》

遣策

墓から出土する木簡の第二は遣策《けんさく》とよばれる一群の木簡である。遣策という言葉は比較的最近に使われ始めたもので、古典からとってはいるけれども古語ではない。その意味は副葬品のリストのことである。

遣策という言葉は、『儀礼《ぎらい》』の既夕礼《きせきれい》に

書賵於方、若九、若七、若五、書遣於策。
〈賵《ぼう》は方《ほう》に書く、もしくは九、もしくは七、もしくは五、遣《けん》は策《さく》に書く〉

とあるところから作られた。賵も遣も墓に収める死者へのおくり物で、方は板のこと、賵は方板に、時によって九行、七行、五行のように書く。遣は策、すなわち簡を編んで連ねた冊書に書くというのである。一枚の方に書くか、策に書くかは副葬品の量の多寡によるが、『儀

32　江陵望山楚墓出土の遣策

礼』の賓礼《ひんれい》に

百名以上は策に書き、百名に及ばざれば方に書く。

とあり、百名の名は字の意味である。また『三礼図《さんらいず》』では、

一行にして尽くすべきものは簡に書き、数行にしてすなわち尽くすものは、之を方に書き、方の数容《い》れざれば、すなわち策に書く

と説明している。

出土した簡牘を遺策と判断したのは、一九五三年に湖南省長沙仰天湖《ぎょうてんこ》戦国墓出土の楚の竹簡四二点のばあいが早い。楚簡の文字は始皇帝の文字統一以前のものであるから読み方には異説があるばあいがあり、簡牘の内容を確定するのは相当難かしいが、糸へんや金へんの物品を示す文字が多く、また最後に数字がくるばあいが多い。仰天湖の楚簡のほか、一九五一年の長沙五里牌《ごりはい》四〇六号墓の竹簡三八、一九五四年の長沙楊家湾《ようかわん》M〇〇六号墓の竹簡七二（以上長沙楚簡）、一九六五年の湖北省江陵望山《ぼうざん》一号楚墓の竹簡二三、同二号楚墓の竹簡一三（図32）、一九七三年の同江陵藤店《とうてん》一号楚墓の竹簡二四（以上江陵楚簡）、それに書籍の項で述べた信陽楚簡の一部はいずれも遺策である。

歴史的に古い遺策の出土

こういうふうな遺策の出土の例が増えてきた結果、私は五世紀に襄陽《じょうよう》で出土した竹簡も遺策ではなかったのかと思うようになった。『南斉書《なんせいしょ》』巻二一の文恵太子《ぶんけいたいし》伝、すなわち蕭《しょう》長懋《ちょうぼう》の伝のなかにある話がそれである。長懋は南斉王朝を始めた高帝蕭道生《しょうどうせい》の長孫で、南郡王、征虜《せいりょ》将軍雍州《ようしゅう》刺史として、いまの湖北省襄樊《じょうはん》市にあたる襄陽を守っていた。彼がその任にあったのは建元元年と二年（四七九〜四八〇）のあいだであるが、古墓が盗掘され、玉製品など多くの宝物が出土した。墓内に竹簡の書があり、青糸で編まれ、長さは二尺（約五〇センチ）、幅は数分で、竹皮や節はまあたらしく見えた。

見つかった十余簡は、当時、侍中《じちゅう》、撫軍《ぶぐん》将軍、丹陽尹《たんようのいん》であった王僧虔《おうそうけん》の手もとで鑑定されたが、僧虔は〝これは科斗《かと》の書で、『周礼《しゅらい》』に欠けている考工記《こうこうき》の部分だ〟といった。彼は王羲之《おうぎし》の同族、山東琅邪《ろうや》の王氏で隷書に巧みであった。科斗の書とはおたまじゃくしのような形の書の意味だが、当時の人は古い字体のものを何でも一般に科斗書といったようである。

この墓は当時楚王の墓といわれたが、襄陽の土地から少なくも楚の領域内で、楚の豪族の墓を掘り当てたことを考え得るから、まさしく楚簡出土のはしりである。そうすると、もし王僧虔が、物品名が並んでいるところから『周礼』考工記を想像したと考えれば、どうやら遺策だったのではないかというわけである。

賵方《ぼうほう》

さてもう一度現実にもどる。一九六二、三年頃、江蘇省内で発掘された漢墓から出土した木簡、海州《かいしゅう》漢簡や塩城《えんじょう》漢簡は、墓から木方が一点または二点出土し、二点というのは夫婦合葬墓で一棺より一点ずつ出た。そして内容は衣服名が列記されていたので、発掘報告で「衣物券」という名称を与えていた。ところが一九七〇年代には漢墓から遣策の出土例が増えたため、木方に書いた衣物名は副葬品のリストであるとの認識が確立し、遣策とよぶようになった。現在使われる遣策の用語は、形態を顧慮せず、副葬品のリストを意味する一般名詞となっている。

33　馬王堆一号墓出土の遣策

木簡学の立場からいえば、木簡の形態をもあらわす表現が望ましい。したがって私は、遣策といえば冊書の形態をした副葬品のリストに限定し、方に書かれたものは遣策という名詞の作り方と同様のルーツで「賵方《ぼうほう》」と名づけるべきだと考えている。

馬王堆一号墓

この限定された意味での遣策が、漢墓で多く出土している。たとえば長沙馬王堆一号漢墓出土の竹簡三一二点はそれであるし、同三号漢墓出土の竹簡五九三点のうち四〇三点は遣策である。また、一九七三年出土の湖北省江陵県鳳凰山《ほうおうざん》八号前漢墓の竹簡一七五点、同九号前漢墓の竹簡八〇点、一九七五年出土の同一六七号前漢墓の七四点、同一六八号前漢墓の竹簡六七点中六六点（以上江陵漢簡）はいずれもそうである。

遣策は先にも述べたように、一簡に一品種ずつ副葬品の品目と量を書いてある。だから遣策の簡数が多いのは、それだけ副葬品が多いからで、馬王堆一号墓が三一二簡、江陵第一六七号墓が七四簡というのは、墓葬の厚薄《こうはく》、墓のスケールを如実に示す。馬王堆一号墓のように簡数の多いばあいは、品名を書いた簡のほかに

＝右方賧畫勺二

というように二本線を引いた下に右方と書き、同種品名の小計を書いた簡がある。小計を書くことは遣策以外に居延漢簡などの帳簿にも例があり、これによって同種の簡の帰属を考えて冊書を復原するよりどころにできる。

遣策は巻いた形で墓に納められている。多くの墓では墓槨《ぼかく》の中に水がたまっていて、――その水によって簡牘を含めた遺物が腐朽からまぬかれるのであるが――、編が切れると簡牘類が浮動して散乱し、原形にもどすのが困難になる。

江陵一六七号墓

江陵第一六七号墓では遣策が槨外に置かれて青泥中に埋まっていたのと墓槨内に水がたまっていなかったので、麻の編も残ったまま出土した。この墓の遣策の研究は一九七六年十月の『文物』に発表されたが、遣策研究の典型である。遣策記載の順序は、軺車《ようしゃ》（小型の乗用車）、婢、奴、漆器（料理した食品を盛ったものがある）、陶器（竈、困、釜などの陶製の明器類）、財物（嚢

に入った穀物、香料、金、箱など)、果物や卵を盛った篭となっている。馬王堆一号墓のばあいは、副食物、調味料、酒類と穀物類、漆器、土器、化粧道具と衣類、楽器、竹製品、木製、土製の副葬専用器物の順であろうとされている。

遺策の出土を見た墓は、遺物の保存状態も良好なものがほとんどである。そのため遺策に書いてある品名と、出土遺物とを一つ一つ対比できることが最大のメリットである。二千年前に納めた副葬品を、その当時のリストによって一つ一つチェックするというのだから、思えば耐えられぬおもしろさがある。その結果、副葬品の何が失われているか、遺策のどの部分がなくなっているのかを相互に確認できるうえに、従来器名は文献でわかっていたが、器の実物がわからなかったもの、逆に器形は知られていたが当時の名称が不明であったものが明らかになる。考古学と文献学がドッキングするわけで、これはまさしく木簡学の精華である。

その結果、中国古代の葬制が明らかになり、一方葬制を記載した『儀礼』をはじめ礼の書物の理解が進むことになる。礼儀、儀式はきわめて具体的なものだから、物がなければ文献のみではなはだ難かしいものであるが、その点に関して多大の進歩をうながした。

古代史にロマンはない。

葬制が明らかになるとともに、当時の王侯、貴族、地主、官僚などの経済状態などもある程度具体的に把握できるようになったことは中国古代史の理解の上に役立つことになった。このばあいに思い出されるのは、馬王堆一号漢墓が発掘されたときに一時期行なわれた議論であるこの墓は長沙国丞相であった軑侯利蒼の妻辛□の墓であった。長沙王の丞相で軑侯という列侯、つまり王の下の侯の身分であった利蒼の夫人である。一号墓の出土品のみでも、そのなかにあった四八個の竹笥《ちくし》（竹の行李）の封泥が「軑侯家丞」であることからいえるのであるが（図19、四七ページ）、二号墓（この墓は盗掘にあっていた）から出た印によってこちらが軑侯その人の墓であることが明らかになって確定した。ところが二号墓の結果がわかるまでに行なわれた議論に、「一号墓の出土品は一列侯夫人にしては贅沢すぎるから、長沙王夫人の墓であろう」というものがあって、一九七三年の『中華人民共和国出土文物展』のカタログはこの説によって長沙王夫人墓と解説している。

私は一時期そういう解釈があったことを批判する意志は毛頭もない。人文科学の分野にも仮説はあり、そのときの条件不足によっては後に修正を要する判断はいくらでもあり得るから、何もとがめだてる必要はない。問題は、「一列侯夫人にしては贅沢すぎる」という考え方の根拠の問題である。それまでに、この墓葬と比較すべき列侯の墓も、王の墓もなかった。したがって贅沢すぎるという根拠は、論者の予想している列侯の墓に比較して贅沢すぎたのであって、きわめて主観的な話なのだ。あたかも魏の皇帝が倭王卑弥呼に与えた銅鏡百枚を目して、百枚は多すぎるという議論とまったく同じ範疇に属し、非実証的、独断的であり、歴史にたいするおそれがない。木簡学は古代史研究と深いかかわりがあるが、古代史、とくに日本古代史に関する武断、独断の多い現在、われわれ木簡学徒は、慎重を旨としたいものである。

古代史にはロマンがあるといわれるが、私にはその意味がよくわからない。もし、研究材料が少ないから自分の想像力を働らかせる余地があるという意味であるなら、とんでもない話だ。木簡学はもっと冷たい、できる限りロマンを排するための学問でありたいものだ。

第四章　対匈奴防衛線の展開

——シルク・ロードの探検と木簡——

スタインの探検

一九〇七年二月二十一日、アウレル・スタインはその探検隊をひきいて東の方《かた》、敦煌に向かって出発した。前年十二月以来調査をつづけていたミーランの遺跡の発掘が一段落したからである。彼がとったロプ湖南側の路は、かつて七世紀には玄奘《げんじょう》が、十三世紀にはマルコ・ポーロが通った路で、マルコ・ポーロが二八日を要した行程を、スタインは一七日で終えたが、その間スタインはただの一人の人間にすら出会いもしなかった。

三月七日の夕刻、スタインは行進している駱駝路《らくだみち》から一マイルほど離れた所に一つの小さな土饅頭を見つけ、近づいてみると約二三フィート（七メートル）の高さのある、日乾し煉瓦で建てた望楼であった。それは切立った自然の壁の縁《ふち》に立っており、隣接した所に小さな建物の土台があり、鉄器のかけらや彫刻のある木片、毛織物の布片などが蒐集できた。翌朝彼は三マイル（約五キロ）ほど先でまったく同一の構造の塔を見つけ、さらにその附近の小石の地面から盛り上った蘆の束が一線になっているのに気がついた。その線にそって約三マイルほど東にゆくと、もう一つの塔があった。やがて蘆の束は、約八フィート（二・五メートル）の長さに切って規則正しく組合せ、高さ八フィートに束ねて一定の間隔をおいて列べ、その上に粘土を塗り、塩を浸透させて固めた防壁であることがわかった。この地方では土にも水にも塩分が多く含まれているので、壁は石のように硬くなっており、しかも蘆の粗朶《そだ》の弾力性と粘着力は、この地方独特の風にたいしてうまく耐えるようになっていた。

34　防壁と望楼　白鳥紳一郎氏撮影

　スタインはこの防壁と点在する望楼とを見て、ローマ帝国の築いたハドリアヌス城壁からシリア、アラビア国境の防壁にいたるライム防壁を想起し、しばしばLimeとよんでいる。敦煌を拠点として彼はこの防壁と望楼の古代の防衛線を調査し、漢代の木札文書、いわゆる敦煌漢簡を発見するのである。

　一九〇七年の敦煌附近の調査は、スタインにとっては第二次西域探検で、のち一九一三〜一六年にかけて彼は第三次探検を行なったが、この探検中、一四年に敦煌から東北方に向かってこの防壁沿いに調査をすすめ、エチナ川流域からカラ・ホトまで到達した。このとき発見した一六六点の漢簡のうち、八四点は漢代の行政区画では敦煌郡の地域で、八二点はその東の酒泉郡の地域であった。ただ彼は、エチナ川流域に入ってからは木簡を発見することはなかった。

対匈奴防衛線

一方、一九三〇年から始まった西北科学考査団（The Sino-Swedish Expedition）のフォルケ・ベリイマン（Folke Bergman）はエチナ川流域を調査して、三一年までに居延漢簡一万点を発掘した。発掘地点からいえばわずか四点が漢代の酒泉郡の地域に属し、残りはすべて張掖郡の地域になるが、調査年代と探検隊は異なるけれども、敦煌から居延（カラ・ホト）にかけての漢代の防壁は一通り踏査されたことになっているのである。つまり、敦煌の西からガシュンノールにいたる六五〇キロにわたって望楼と防壁が続いていた。まさしくこれこそ長城であり、漢帝国の匈奴にたいする防衛線なのである。

この地域、つまり漢代の敦煌・酒泉・張掖郡の地域は、さらに東方の武威郡をあわせて河西四郡とよばれ、甘粛の回廊地帯でシルク・ロードの東端にあたる。前二世紀までは匈奴の勢力圏内でその遊牧地であったが、漢と匈奴の抗争の結果、漢がこの地域へ勢力を伸ばし、しだいに郡県が置かれ、紀元前一一一（元鼎六）年ころから敦煌・酒泉・張掖の三郡が、遅れて武威郡が置かれた。これら河西四郡の正確な設置時期についてはなお議論の余地が残っているが、この地域を漢が確保したことが、対匈奴戦はもとより、西域地方との交流上きわめて有利になったことは否定できない。

『漢書』「武帝紀」の記事によると、

太初三年（前一〇二）に強弩《きょうど》都尉《とい》の路博徳《ろはくとく》が居延に築いた、という。また弐師《じし》将軍李広利が太初元年（前一〇四）大宛《だいえん》遠征に出動したが成功せず、二年後に引き揚げてきたとき、武帝はおおいに怒って戍卒《じゅそつ》十八万人を動員して酒泉・張掖郡に派遣し、居延に置いたという記事が「李広利伝」にでている。

三種の軍事施設

アウレル・スタインの第二次探検の報告書〝Serindia〟は一九二一年に出版され全六冊、第三次探検の報告書“Innermost Asia”は一九二八年に出版されて全四冊、いずれも大きな本でくわしい地図も、多くの写真も掲載されている。フォルケ・ベリイマンの報告書は、彼の死後の仕事を引きついだボ・ソンマストローム（Bo Sommerström）の手によって一九五六年に上、五八年に下が出版され、“Archaeological Researches in the Edsen-gol Region Inner Mongolia”と題する。

そしてこれらの報告書を十分消化したうえで、一九七二年の秋のエチナ川の南、金塔双《きんとうそう》城子《じょうし》からガシュン・ノール、ソゴ・ノールの二つの湖にいたる流域調査を皮切りに、一九七三、七四年の夏、秋に、三ヵ所が重点的に発掘された。発掘作業に従ったのは、甘粛省博物館を中心に、酒泉地区その他の人民解放軍などからなる甘粛居延考古隊であった。

重点発掘の行なわれた三地点の第一は、漢代の甲渠候官遺址で、中国名破城子、モンゴル語名、ム・ドルベルジン、一九三一年の発掘ではＡ8と名づけた場所で、五二〇〇点の木簡が出たところである。その第二は漢代の甲渠第四隧遺址、イケン河西岸のボトゴール、甲渠候官の南三キロ、前回にはＰ1と名づけられ、木簡一枚が出た所である。その第三は肩水金関遺址で、金塔県天倉《てんそう》の北二五キロ、一九三〇年にはＡ32と名づけ、木簡八五〇点が出土した。そしてたとえば肩水金関遺址は、前回は五ヵ所を掘っただけであったが、今回は三七ヵ所を掘り、木簡一一、五七七点を得た。したがって、今次の発掘により、Ａ8の候官の砦、Ｐ1の烽燧《ほうすい》、Ａ32の関城《かんじょう》という三種類の異なる機能をもつ前線の軍事施設がその姿を見せたのである。

甲渠候官城砦

甲渠候官城砦は北西部につき出た土製の煉瓦で築いた四角い鄣《しょう》の部分――二三・三メートル四方で厚さ四～四・五メートルの壁で囲まれ、現在高さ四・六メートルが残っている――と、それに接続した方四七・五×四五・五メートルの土をかためた壁に囲まれた部分よりなっている。（図35）その壁は厚さ一・八～二メートル、現在の高さは〇・九メートルである。この壁を塢《う》と呼ぶ。塢の下層部には二度の火災にかかった建物のあとがあり、城壁内には少なくとも三七の建物のあったことが確認されている。

その中で西北部にあるＦ16という部屋が一番大きく、その部屋の中や近くから出てきた木簡には「塞上《さいじょう》烽火《ほうか》品約《ひんやく》」（のろしの上げ方の規則）、「相利《そうり》善剣刀《ぜんけんとう》」（良い刀の見わけ方）、建武初年の違法の役人の弾劾状などが出てきているので、ここはおそらく最終時期の甲渠候（この地域の司令官）の部屋だろうと思われる。また城壁内の東側にあるF26～31の部屋は吏卒《りそつ》の居住区であり、そのうちF26はかまどがあり、F22は文書庫であったろう。F22は六平方メートルたらずの小部屋だが、その中からは九〇〇枚の木簡が見つかり、王莽《おうもう》の天鳳《てんぽう》年間から建武初年にいたるあいだの四十冊余の冊書が含まれているのである。

城壁の南六〇メートに甲渠候官専用の烽火《ほうか》台の残跡があり、城壁の東側、門から三〇メートルの所には七〇×四〇メートルの範囲にわたって柴草、糞便、廃棄物を包含する焼灰と沙《さ》礫《れき》の堆積があり、ここを掘って三二二二枚の木簡と七三九点の遺物を見つけたが、北、東、南部から出た木簡は時期的に古く、昭帝《しょうてい》・宣帝《せんてい》期（前八六～四九）、西北部が元帝《げんてい》・成帝《せいてい》期（前四八～七）、西部が一番新しくて王莽時代（九～二三）のものである。

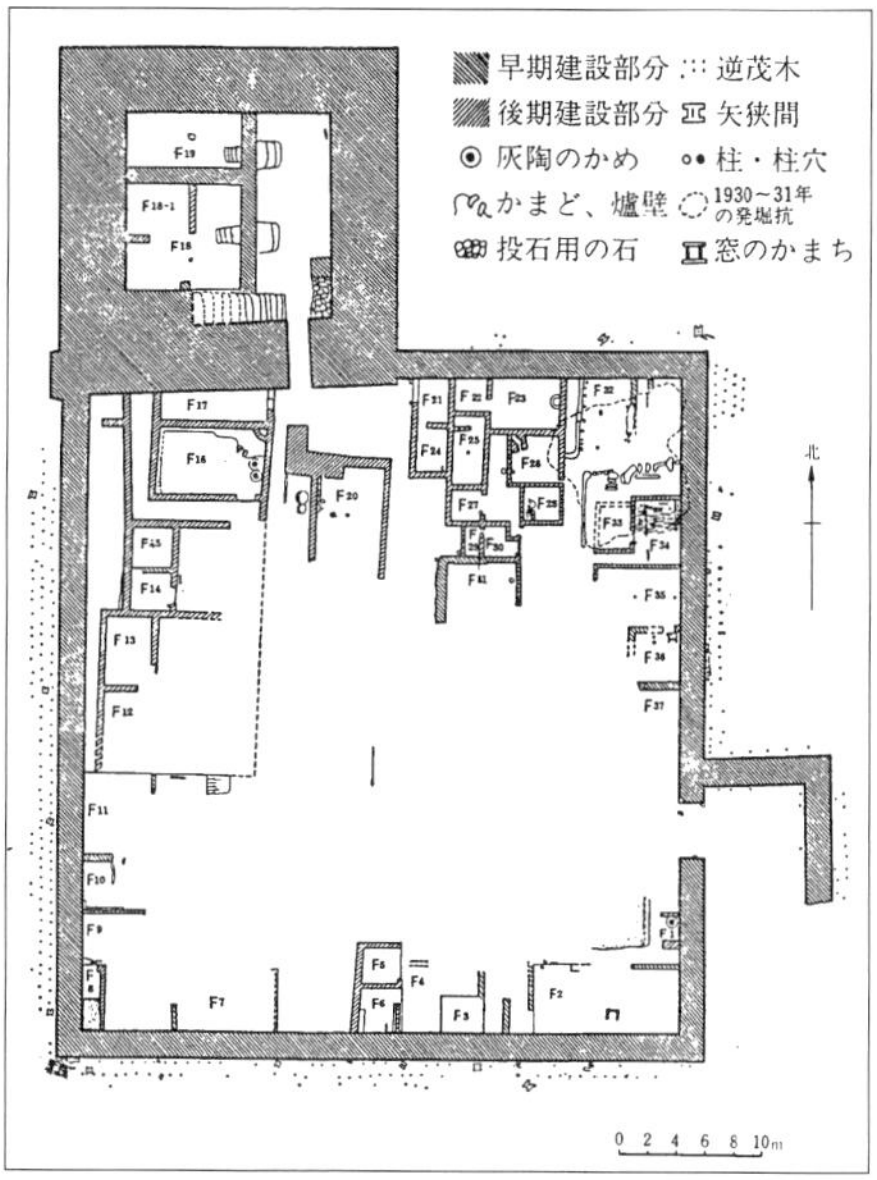

35　甲渠候官城砦平面図

これにたいして城内から発見された木簡は三四三四枚あり、時代は後期のものが多い。けっきょく木簡の総計は六八六五枚、遺物八八一点で、一九三〇・三一年出土木簡約五二〇〇枚と加えると甲渠候官址から出た木簡は約一二、〇〇〇枚ということになる。出土遺物は弓、箭《や》、銅やじり、鉄甲、ろくろ、貨幣、鉄製農具などで、珍しいものとしては木版画（図36）、竹笛などがある。

肩水金関砦

つぎに肩水金関について述べよう。この関所は行政上は肩水都尉府に属するが、肩水都尉府と居延都尉府とを結ぶ南北交通の要地にあたり、関所の門には方六・五×五メートルの楼のあとがあってそのあいだを五メートル幅の道が通っている。関門には土壁がつづいている。門の内西南側に塢墻《うしょう》——すなわちつきかためた土塁が、北に長さ三六・五メートル、南に長さ三五・五メートル、東に二四メートル残っていて、東南のすみに門があり、土塁の高さは現在七〇センチ、厚さ七〇～八〇センチで五～八センチ単位でつき固めてある。

この土塁の中にのろし台、壁に囲まれた居住区、馬小屋などがある。土塁の南西の角に残っている方形の堡塁《ほるい》は一三×一二・五メートルの大きさで、厚さ一・二～一・三メートルの壁に囲まれ、門はせまく小さく、中は小さい道がまがりくねっており、西側に住居やかまど部屋、倉庫などがある。その北西の角に出っ張るようにのろし台があり、この堡塁内からは印章、硯、木製の人形、成帝劉驁《りゅうごう》の永始《えいし》三年（前一四）の詔書を含む簡冊、麻紙などが発見されている。ここが肩水金関砦の中心でもっとも堅固に作られた部分である。肩水金関遺跡

36　甲渠候官城砦出土の木版画

全体で三七ヵ所から、一一、五七七枚の木簡が発見されたので、一九三〇年の五ヵ所八五〇枚の出土簡とあわせて、金関出土の漢簡は一二、四〇〇枚余りになる。

甲渠候官城砦、肩水金関砦に共通している防御施設として、まずⅡ型の木組みがある。これはもとは土塁の壁や建物にはめこまれていた矢狭間《やはざま》で、中央に回転する丸い木があり、開閉できるようになっている。漢簡の中に「転射《てんしゃ》」とか「深目《しんもく》」とかいう名称で記されているものである。

つぎに、城壁の外側三メートル以内の地面に、七〇センチほどの間隔で先端を尖らせた三三センチばかりの木のくいが三角形に打ちこんである。これは史書や漢簡の中に「虎落《こらく》」とか「強落《きょうらく》」とかいう名称で記されている防御施設で、日本でいう逆茂木《さかもぎ》である。

甲渠第四隧址

三番目の遺跡は甲渠第四隧の遺址である。ここは西の部分がのろし台で現在三・四メートルの高さが残っており、この基礎部分は七・七×八メートルの方形で土を叩き固めて作ってある。その西南の角にかまどがあり、煙が上に抜けるようになっている。こののろし台の南側に東西二一メートル、南北一五・二メートルの壁をめぐらし、西側に二つの建物、東側に三つの建物がある。のろし台の見張り兵が居住していた所である。もっともここは、発掘された木簡の中に検という文書の上ぶたがあり、それに第四候長《こうちょう》何某治所《ちしょ》と書いたものがあったので、第四候長という、いくつかの見張り台を束ねている上級官がいたことがわかり、通常の見張り台よりは大きい。見張り台のことを、隧―すい―と呼ぶ。

第四隧は甲渠候官城から南に三キロへだたっているが、そのあいだに三つの隧が置かれている。スタインが敦煌附近で見つけたのもこの種の隧である。したがって隧の現状は、スタインの“Serindia”や“Innermonst Asia”に多く実測図を添えて記録されている。いずれも方柱形の望楼と、その下に附属する営舎があってほぼ三〜五人の兵士が勤務しており、その中の一人が隧長という指揮者である。甲渠第四隧には西側に二部屋、東側に三部屋の建物があるが、西側のものが古く、東側のものは建て増したもので、第四候長がここを治所にするようになってから増築したのであろう。この地点での出土簡は一九五枚で、一九三〇・三一年には一点が見つかっただけである。

けっきょく、スタインもベリイマンもこの最小の単位である隧の遺址は多く発見し調査しているので、その構造は従来からよく知られていた。要するに望楼を持つ監視哨《かんししょう》で、それぞれの自然条件によって望楼の残り方には差があるが、小高くて見はらしのきく場所に立てられる。秦漢時代の監視哨、すなわち当時の烽隧に関する記述は、『墨子』の「号令《ごうれい》篇」や「備城門《びじょうもん》篇」などに書かれている。監視哨に立つ見張り兵は、敵の動静を見張っているが、同時に隣接する監視哨から送られる信号に注意し、その信号をつぎの監視哨へ伝達する任務がある。信号については全軍に統一した規則があるが、全軍といってもそれぞれの地域、防衛責任範囲内でとりきめなければならず、それぞれの都尉の指揮範囲が一つの単位になっていたようである。

信号のきまり

先にのべた甲渠候官城砦内のF16という、甲渠候の部屋から出た「塞上烽火品約」という名の冊書は、まさしくその信号の規則である。全部で一七簡で、そのうち第一七番目は品約の名称を書いたしめくくりの簡だから、一六簡に規則が書いてある。そのうちから二、三簡を紹介してみよう。

●匈人奴昼入殄北塞、挙二蓬□□隊一、燔一積薪、夜入、燔一積薪、挙堠上離合苣火、毋絶至明、甲渠三十井塞上、和如品　EPF16−1

●匈奴人昼入甲渠河南道上塞、挙二蓬、堠上大表一、燔一積薪、夜入、燔一積薪、▨毋絶至明、殄北三十井塞上和如品。　EPF16−3

●匈奴人渡三十井県索関門外道上隊天田失亡、挙一蓬、堠上大表一、燔一積薪、不失亡毋燔薪、它如約。　EPF16−6

●匈奴人入塞守亭鄣、不得下燔（積）薪者、旁亭為挙蓬燔薪、以次和如品。　EPF16−9

●塞上亭隊見匈奴人在塞外、各挙部蓬如品、毋燔積薪。其誤、亟下蓬滅火、候尉吏以檄馳言府。　EPF16−10

●匈奴人入塞、天大風、雖及降雨不挙蓬火者、亟伝檄告、人走馬馳、□以急疾（下欠）　EPF16−15

●匈奴人（簡文は転倒して書いている）が昼に殄北《てんほく》候官の塞に入ったばあいは、二烽と□□烽一を挙げ、積薪《せきしん》一つを燔《や》け。夜に入ったばあいは、積薪一つを燔き、堠上《こうじょう》の離合《りごう》の苣火《きょか》を上げ、火を絶やすことなく明け方まで続け、甲渠《こうきょ》候官、三十井《さんじゅっせい》候官の各塞は信号に和すること（相応じ同調すること）規定の通りにせよ。 EPF16－1

●匈奴人が昼間に甲渠候官の河南道上の塞に侵入したばあいは、二烽と堠上の大表一を挙げ、一積薪を燔け。夜入れば一積薪を燔き、（中欠）絶えることなく明け方までつづけ、殄北、三十井候官塞上は信号に和すること規定の通りにせよ。 EPF16－3

●匈奴人が三十井県索関《さくもん》門外の道を渡り、隊に上り、天田《てんでん》が失亡すれば、一峰と喉上の大表一を挙げ、一積薪を燔け、失亡しなければ新を避くな。他は約束のようにせよ。 EPF16－6

●匈奴人が塞に入り亭鄣《ていしょう》をとり囲み、下りて積薪を燔くことができないときは、旁らの亭はその亭郵のために代って烽を挙げ薪を燔き、順次きまりの如くにこれに和せよ。 EPF16－9

●塞上の亭隊が匈奴人が塞外に居るのを見たならば、各々部烽を挙げることきまりの通りにせよ。積薪を燔くな。もし誤まりを伝えたことがわかれば、すみやかに烽を下し、火し、候、尉の吏は檄《げき》に書いて馬を馳せて都尉府に報告せよ。 EPF16－10

●匈奴人が塞に侵入してきたとき、天候不良で大風が吹いていたり、雨が降っていて烽火を挙げられなければ、すみやかに檄を伝えて報告し、その連絡は人は走り、馬は馳せるようにして、□急疾を旨として…… EPF16－15

この品約は、殄北、甲渠、三十井の三候官の守備範囲に匈奴人が侵入してきたときを想定して信号を決めており、当然この三候官を指揮している居延都尉府管内の規定であると考えられる。

昼夜の区別

信号は昼と夜とに分かれている。そして昼のばあいは、烽を挙げること、堠上の大表をあげること、堠上の烟《えん》を挙げること、積薪を燔くことが組合せられ、烽や表の数がそのばあいに応じた数を指定している。夜のばあいは、離合の苣火、堠上の苣火が挙げられ、積薪が燔かれる。これらの信号はどういうものであるかを説明してみよう。

この中で比較的わかりやすいのは積薪である。これは文字通り薪を積みあげたもので、敦煌や居延などで多く実物が見つかっている。スタインの報告によれば、七フィート（約二・一メートル）の長さの葦を、現在駅などで枕木を積み上げているように、たてよこに交互に積み重ねたもので、隊の防壁の外に一六～一八ヤード（一四・六～一六・四五メートル）の間隔で並んでいる。また葦の束だけではなく、葦と木の薪を交互に積んでいるものもある。敦煌で広新隊のあとと見られているTⅫaの遺跡では四個が四列に並んでいて、もっとも一つは欠けて一五の積薪が並んでいた。

匈奴人の動きに応じて、昼夜とも積薪を燔くが、積薪の数は敵が一千未満であれば一積薪、一千人以上が塞外にいるときは二積薪、郵亭を攻撃してくれば三積薪というように増えた。積薪を燔くと、昼は煙が夜は火が見えたのであろう。

積薪の火

地湾出土簡の中に、

肩水候官令史、觻得敬老里、公乘、糞土臣熹、昧死再拝、上言変事書
三八七－一二、五六二－一七

十二月乙酉、広地候
四〇七－二、五六二－九

□檄曰、甲申、候卒望見塞外東北
四〇七－三、五六四－一三

火四所、大如積薪、去塞百余里、臣熹愚
四〇三－一九

（以下八簡略）

肩水候官令史、觻得県敬老里の公乗（爵）の糞土の臣熹が、恐れながら再拝して変事を上言いたします。十二月乙酉の日広地候……檄に、昨甲申の日、見張り兵が塞外の東北方はるかに火が四ヵ所、大きさは積薪ほどで、塞から百余里をへだてた所に見つけたと申しています。私、熹が愚かな頭で考えますのに……

この上言変事の書は私の復原によればさらに八簡が続き、その内容は匈奴内部でおこった呼《こ》韓邪《かんや》単于《ぜんう》と郅支《しつし》単于の対立抗争に関係のある上言のようである。がその主文の意図はともかく、ここに火の大きさが積薪ほどの大きさといっているのは興味深い。大きさを示すのに一つの基準になるほど、当時の人には理解しやすい大きさであったらしい。そしてこれは燃

焼する関係で見張り台の居住区からは離してあるため、敵が見張り台をすっかりとりまいてしまえば、点火しようとしても積薪に近づくことができない。EPF16－9簡はそういうときのことを述べているのであって、旁らの亭が烽を挙げ薪を燔けと書いてある。

上へ上へと薪を積む

後に例示するように、積んだ薪が傾くことがあり、それはときどき積み直しをしなければならず、怠って傾いたままにしていると、査閲《さえつ》のときに指摘される。しかし積み直すといっても根本からまったくやり直すわけではなく、新しい薪は上に上にと積まれてくる。『漢書』の「汲黯《きゅうあん》伝」につぎのような話がある。

汲黯が上言することがしだいに武帝に取り上げられなくなってきて、公孫弘《こうそんこう》や張湯《ちょうとう》などが代って重用されるように変ってきた。むかし汲黯が九卿《きゅうけい》の位についたころは、弘や湯が小吏にすぎなかったことを思うと、黯はひがんで心中いささか恨みなきを得なかった。そこで武帝に謁見したときに、

陛下用群臣、如積薪耳。後来者居上。

と言った。

「陛下が群臣を用いられるのは積薪のようなもので、後から来た者が上におりますな」というのだが、薪を積むようなものと動詞に読むか、積薪のようなものと名詞に読むかいずれとも決しがたいが、私は木簡との関連から名詞に読もうと思う。この例えは『文子《ぶんし》』「上徳篇《じょうとくへん》」

や『淮南子《えなんじ》』「繆称訓《びょうしゅうくん》」にも使われているので、古代においては人口に膾炙《かいしゃ》した例えなのであろう。

たいまつ

つぎに苣火であるが、苣はすなわち「たいまつ」である。スタインは敦煌で、黄文弼は楼蘭で、そして居延の地域からも当時の「たいまつ」が見つかっている。甲渠候官城砦で見つかった苣の一つは上端に燃えたあとがあった（図37）敦煌の「たいまつ」は長さ二・二メートル、楼蘭のものは一メートル足らず、居延で出土したものは八〇センチで、いろいろなサイズがあったことがわかる。「たいまつ」を信号に使うのは夜に限られ、たんに一苣火をあげるばあいと、離合の苣火をあげるばあいが書き分けてある。離合というのは離れたり合したりという意味であろうから、当然二本の「たいまつ」を使うのであろう。それでこの挙げるというのはどういうことであろうか。

37　たいまつ　上端に燃えたあとがある

烽と表

昼間の信号である烽のばあいも挙げるといわれている。またＥＰＦ16－6簡によると、一烽と堠上大表一を挙げよとあり、表も挙げることになっている。

従来の研究では烽と表との区別が明確ではなかったが、最近それらは明らかになった。烽というのは

（上欠）百　八月甲子買赤白繒蓬一完　二六四―二四

とあるように、赤白の繒《ぞう》で作ったものもあるが、『漢書』の「賈誼伝《かぎ》」の中の「斥候棒燧《せっこうほうすい》を望んで臥するを得ず」という文につけた後漢の文頴《ぶんえい》の注には、

辺方、胡《こ》の寇《こう》に備え高土《こうど》櫓《ろ》を作り、櫓上に桔皋《きっこう》を作り、桔皋の頭に兜零《とうれい》を懸け、薪草を、以てその中に置き、常に之を低くし、寇有ればすなわち火然して之を挙げ、あい告ぐるを烽という

と書いてある。桔皋とは〃はねつるべ〃である。その〃はねつるべ〃の先に兜零を懸けるというその兜零とは籠のことであり、籠の中に薪草を入れておいて、火をつけて挙げるというわけでその目的は煙をあげることである。夜はこの兜零に苣火を入れ、火による信号とした。

これにたいして表というのは布表《ふひょう》で、布製のはたである。『墨子』の「号令篇」には、

寇を望見《ぼうけん》すれば一垂《すい》を挙げ、境《きょう》に入らば二垂を挙げ、郭《かく》に狎《な》るれば三垂を挙げ、郭に入らば四垂を挙げ、城に狎るれば五垂を挙げ、夜は火を以て皆此のごとくす。

という文があり、陳直《ちんちょく》先生はこの垂は表であると考えている。黄文弼氏は垂というのは竿

の横木につけて垂れているからだと考えている。いずれにしても〝はた〟で、したがって五表をあげるばあいがあるわけだが、黄文弼氏がロプ・ノールの居盧訾倉《きょろさいそう》という漢の倉のあとで見つけた隧の遺跡では五本の竿があったという。

このようなさまざまな方法で敵情を伝達し、守備領域内のどの地帯に敵が来たかによって信号の方法がちがっているだけでなく、誤まった信号を発したときの処置、風雨の激しいときの処置などがくわしく決められており、真剣な防備態勢に感心させられる。

天田とは

つぎにＥＰＦ16－6簡のなかにある「天田」について述べよう。『史記』など古文献に出てくる「天田」がいかなるものかを論じたのは羽田明《はねだあきら》氏がもっとも早かった。これは、辺境地帯に連続して点在する見張り台、すなわち隧と隧のあいだに設置されたもので、砂をかきならしておき、翌日見廻って匈奴兵が夜間に隧のあいだを通り抜けて侵入しなかったかどうか足跡を確認する防備施設である。ちょうど大相撲で土俵の蛇の目をはきならして、力士の足が踏み越したかどうかを調べるのと同じ理屈である。逆に出てゆく足跡があれば、夜陰にまぎれて逃亡したものがいることになる。辺境防備にあたっている兵隊たちには、この天田の見廻りを迹といって重要な仕事の一つであった。

兵士の勤務についてはあとで述べることとし、最近傅振倫《ふしんりん》氏が述べられた「天田」の解説を紹介しておこう。傅氏は『漢書』「鼂錯伝《ちょうそ》」に「要害の処、川に通ずるの道を調えて城邑を立て、千家を下ることなからしめ、中に虎落を周《めぐ》らす」という文章があって、その注釈の

うちに魏の蘇林《そりん》が、

虎落を塞要の下に作り、沙《さ》を以てその表に布《し》き、旦《たん》にその迹《あと》を視、以て匈奴の来入を知る。一名天田。

というのを採用して、一九七四年の甲渠候官遺址の発掘のときに七〇センチ間隔で三角形に排列してあった先の尖った木杭が強落、すなわち虎落であり、これに砂をかぶせたものが天田であるとしている。ところが蘇林の説は早く唐代に顔師古《がんしこ》が反対しており、虎落というのは、竹篾《ちくべつ》を連ねて、すなわち割り竹を連ねて落し穴をかくしてあるものだとしている。おそらく、天田は隧と隧とのあいだに造られるものと思うので、そこに木杭を埋めたり、落し穴を掘ったりはせず、たんに砂をかきならしたにとどまったであろうと思う。

隧の備品台帳

高い望楼、居住用の営舎、そこに煙り出しの装置があり、外側は障壁をめぐらせて防備されている隧、それに信号用施設のかずかずを備えている隧は、さきに例示したような規約にもとづいて信号を送るわけであるが、当然防衛上の拠点にもなる。それで、一つの隧がどれほどの設備を持っていたものであろう。

漢代西北戦線の各隧がどのような設備備品を持っていたかを知るのに適した史料といえば、隧の備品台帳である。その台帳の名は「守御器簿《しゅぎょきぼ》」といった。一九七三・七四年の居延漢簡の中には、王莽の始建国二年（前一〇）五月一日付の橐他《たくだ》候官所属の莫当隊《ばくとう》の守御器簿の冊書が出土した。全部で二二簡からなっている。この冊書は第十章の二五六ページにあげる。ここでは、もう少し簡単な、一枚の札に書かれた守御器簿を使って説明をしよう。それは五〇六－一簡である。

守御器簿
具弩二二□□□□芳馬夫橐各一旦　芮薪木薪各二石、　絃苣六　狗廳二　橐門整墼三百百
長推二二　始十斤　瓦箕柳各二斗少一　伝井　狗二少一　門上下合各
長梧二二　出火遂二具　沙馬矢各二石　深目二二　門関　儲水罌二
長杆二　皮置臬草各一□　同羊頭石五百、　布蓬三　楼牒二二　没蔭二
木置□二　案垦　槍二二十、　布表一　木椎二、　大積二
□辰置三　破△一　小苣三百　鼓一、　門戊二、　薬盛橐四篇一、

第一段に並んでいるのは武器であろう。具弩《ぐど》四張、長推《ちょうすい》（長いっち）、長梧《ちょうご》（長い棒）、長《ちょう》杆《かん》（長いさお）など、木置は皮置とともに何かわからない。馬矢《ばし》は馬糞で沙馬矢《しゃばし》は砂と馬糞、燃料に使ったり、壁塗りに使ったりする。羊頭石は羊の頭のような、つまり三角形の石、戦闘時の投石用であろう。狗廳《くちょう》は狗小屋で、狗を軍用に使うことは『墨子』「備城門篇」に「とりでの中に犬を伏せておき、犬がほえるのを聞いて人の来たことを知る」としている。伝とあるのは通行証の割符であろう。布烽と布表が信号用のはたである。鼓《こ》も信号用であろう、橐門墼《たくもんげき》の墼は日乾し煉瓦である。儲水罌とあるのは罌《おう》、水がめである。薬盛橐とは薬袋、敦

煌簡の中に「顕明隊薬函」と書いた薬箱のふたがある。そのほかの品物は何かよくわからない。

備品の点検

以上のように隊においては守御器簿に品物を記しているが、この常備品がかならず備わっているかどうかは、その隊長の心掛けによるものであり、上級官はときに隊の備品を調査して欠落のないように監督しなければならない。

このことに関連する木簡が一九七三・七四年の発掘で、甲渠候官塞の東部の元康《げんこう》三年（前六三）以前の物を含むと見なされる地域から出土した。ただ非常に奇妙な物である。全長八二センチの一本の樹の枝で、その上半部の両面を削って平にし、下端はまだ樹枝のままで、太さ三・一センチ、下から三ミリのところに凹みが三筋ほりこんである。一九七九年三月の「シルクロード文物展」に出品されたが、私も見学してあまりにも妙な品物で驚いた。要するに木の棒で、これを木簡の例にされては説明に苦労するなと思ったほどの、例外中の例外の形である（図38）。この名称は〝候史広徳坐不循行部《ぶをじゅんこうせざるにざする》〟檄とつけられている。候史の広徳が責任範囲を見廻り監督しなかった罪を問われた檄という名前である。

38　不思議な形の木簡

表側の簡文はつぎのとおりである。

候史広徳坐不循行部塗亭趣具、諸

当所具者、各如府都吏挙。部糒不畢、又省官檄書不会〻日、督五十。

候史広徳、部内を循行し、亭を塗り、当然備えつけていなければならぬものを備えつけるように趣《うな》がさなかったため、欠落していたことは都尉府の見廻りの吏の挙のとおりであり、部に備えるべき「ほしいい」は十分でなく、また官の檄書を注意して集会すべき日に会合に来なかった罪に坐し、五十を督す。

文末の督《とく》五十を、徐元邦《じょげんほう》、曹延尊《そうえんそん》両氏は五十板を責打されたと解する。背面には第十三隊長から第十八隊長まで六隊長名と、それぞれの隊の備品の欠如があげられ、これが府都史の挙の内容、すなわち都尉府の調査の結果であろうと思われる。その一例をあげると、

亭不塗　馬牛矢少七石
毋非常屋　狗籠少一　天田不画懸索綾
第十四隊長光　羊頭石少二百　表弊
毋深目　積薪皆卑小

第十四隊長光《こう》、亭《てい》は塗っていない。非常屋がない。羊頭石が規定に二百足りない。弩の照尺《しょうしゃく》（深目）がない。壁塗り用の馬牛糞が七石不足。狗籠《くろう》が一つ不足。表が破れている。積薪がすべて規定より小さい。天田が均《な》らして平にしていない。懸ける索が緩んでいる。

候史広徳はこのような状況を改善するよう監督する立場にいたのに怠って、責めを問われたのであるが、五〇六－一簡の守御器簿とほぼ変らぬ点検内容である。

隧の活動

さてこのような備品を整備した隧が具体的にはどういう働きをしているだろうか。一二六－四〇、五三六－四簡によると、

臨莫隧長留人、戊申日西中時、受止虜隧塢上表再通、塢上苣火三通（下欠）

肩水候官臨莫隧留人《りゅうじん》、戊申《つちのえたつ》の日、西中時に止虜《しりょ》隧の塢上の表二通、塢上の苣火三通を受けた……

三三二－五簡では、

楽昌隧長已隧戊申日西中時、受并山隧塢上表再通、夜人定時、苣火三通、己酉日□（下欠）

肩水候官楽昌《らくしょう》隧長已《き》、戊申の日の西中時、并山《へいざん》隧の塢上の表二通、夜人定時、苣火三通を受けた。己酉《つちのととり》の日（下欠）

のごとく隧長が受信の記録を残しているし、八八－一九簡によると、

乙夜一火　丙夜一人　丁夜一火（下欠）
□和木辟　和臨道　和木辟□
□卒光　　卒章　　卒通□

とあって、毎夜の発信の記録で、木辟《もくへき》隊と臨道《りんどう》隊の信号に応じており、両隊の真中にある殄北候官の隊のものであろう。敦煌簡八五には、

七月乙丑日出二千時表一通至、其夜食時、苣火一通、従東方来、杜充見
七月乙丑《きのとうし》の日、日出二分（六時十五分ごろ）、はた一通来る。同日夜食時（午後十二時）かがり火一通東方より来る。杜充《とじゅう》確認。

と、確認した隊卒名が書いてある。
スタイン探検隊の見張り台発見物語から始めて、漢代木簡最大のグループ居延漢簡の二回の発掘とその発掘地点、そして見張り台の備品と連絡の方法を見てきたが、すでに何本かの木簡の文章も紹介したけれども、そこに書いてある月日、時間の原則を説明しておく必要があるようである。それで、一度話題を転じて、木簡の中のカレンダーについて見てみよう。

第五章　カレンダー――月と日と時と――

木簡の暦

静岡大学の原秀三郎《はらしゅうざぶろう》氏から、中国の木簡には暦はないのかという問い合わせがあった。一九八〇年三月六日に、静岡県浜名郡可美《かみ》村の城山遺跡から木簡に書かれた具注《ぐちゅう》暦《れき》が出土したためであった。その後の研究によってこの木簡の年代は、儀鳳暦《ぎほうれき》による神亀《しんき》六年（七二九）の正月十八日、十九日、二十日の暦であることが明らかになったという。

一九七二年四月に山東省臨沂銀雀山で簡牘が発掘された、というと、本書八二ページに書く孫子、孫臏の兵法を含むあの発掘だなと、御存知の方にはピンとくる地名であり、発掘であるのだが、それは銀雀山一号墓の方で、ここでは二号墓から出土した竹簡三二枚のことが必要である。この三二枚は毎片長さ六九センチ、幅一センチ、厚さ〇・二センチで、内容は漢の武帝劉徹の元光《げんこう》元年、紀元前一三四年の暦譜であった。元光元年というのは、武帝の建元七年にあたり、建元というのは中国の年号の始めであるというのだから、中国の第二番目の年号が元光だということになる。そしてこの暦が、いままでに発見された中国の暦ではもっとも古い、もっとも整ったものなのである。

臨沂漢簡が『文物』誌一九七四年二期に発掘簡報として報道されたとき、私は右のような暦に関する記事を読んで、暦簡が全部で三二枚というのは、一日一本ずつで三十日分と、前後の表紙で三二枚なのかな、そうするとかつて森鹿三先生が分類した中のC形式というタイプだなと思った。木簡の表紙などというのはまったくナンセンスな名前であるが、冊書の最初にタイトルを書き、最後にしめくくりを書く簡がつけば、俗に表紙といってもわかってもらえるわけである。

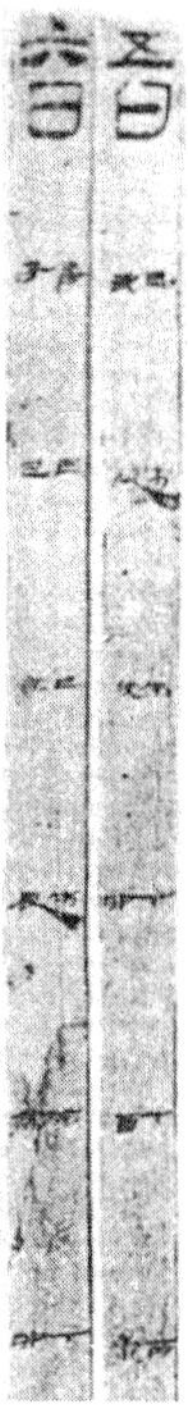

39 暦を記した木簡

木簡の暦といえば、敦煌漢簡を整理したシャバンヌ氏はもちろん、同じく敦煌漢簡の研究である『流沙墜簡』の中では、羅振玉氏が暦を受け持っている。そして日本人では森鹿三先生が敦煌・居延出土の暦について紹介論文を書かれた。肝胥の臨沂の暦簡については、簡報の出た翌月の『文物』に研究が発表された。その陳久金《ちんきゅうきん》、陳美東《ちんびとう》両氏の研究をみると、三十簡がC形式であることは想像したとおりだが、表紙は前後にあるのではなくて、第一簡には

七年視日

という四字が書かれていて、七年とはさきに書いた建元七年の意味で、おそらく改元の前に

用いていた暦であろう。そして第二簡には、上から順に

十月　十一月……八月、九月、後九月、

と十ヵ月の名が書いてあり、後九月はすなわち閏《うるう》九月の意味で、この年は閏年であった。十月から始めて九月に終るのは、この時代は秦の暦法と同じく十月を以て歳首《さいしゅ》としたからである。

カレンダーの分類一

さて森先生が分類してC形式としたカレンダーは、たとえば五〇六-一八簡の、

甲　甲癸癸壬壬壬　辛　辛　庚
奉
廿七日　建
六月
寅　申丑未子午子　巳　亥　辰

という例、あるいは三七-四〇簡の

廿一日
丙子　丙午　乙亥　乙巳　甲戌　甲辰　甲戌
癸卯　癸酉　壬寅　壬申　辛丑　辛未

という例がそれである。簡の上端にある廿七日とか廿一日とかは日付けであり、以下に干支がつづいている。五〇六-一八簡では、甲寅《きのえとら》とあるのが、正月二十七日の干支、以下甲申《きのえさる》は二月二十七日……庚辰《かのとたつ》は十月二十七日の干支で、十一月以下は欠失している。

　また三七-四〇簡は、干支が十三ヵ月分書いてあるから閏月が含まれているというわけで、三七-四〇簡は元鳳《げんほう》四年（前七七）、五〇六-一八簡は建平《けんぺい》二年（前五）のものである。

　すなわちこの形式のものは、一番上に日付けを書き、一日から三十日までを順に並べ、各簡は上から毎月のその日の干支を順に書き並べた形式である。

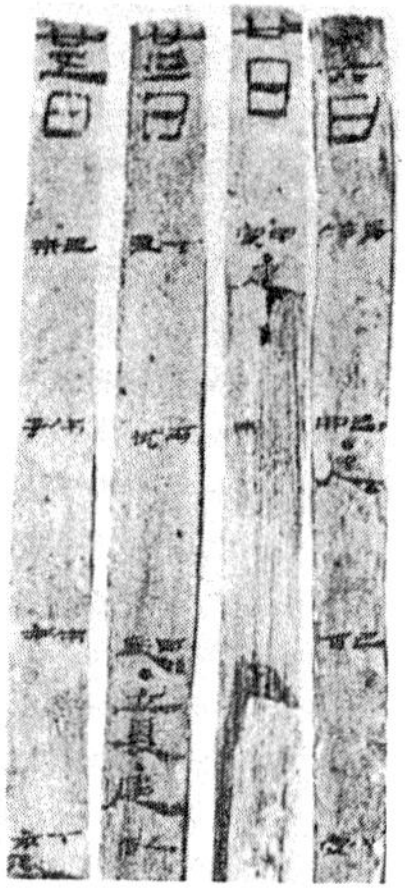
40　十二直

十二直

五〇六-一八簡では、正月甲寅の下に建《けん》、七月壬子《みずのえね》の下には奉六月という書き入れがある。奉六月とあるのはまったく異例で、この日に六月の俸給を受け取ったメモであろう。それにたいして建というのは、十二直《じゅうにちょく》のことである。十二直というのは、建、除、満、平、定、執、破、危、成、収、開、閉とつづいて、もとの建にもどる一つのサイクルで、これによって日の吉凶を占なった。建が書いてあるのは、この日を起点にして十二直が数えられることになるからである。そして、正月は寅の日が建、二月は卯の日が建、三月は辰の日が建というようにだんだんと移って、十二月は丑の日が建となる。その建の日は

建日、良日也。可以為嗇夫、可以祠、利棗不利莫、可以入人、始冠、乗車、有為也、吉

建の日は良日である。官につけば嗇夫《しょくふ》となるだろう。祠りをしてよい。棗《はや》（早）くには利あり、莫《くれ》（暮）には利はない。人を入れてよい。始めて冠をつける（元服）、車に乗ることは将来しかるべき仕事の成果があがる。吉である。

というように占いの答が書いてある。こういう内容の占いの本が日書《にっしょ》とよばれるもので、右の建日の文は雲夢睡虎地秦簡の日書の中の文章を引用したものであって、占いの判断の文句が書いてある。これを参照して吉凶を知り、その行動をするかどうかを決める。建日、除日など十二直から吉凶を判断する流派を建除家とよんだようで、『史記』の「日者《にっしゃ》列伝」の末尾に書かれた褚少孫《ちょしょうそん》の補筆部分に、

武帝の時、占家を聚《あつ》めて「某日婦を取ってよいか」を占わせた所、五行《ごぎょう》家《か》は可、堪輿《たんよ》家は不可、建除《けんじょ》家は不吉、叢辰《そうしん》家は大凶、暦《れき》家は小凶、天一《てんいつ》家は小吉、太一《たいいつ》家は大吉という判断で、お互いに弁じ合って決まらなかった、

という記事がある。建除家という名称が見られるだけでなく、七つも占いの系統があり、お互いに競っているのみならず、それだけ一般人が占いに頼っていたことをしめし、当時の精

神生活の一端を見ることができる。平川南《ひらかわみなみ》氏の研究によれば、胆沢《いさわ》城跡で発見された漆紙文書第三号は、延暦二十三年（八〇四）九月下旬の暦で、十二直が入っているという。

カレンダーの分類二

つぎに森先生が木簡のカレンダーのB形式としたのは、一枚の木簡の中に一ヵ月の干支を書きこんだ形のもので、二九〇－一一簡はその例である。

六月戊午一日　癸亥六日　戊辰十一日　癸酉十六日　戊寅廿一日
　乙未二日　甲子七日　己巳十二日　甲戌十七日　己卯廿二日
　庚申三日　乙丑八日　庚午十三日　乙亥十八日　庚辰廿三日
　辛酉四日　丙寅九日　辛未十四日　丙子十九日　辛巳廿四日
　壬戌五日　丁卯十日　壬申十五日　丁丑廿日

もちろんこのあとに壬午《みずのえうま》廿五日から晦日《かいじつ》までの日が加わるはずだが、下部が折損しているので、月の大小もわからない。このカレンダーは成帝劉驁の河平《かへい》三年（前二六）か、孺子嬰《じゅしえい》の居摂《きょせつ》元年（六）のはずであるが、決しがたい。また四五七－一九も同様で、

　十一月大
　壬子一日　戊午　七日　甲子十三日

癸丑二日　　　己未　八日　尽　乙丑十四日
甲寅三日　　　庚申　九日　　　丙寅十五日
乙卯四日　寝兵　辛酉　十日　　　丁卯十六日
丙辰五日　　　壬戌十一日
丁巳六日　冬至　癸亥十二日

とあるが、これはむしろ十一月乙卯から冬至の休暇にはいって、己未八日まで五日間休みであるというためのカレンダーと思われる。夏至、冬至がその前後二日を加えて五日の休みということは二七〇ページの詔について述べた所に例がある。

カレンダーの分類三

最後にA形式というのは、スタイン発掘の敦煌漢簡でシャバンヌ番号四二九簡のように、一年各月の朔《ついたち》の干支と月の大小、立春以下の二十四気の一部、初伏以下の三伏《さんぷく》の月日も記されているものである。

永光五年
正月乙巳朔大
二月乙亥朔小　二日丙子春分
三月甲辰朔大　十九日壬辰《ママ》立夏

四月甲戌朔大
五月甲辰朔小　四日丁未
六月癸酉朔大　八日庚辰初伏　十八日庚寅中伏　廿一日癸巳立秋
七月癸卯朔小　八日庚戌後伏
八月壬申朔小　八日己卯秋分
九月壬寅朔小　十三日甲寅立冬
十月辛未朔大
十一月辛丑朔小　十日庚戌冬至
十二月庚午朔　大小十七日丙戌廿七日丙申立春己亥晦

永光五年は紀元前三九年である。

日の表記法

つづいて日の表記法であるが、これは

壬申朔壬申

のように書き、朔日が壬申である月の壬申の日という意味で、一日である。同じく壬申朔癸《き》酉《ゆう》といえば、壬申のつぎは癸酉で、一日のつぎの日だから二日にあたる。もっとも干支のみで表記するのはほとんど前漢で、後漢では壬申朔癸酉二日という表記法をとっている。

時刻を書いた木簡

つぎは一日のうちの時刻について説明をせねばなるまい。たとえば五〇二–九、五〇五–二二簡のように、

十二月三日
北書七封
其二封皆張掖太守章、詔書一封、書一封、皆十一月丙午起、詔書一封十一月甲辰起
一封十一月戊戌起、皆詣居延都尉府
二封河東大守章、皆詣居延都尉、一封十月
甲子起、／十月丁卯起、一封府君章詣肩水
十二月乙卯日入時、卒憲受不今卒恭
夜昏時、沙頭卒忠付騂北卒護

十二月三日　北行きの文書七封。其の内二封は皆「張掖太守の章」で封ず。詔書一封と書一封は皆十一月丙午《ひのえうま》の日の発信。詔書一封は十一月甲辰《きのえたつ》の日の発信。一封は十一月戊戌《つちのえいぬ》の日の発信。いずれも居延都尉府行き。二封は「河東太守の章」で封ず。共に居延都尉府行きで、一封は十月甲子《きのえね》の日発信、一封は十月丁卯《ひのとう》の日発信。一封は府君の章で封じ、肩水行き。十二月乙卯《きのとう》の日の日入時に卒の憲《けん》が不今の卒恭《きょう》より受け取り、夜昏時に沙頭の卒忠《ちゅう》が騂北《せいほく》隊の卒護《ご》に渡した。

というような文書の逓送の記録がある。五〇三-一簡は上部が折れているが、

(上欠)一封詣広地。一封詣櫜他。十二月丁卯、夜半尽時、卒憲受不今卒。

(上欠)記二張掾師　　　　　恭、鶏前鳴時、沙頭卒忠、付騂北卒護。

(上欠)封詣

……一封は広地候官行き、一封は櫜他候官行き。……記二、「張掾の印」で封ず。……封、……行き。十二月丁卯の日の夜半尽時、卒の憲が不今隊の卒恭より受け取り、鶏前鳴時に沙頭の卒忠が、騂北隊の卒護に渡した。

という内容で、同様の文書リレーの記録であり、十二月乙卯の日から十二日目が十二月丁卯の日になるが、文書リレーにあたった際卒は同じ顔ぶれである。この中で、五〇二-九簡には日入時、夜昏時、五〇三-一簡には夜半尽時、鶏前鳴時という時刻をしめす名称があることに気づく。

時刻の呼称

時刻の名称は、

夜半、夜大半、夜少半、鶏鳴、晨時、平旦、日出、蚤食、食時、東中(隅中)、日中、西

中、日昳、餔時、下餔、日入、黄昏（昏時）、夜食、人定。

など十九におよぶ。時刻の呼称については、はやくに労榦氏が述べ、陳夢家氏も考えを発表した。労榦氏は、

夜半、鶏鳴、平旦、日出、食時、東中、日中、日昳、下餔、日入、黄昏、人定。

の十二時をあげ、陳夢家氏はそのほかにさきにあげたような名称を、居延漢簡以外からも蒐集した。

もっとも最初の夜大半、夜少半は夜半にあわせて考えてもよいし、蚤食も食時に、下餔も餔時にあわせて考えても良いようである。それはたとえば、鶏鳴にたいして鶏前鳴時、鶏中鳴、鶏後鳴などの言い方も存するから、夜大半、夜少半を一項目として立てるならば、鶏鳴も分解する必要が出てくることになる。

従来文献上に残っていた古代の時刻の名称では、『淮南子』「天文《てんもん》訓」には、

晨明、朏明、旦明、旦食、晏食、禺中、正中、小還、哺時、大還、高舂、下舂、懸車、黄昏、定昏。

の十五があり、清代の考証学者趙翼《ちょうよく》はその著『陔余《がいよ》叢考《そうこう》』の中に、一日を十二時に分かつ

のは漢に始まるという考証を行なっていた。陳夢家氏は後漢の王充から後漢末のあいだにはすでに十二辰（子、丑など十二支）で時を記す法はあったが、十二時と十二辰が互いに結合した記録は唐代になって以後でしかないと述べた。ところが、雲夢睡虎地の秦簡の中の一〇五一号簡が、

（鶏鳴丑、平日）寅、日出卯、食時辰、莫食巳、日中午、暴未、下市申、舂日酉、牛羊入戌、黄昏亥、人（定子）。

という文で、上下を欠いているが推論はきわめてスムーズで、十二辰と十二時が合致した例がすでに秦代にあることを強調しなければならない。それを表示するとつぎのようになる。

	秦簡	漢簡	論衡
子	人定	夜半	夜半
丑	鶏鳴	鶏鳴	鶏鳴
寅	平旦	平旦	平旦
卯	日出	日出	日出
辰	食事	食時	食時
巳	莫食	東中	馬中
午	日中	日中	禺中

未	昃	日昳	日昳
申	下市	下餔	餔時
酉	春日	日入	日入
戌	牛羊入	黄昏	昏時
亥	黄昏	人定	人定

農耕民族国家である中国王朝では、農業生産を左右する暦はもっとも重要なものの一つであり、「正朔《せいさく》を奉ずる」という、その王朝の正しいとする暦に従うことばが、王朝に従属することを意味するほどであった。

第六章　地方官吏の世界——文官と武官——

郡太守

漢代の地方行政区画の最大の単位は郡であった。

郡を支配していたのは郡太守である。秦代に郡守とよんでいたこの官は、漢王朝にとって初期最大の危機であった呉楚七国の乱を勝利のうちに平定した景帝劉啓《りゅうけい》の中《ちゅう》二年、西紀前一四八年以後郡太守と改称した。『史記』や『漢書』では太守と「太い」の太を書くが、漢簡では点がなく大守と書いている。居延の地域は張掖郡、敦煌の地域は敦煌郡で、それぞれに太守が任命されていたことは申すまでもない。そして居延漢簡の世界でもっとも活躍するのは張掖太守のはずである。

　ところが皇帝からの直接の命令である制書の写しが出土したのは酒泉太守あてのもので、敦煌漢簡の中のシャバンヌ番号六〇号と一五一号とである。今後ch60、ch151というような表記法をとることにする。

制詔酒泉大守、敦煌郡到戍卒二千人、発酒泉郡、其仮候如品、司馬以下与将卒、長史
将屯田守処、属大守、察地形、依阻険、堅壁塁、遠候望、毋……　ch60
……（上欠）□□破陣却適者、賜黄金十斤、□□元年五月辛未下　ch151

酒泉太守に命令する。敦煌郡より派遣されてきた戍卒《じゅそつ》二千人は、酒泉郡を出発するのに、その部隊編成はきまりの如くにし、司馬以下の武官は与《とも》に卒を将い、郡の長史は屯田兵を屯守している処において将い、太守の指揮下に所属し、地形の状況をよく見極め、険しい地形を後立てに利用し、陣地の壁塁は堅固にし、周囲の敵の動きに十分注意し（準備を怠ること）毋く……□□破陣（敵陣を突破し）、却適《きゃくてき》（敵を却ぞける、適は敵のこと）の働きをした者には黄金十斤を褒美として賜わるであろう。神爵《しんしゃく》元年五月二十一日下す。

王国維氏の考証によってこの二簡が一つのものであることが明らかになっただけでなく、『漢書』「宣帝紀」や「趙充国《ちょうじゅうこく》伝」にある神爵元年（前六一）におこった先零羌《せんれいきょう》の反乱にたいして、酒泉太守辛武賢《しんぶけん》に下された制書であることも明らかになった。このとき宣帝劉詢が後将軍趙充国に与えた詔が「趙充国伝」に出ているが、その中に

今詔して破羌将軍武賢に兵六千一百人を将いしめ、敦煌太守快《かい》に二千人を将いしめ、長水校尉富昌《ふしょう》、酒泉候奉世《ほうせい》に婼《じ》（最も陽関の近くにいた婼羌という民族でつくった外人部隊）月氏

の兵四千人を将いしめ、合計一万二千人に三十日の食糧を持たせて七月二十三日を期して罕羌《かんきょう》を撃ち、鮮水《せんすい》の北の句廉のほとりに入り……

という軍の編成がある。敦煌太守快に将いられる二千人というのが、この木簡にある敦煌郡の戍卒二千人に相当するのであろう。この戍卒がまず酒泉郡に増派されて酒泉太守の指揮下に入り、戦闘配備につくことを命じたもので、敦煌郡にも転送された詔が出土したのであろう。酒泉太守辛武賢はこのときとくに破羌《はきょう》将軍に任じられているが、これは一万二千人の全軍を指揮するためであろう。本来郡の太守はその郡の民政全般を統轄し、他方郡の兵士を動員するときには太守が将となった。

都尉の官

秦の始皇帝が天下を統一したとき、全国を三六郡に分けたというその郡が、前漢末の元始二年（二）の統計では全国は一〇三の郡国に分かれ、うち八三が郡で、残りは王国であったと伝える。この郡のうち京師《けいし》の周辺が三輔《さんぽ》という特別行政区域で別格であり、残りは大別して内郡《ないぐん》と辺郡《へんぐん》にわかれる。辺郡というのが辺境の郡で、異民族と境を接し、防備を必要とする地域である。内郡では郡太守のほかに、もっぱら一郡の軍事をつかさどる都尉の官が置かれていた。これは秦以来郡尉、つまり郡の武官という名であった官名が、呉楚七国の乱以後郡都尉と改正されたもので一郡一都尉が原則である。

それにたいして辺郡では複数の都尉がおかれて、防衛の地域を分担した。たとえば遼東郡は三部にわかれ、西部都尉、中部都尉、東部都尉がいた。酒泉郡は北部都尉、東部都尉、西部都尉、敦煌郡では玉門都尉、中部都尉、宜禾《ぎか》都尉、わが張掖郡では日勒《にちろく》都尉、居延都尉が『漢書』「地理志」に出ているが、現実にはさらに肩水都尉が存在する。これらが部都尉であある。また番和県には農都尉がある。農都尉は屯田兵をひきい、系列からいうと大司農につながっている。

このほかに属国都尉というものがある。属国というのは、秦代には属邦といったもので、本来の秦の民ではない者で秦に従ったものを指したが、漢では高祖劉邦の諱《いみな》邦の字を避けて属国と改めたと思われる。漢では匈奴をはじめ異民族が漢側についたとき、その民族をそのままの生活状態をつづけさせながら外人部隊として利用した。その居住地を属国といい、異民族の生活を監視しながら外人部隊をひきいるのが属国都尉で、属国都尉は系列からいうと中央政府の典属国《てんぞっこく》の下にあった。だが、中央からの命令は部都尉はもとより、農都尉も属国都尉も郡太守から伝達され、（二七二ページの一〇-三三簡参照）太守は一郡のすべてを支配していた。

丞と長史

太守の秩《ちつ》は二千石《せき》、都尉の秩は比二千石である。秩とは官秩のことで、官の順位、二千石とはもとは二千石（石は重量単位）の穀物を一年の奉として与えられる官を指していたが、その実質はなくなり、名目的なものとなった。ただ丞相など最高の万石のつぎは二千石で、二千石の中には中二千石（中はみつるの意味）、二千石、比二千石とあり、つぎが千石、以下二百石、百石にいたる十二段階があり、百石が地方の胥吏《しょり》クラス、その下には斗食《としょく》の秩があった。太守の次官郡丞は六百石、都尉の丞は比六百石である。一般に都尉の丞は郡丞と同じく六百石であると思われている。だが長官の秩がちがうのに次官の秩が同じというのは、そもそも奇妙なことである。そこで『漢書』「百官公卿表」の記事を見ると、

　郡守、秦官、其の郡を治するを掌《つかさ》どる。秩二千石、丞有り。辺郡には又長史有り、兵馬を掌どる。秩は皆六百石。景帝中二年、名を太守に更《あらた》む。

　郡尉、秦官。守を佑け、武職、甲卒を典《つかさ》どるを掌どる。秩は比二千石。丞有り、秩は皆六百石。景帝の中二年、名を都尉に更む。

と書いてある。この郡守の方では、「丞有り」のあと、「辺郡には又長史有り」と書いて、「秩は皆六百石」と受けている。ここの「皆」という字は「丞」も「長史」も「皆」六百石であるという意味である。そう思って郡尉の方を見ると、「丞有り」とだけあって「皆六百石」とつづけているから、皆の意味がない。清朝の考証学者で『漢書』の注釈『漢書補注』を書き有名な王先謙《おうせんけん》は、ここに「皆の字は衍《えん》なり――皆という字は余分の字だ」とコメントしている。だが私は、もとは比六百石とあったのに、今日までの転写の過程で比の下に白が加えられて「皆」になったのであろうと考える。だから都尉の丞は比六百石だと考えているのである。

郡太守の『漢書』の記事の中に、「辺郡に又長史有り」とあったように、辺郡に限って郡丞のほかに長史の官を置き、兵馬を掌握して郡太守を助ける。太守の役所、すなわち太守府の役人たちは、掾、卒史、属、書佐《しょさ》、曹史《そうし》などがいた。都尉の役所、都尉府には文官系の属吏として掾、卒史、書佐、曹史が、武官系のそれとして司馬、千人などがいた。

県と下級の吏

地方行政の郡の下部は県に分かれる。この県という行政単位は、春秋時代末頃にはそろそろ見られるが、中国の行政単位としてはもっとも基本になるもので、その後秦で郡の下は県に分かれて、県という行政単位は郡県制により統一されてから今日まで存在する。秦漢時代の県を統治するのは、大県は令で官秩は千石から六百石、小県は長で四百石から三百石であった。県の大小は戸数、ひいては人口で決まり、一万戸以上を大県とし、それは土地の広いか狭いかとは関係がなかった。ただ辺郡には戸数が数百戸であっても県令を置くことがあると後漢の応劭の『漢官儀』に書いている。張掖郡は郡治が觻得県にあり、そのほか昭武、删《さん》丹《たん》、氐池《ていち》、屋蘭《おくらん》、日勒、驪靬《れいけん》、番和《ばんわ》、居延、顕美《けんび》の合計十県があった。県の下は郷、その下は里に分かれ、郷は大郷は郷有秩、小郷は郷嗇夫が支配し、郷佐《きょうさ》がこれをたすけ、里には里長を置いた。

県令は先にいったように秩千石から六百石、県長は四百石から三百石、県丞、県尉がいて県のスケールにより秩がちがうが、小県の尉で秩二百石である。郷有秩が百石、郷嗇夫、郷佐などは斗食である。有秩《ゆうちつ》という名称は百石の吏を意味するもので、郷有秩というのは、郷

有秩嗇夫の意味である。たとえば三二一一七簡に、

鴻嘉三年閏月庚午朔癸酉、安□郷有秩延寿、敢言㊁（下欠）

六二一五三簡に、

（上欠）囊郷有秩梁敢言之、昌□（下欠）

とあるのは郷有秩嗇夫の例で、三三四一二〇簡には、

甘露四年六月丁丑朔甲辰、西郷有秩（下欠）
王武、案毋官徭事、当為伝致（下欠）
□□□二月雒陽丞（下欠）（面）
印日雒陽丞（背）

という文がある。これは第九章で述べるパスポートの文であるが、甘露四年（前五〇）六月二十八日附で雒陽西郷有秩の発行した同郷の王武のパスポートである。『後漢書』「百官志」注に引用する『漢官』によると、郷は五千戸になると有秩を置くことになっており、郷有秩は郡の任命で、郷嗇夫は県の任命であるが、雒陽は洛陽で、いかにも一郷五千戸以上はある

大県であると納得がゆく。

有秩の吏は敦煌簡ch592に有秩候長の例があって軍吏にも存するし、一方一〇-一七簡は、

顕美伝舎斗食嗇夫、算君里公乗謝横　中功一労二歳二月　今肩水候官士吏、代鄭昌成

という転任の簿の一部であるが、伝舎嗇夫に斗食嗇夫が明記されている。

漢代の選挙

秩二百石以上と百石以下とのあいだには厳然と越えがたい線があって、百石以下を少吏といい、いかに年功を積んでも二百石以上には昇進できない。昇進するには選挙を得なければならぬ。選挙とは「郷挙里《きょうきょり》選《せん》」といわれるもので、〝郷里において選挙する〟という意味。毎年郡太守と諸侯国の相がその郡国の人口二十万人に一人の割合で、〝孝廉《こうれん》なる者〟を選んで推挙した。これが「挙《きょ》孝廉」という選挙の課目でもっともふつうのものである。本来は孝《こう》子《し》を推薦する挙孝と、廉吏《れんし》を推挙する挙廉とがあったが、けっきょく合体して挙孝様となった。このほか臨時に皇帝が命ずる「挙秀才（後漢では挙茂材《もざい》）」、「挙能治《きょのうち》劇《げき》」などの課目があり、選挙は一般に郡国の守相の義務として推薦を行ない、もし推薦ができなかったり、被推薦者がその課目に合わないことがわかると、「選挙不実」（選挙故不以実の略で、選挙に故《ことさ》らに実を以てせずという意味）の罪名で処罰される。地方長官にこの懲罰を含む義務を負わせることを定めた法令は、武帝劉徹の元朔元年（前一二八）十一月の詔によって定まったが、その詔文の、

執事に深く詔して、廉を興し孝を挙げ、「風を成して（先帝の）聖緒《せいちょ》を紹がんと庶幾《こいねが》う。夫《そ》れ十室の邑に必ず忠信有り、」三人並び行かばそれ我が師有らん。今或いは郡を闔《とざ》して一人も薦めざるに至りては、是れ化、下究せず、而して積行の君「子、上聞を雍《ふせ》ぐなり。二千石の長官、人倫を綱紀するに」まさに何をもってか朕を佐け、幽隠を燭《て》らし、元元に勧め、蒸庶《じょうしょ》を厲《はげ》まし、郷党の訓《おし》えを崇くせんや。

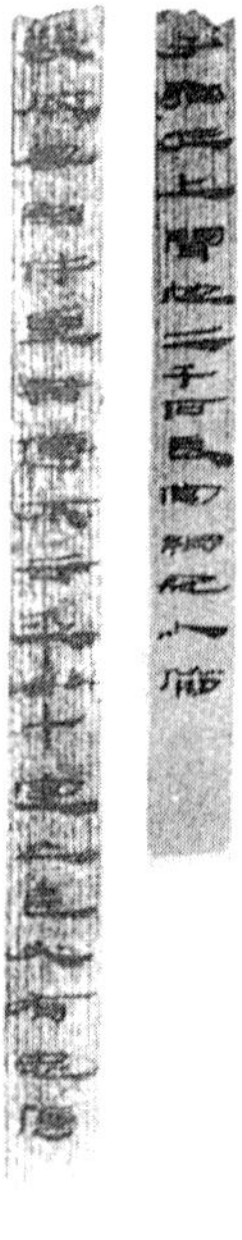

41　玄朔元年の詔の断簡

の中の「」の部分にあたる、

幾成風、紹休聖緒、伝不云乎、十室之邑、必有忠信　一二六－三〇

子雍於上聞也、二千石長官綱紀人倫　三三二－一六

の二断簡が出土しており、一九四三年ごろに労榦氏が指摘して以来有名になった。この命令が居延地域にも行なわれていることは申すまでもない。

張掖太守ももとより例外ではない。この法令は、皇帝が皇帝の信頼する高級官僚の推薦によって自己に直属する臣僚の人材を補給するためのもので、選挙された者は中央政府の郎中令（後に光禄勲《こうろくくん》と改名）の配下に郎官として入り、皇帝の身辺警護にあたるとともに高級官僚の見習いとなり、やがて成績によって県の令・長・丞・尉として地方へ赴任するのである。郎官は最低でも秩二百石で、選挙によって始めて二百石の線を越えられるというのはこのようなことを指す。それで郡県では秩二百石以上のものが長吏である。だから郡県の長吏は中央政府の任命であるが、それにたいして少吏はその郡内の者を任命する。もっとも国全体かちいえば六百石以上が長吏で、勅任官、後世の五品官、日本の五位以上にあたり、四百石〜二百石は奏任官、六品から九品で、百石以下は判任官、流外官である。しかし郡県級では二百石以上を長吏と見なし、百石の吏でも卿という敬称をつけることさえ木簡の上にはあらわれる。

武官の系列

つづいて武官系列の方に目を向けてみよう。郡においてははじめに述べたように、大守が郡の兵を掌握し、都尉が武職、甲兵をひきいて太守を佐《たす》ける。辺郡ではこのほか、太守府に長史がいて兵馬を掌握して太守を助ける。戦時体制に入ると先の辛武賢が破羌将軍になったように、とくに将軍に任命されることもあるが、いわば郡太守は郡の将軍である。辺疆地域には軍事施設も多く、『後漢書』「百官志」に出ている大将軍の官制をまず紹介するのが説明に便利である。それによれば、

大将軍の営は五部に分かれ、部には校尉一人、秩は比二千石、軍司馬一人、比千石があ

り、部の下は曲があり、曲には軍候が一人あって比六百石、曲の下は屯で、屯長一人、比二百石である。

となっている。ここにいう大将軍は将軍中の最高の将軍で、これに準ずる将軍といえば、驃《ひょう》騎《き》将軍、車《しゃ》騎《き》将軍、衛《えい》将軍までであろう。五部に分かれるというのは、前・後・左・右と中の五部であろう。だから、たとえば酒泉太守辛武賢が破羌将軍になったからとて、五部の部曲をひきいたわけではない。

ここにいう校尉、候、司馬などの軍官の名称は戦国時代から存して、それが戦闘部隊の組織構成上必要な要員であったことは、たとえば項羽が兵をあげて精兵八千人を手に入れると、その中の指導的な立場にある人間を部署につけて、校尉、候、司馬にしたとか、呉王濞《び》が反乱の準備をすすめるときに、将、校尉、候、司馬を置いたとしていることからも見当がつく。校尉が比二千石であることは、都尉と同秩であり、内郡の一郡一都尉は一校、辺郡でたとえば酒泉郡に三部都尉あるということは三校にあたるのではないか。

候官

張掖郡では先にも述べたように、日勒都尉、居延都尉、肩水都尉の三部都尉があった。そして居延漢簡の示すところによれば、居延都尉の下には居延、殄北《てんぼく》、甲渠、卅井の四つの候官があった。候官の長は候という。甲渠候官の城砦のあと、すなわち破城子（ム・ドルベルジン）が発掘された次第はすでに述べたが、甲渠候はこのような呰を治所にしていたから甲渠鄣候ともよばれた。そして二五九-二簡には

●右鄣候一人秩比六百石

という文があり、これは官吏の名籍か秩禄簿のしめくくりの簡であるが、候官の長の候が秩比六百石で、大将軍営の部の下にある曲をひきいる軍候と同秩であることがわかる。

大将軍営では曲の下には屯があって、屯長、秩比二百石がいる。候官には候の補佐官に候丞と尉があり、尉は塞尉もいった。二八二-一五簡には

●右塞尉一人秩二百石　已得七月尽九月積三月奉用銭六千

という、給与支払の簿のしめくくりの便がある。この塞尉と屯長は秩も異なるし、塞尉が候を補佐する候の属官の立場にあるのにたいし、屯長は屯の指揮官であるから性格が異なり、比定することはできない。

候と候長

漢簡の物語る世界では、候の指揮する候官の下には、候という組織があった。候官に属す

る候を指揮するのは候長という官職である。この説明ではきわめてわかりにくいであろう。我われも漢簡研究の初期はたいそう混乱した。組織図（図42）を参照しながら、固有名詞を入れて説明する。居延都尉の下に甲渠候官があり、この長は甲渠候である。甲渠候官には呑遠《どんえん》候、不侵《ふしん》候、第十七候などの候が属し、それぞれ呑遠候長、不侵候長、第十七候長に率いられているというわけである。候には候史がいて候長を補佐した。一二七-二七簡に、

建昭二年十二月戊子朔戊子、呑遠候長湯敢言之、主吏七人、卒十八人、其十一人省作、校更校不難審、堠上不乏人、敢言之

建昭二年（前三七）十二月一日、呑遠候長湯《とう》が申上げます。主吏七人、卒十八人のうち、十一人が作業に出張、こもごも伐を検査するに（?）審らか（?）にするに困難はなく、わが候は人員不足はありません。以上、上申します。

という文で、文意は通りがたいが、主吏七人が呑遠候にいる。藤枝晃氏は、ここに呑遠倉と

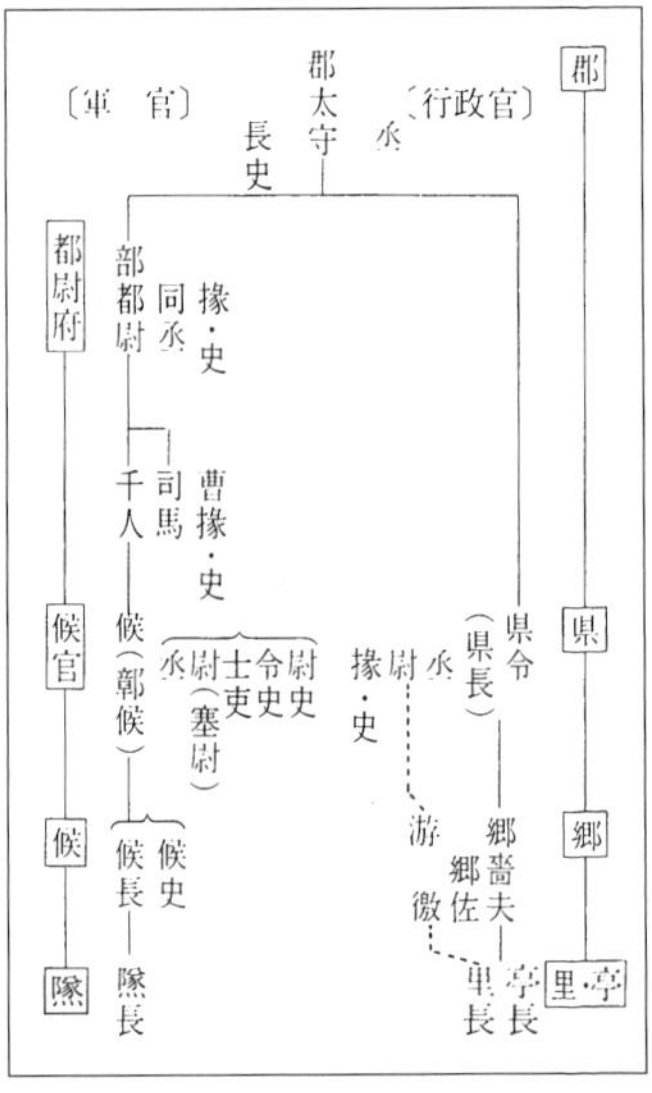

42　漢代の地方行政組織図

いう倉庫があるのでその史がいるために人数が多く、通常の例にはならぬと考えられるが、おそらく正しいだろう。

隧《すい》

候の下に隧がある。隧が見張り台でこれが末端であり、隧長と三、四人の隧卒がいる。

一九七三・七四年の発掘で甲渠候官遺址から出土した木棒、EPT五七—一〇八は「〃候史広徳坐不循行部〃檄」と名づけられたものであることは一一五ページにすでに述べた。この背面に候史広徳が循行して監督すべき彼の部の隧が第十三隧から第十八隧まであげられ、不備の状況が、隧ごとに列挙してある。甲渠候官には一連番号を付した四つの候と三十八の隧の存在が知られている。四つの候とは第四候、第十候、第十七候、第廿三候で、このうち第四候長の治所であった第四隧は発掘されている。

もし「候史広徳檄」のように一候官の支配領域が分担区域に限定されているとすると、候史広徳は三十八隧中六隧を分担したのか、それとも六隧を指揮する単位である候に属して全隧を調べたのか考える必要がある。前者であるとすれば平均六隧として六～七人の候史がいたと考えねばならぬが、そのときは三十八隧が一候長の支配下にあるばあいである。ところがすくなくとも四、十、十七、廿三隧には候長がいたはずなので、候史広徳は第十七候に属する候史と考えることができる。もとよりたとえば第廿九候、第卅五候などがあったと考えたうえのことである。そのばあいは一候に候史が一～二人ということになろう。二一四-三七簡は

（上欠）□? 祭刺史杜君　候長一人錢三百
候史隊長九人錢九百　●凡千二百

という記事がある。刺史より上の字が欠けて読めないので、この刺史がどういう刺史か明らかではないが、どこかの候で候長以下がおそらく銭を拠出し祖道銭（餞別）にしたのかもしれない。ここで隊の数を六とすれば候史は三人になる。一〜三人程度いたのであろう。

労辺使者の接待

辺疆の組織を述べている途中に少し脱線をするが、一九七三・七四年の居延簡中に肩水金関址から出土した「労辺使者過界中費」という題の九簡よりなる、編も完全に残っている冊書がある（図43）。

●労辺使者過界中費

粱米八斗　直百六十　(1)
米三石　直四百五十　(2)
羊二　直五百　(3)
酒二石　直二百八十　(4)
塩豉各一斗　直卅　(5)

廿将畺　　直五十　(7)
●往来過費凡直千四百七十　(8)
●肩水見吏廿七人　倅人五十五　(9)

簡1の「労辺使者過界中費」（労辺使者がわが責任範囲内を通過したための費用）とあるのがこの冊書の表題で、一九七八年一月の『文物』では地皇《ちこう》三年（後二二）のものとし、労辺使者は王莽の使者となっている。第二簡より第七簡までは、上段に食品と数量、中段にその銭価を書き、米、羊、酒、塩、豉《みそ》、薑《はじかみ》などを使者に提供したが、第八簡にあるその合計金額が千四百七十銭になり、第九簡で肩水の現任の吏二十七人に頭割りにすると一人五十五銭になるとしている。いわば収支簿にあたるが、使者の供応費を関係の吏で負担していることははなはだ耳新らしい事実である。通常公用旅行者の給与は伝舎などにおいて規定にしたがって提供するのだが、吏が私費で供応することがあり、あるいは祖道銭を供することもあったのである。

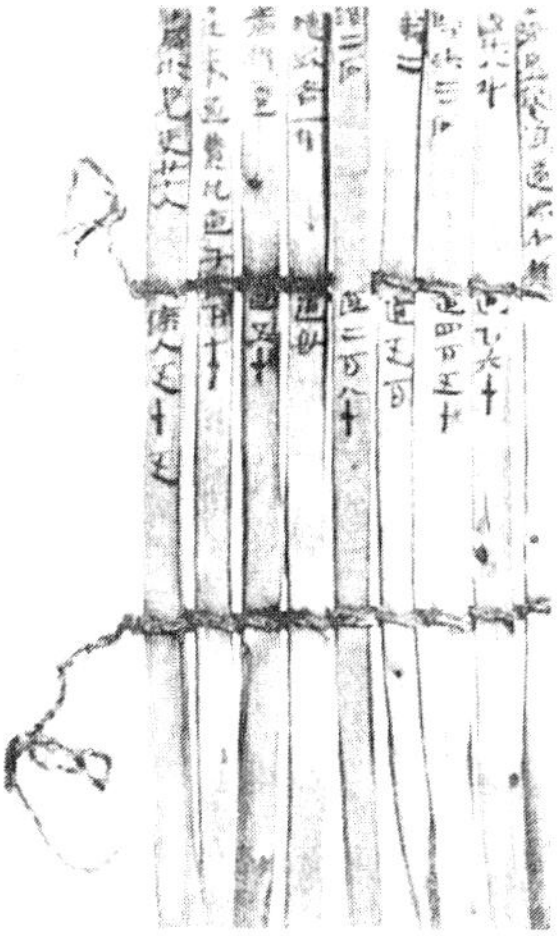
43　肩水金関出土の冊書

地方武官の官秩

話題を戻して、太守—都尉—候官—候—隧、とたどってきた軍吏の系統は、候官長である候が比六百石の官、その尉である塞尉が二百石の官であったが、候長、隧長、および都尉府や候官に勤務する士吏、令史、尉史、候長の下の候史などはいずれも百石以下の吏で判任官クラス、流外の小吏にあたる。彼らは太守府や県に勤務する掾属と同格であった。これらの下級官吏はすべて郡内の出身者から選任した。
藤枝晃氏は出身地の明らかな五七例を調べ、士吏では居延二二、觻得一、候長では觻得四、隧長では居延一〇、觻得一〇、昭武二、氐池二、張掖一、顯美一、屋蘭一という結果を得、従来いわれていることが事実である旨を証明された。また卒史、令史、尉史、書佐などでは、觻得一二、居延四、屋蘭一、昭武一という分布である。かれらの職務はそれぞれ文官系、武官系と内容を異にするが、かれら個人は文武いずれかに固定することなく、相互に転任をした。下級官の転任に関する文書が破城子から出土し、紹介されている。

転任の文書

牒書吏遷床免給事補者四人〻一牒　　EPF22-56
建武五年八月甲辰朔丙午、居延　令　丞審告尉謂鄉移甲渠候官、聴書従事、如律令　　EPF22-57
甲渠候官尉史鄭駿　遷欠　　EPF22-58
故吏陽里上造梁普年五十　今除補甲渠候官尉史　代鄭駿　　EPF22-59
甲渠候官斗食令史孫良　遷欠　　EPF22-60
宜穀亭長龍山里大夫孫沈年五十七　事今除補甲渠候官斗令史　代孫良

通達、吏の転任免職給事補職者四人、一人一通達。
建武五年（二九）八月三日、居延令（欠名）、丞審《しん》、尉に告げ、郷に謂い、甲楽候官に移達する。命令書を守り事を行なえ。　EPF22-56
甲渠候官尉史鄭駿《ていしゅん》　他に転出　EPF22-57
故の吏、陽里の上造梁普《じょうぞうりょうふ》、年五十歳、此の度、甲渠候官尉史に除任し、駿に代わらせる。　EPF22-58
甲渠候官の斗食の令史、孫良《そんりょう》、他に転出。　EPF22-59
現宜穀亭長である龍山里の大夫、孫沈《そんしん》、年五十七歳、此の度甲渠官斗食令史に除任し、孫良に代わらせる。　以上　EPF22-60

故吏とはかつて官吏の経験のあるもの、除補は除任補職の意味である。EPF22-58簡の梁普は、本籍地の里名（陽里）、爵（上造）、姓名（梁普）、年齢（五十）、順で書かれているが、通常は里名の上に県名が入るところ、この文章は居延県内であるから省略されているのである。この冊にあるような除任に関する簡は、一九三〇・三一年居延簡中にもあり、とくに珍しいわけではないが、冊書として一定の序列のもとに並ぶのははじめてで、それぞれの簡の位置する場所、前後関係などがわかることは貴重である。

能、その官によろしからず

たとえば簡三－一九の

居延鞶胡隧長龍山里公乗楽喜年卅　徙補甲渠候史代張赦、

二八五－三簡の、

脩行紀山里公乗范弘年廿一　今除為甲渠尉史代王輔、

一一六－六簡の、

（上欠）　今徙補襄沢隧長代田延年

などはＥＰＦ22－3、同22－5に位置すべき簡である。そしてはなはだ目をひくのは二〇三－三三簡（図44）で、

居延甲渠士吏觻得広苑里公乗竇敞、能不宜其官　今換補靡谷候長代呂脩

44　勤務評定の簡

居延甲渠候官の士吏、觻得県広苑里の公乗（爵）竇敞《とうしょう》、その能力が士吏の官にふさわしくないので、今配置転換をして靡谷《びこく》候長に補職し、呂脩《ろしゅう》に代らせる。

というのである。「能、其の官に宜しからず」とは、厳しいというか何というか、まことにりっぱなものである。

一八五－三二簡には

坐移正月尽三月四時吏名籍誤十事適□里

正月から三月までの四時吏名籍を提出したのに十事の誤まりがあったことに坐してとあって、責任を追求されている。

転任命令の伝達

これに対して一〇－一七簡の、

顕美伝舎斗食嗇夫莫君里公乗謝横　中功一労二歳二月　今肩水候官士吏代鄭昌成

顕美県の伝舎の斗食嗇夫、同県莫君里《ばくくんり》の公乗、謝横《しゃおう》、功一《こういつ》、勤

45　人事異動の木簡

務日数二歳と二ヵ月に中《あた》る。今肩水候官の士吏とし、鄭昌成に代らせる。

とある例や、一九八‐二〇簡の

（上欠）中功一労一歳三月一日半日　今居延甲渠候令史代段利

とある例は、勤務の功労を評価した結果の人事異動で、いわば栄転になるだろう。ここにいう功一、労二歳二月などという功労については、あとで述べることにする。

このような転勤に関連する文書が候官を始め各級の役所で発着したらしく、四〇‐二一簡の

移居延第五隊長輔、遷補居延令史、即日遣之官●一事一封　七月癸未令史敞封

居延県宛発信。第五隊長輔《ほ》が居延県の令史に転任することになり、即日輔を遣わして官に之《ゆ》かしめたことを伝える。一件を一封文書にて。七月癸未の日、令史敞《しょう》封印。

また、一四二‐三四簡は

候史徐輔、遷補城倉令史、即日遣之官、移城倉　●一事一封　十二月庚子令史弘封

候史の徐輔《じょほ》が城倉の令史に転勤することになり、即日遣わして官に之かしめる。このことを城倉に伝える。一件を一封文書にて、十二月庚子の日、令史弘《こう》封印。

三一七－二一簡の

候長王彊王覇、坐毋弁護、不勝任、免、移名府　●一事集封　八月丙申掾彊封

候長王彊《おうきょう》、王覇《おうは》は、弁護することなく、その任務に勝《た》えないので免職とした。このことについてその名を都尉府に報告する。一件につき文書複数。八月丙申の日掾の彊が封印。

はともに発信の記録であるが、前二者は栄転、後は免職の通知である。なお前二者は、隊長が県の令史へ、また候史が城倉の令史へ、つまり軍吏から文史へ転任している。この逆もあるから、文武官の区別が厳密にあったわけではない。そしてこういう官吏の転勤にともなって、二八六－二四簡の

第廿二隊長褎調守臨木候史、詣官、正月辛巳下餔入

第廿二隊長の褎、調されて臨木候史心得となるにつき官に詣る。正月辛巳の日の下餔時に候官に入る。

という、永田英正《ながたひでまさ》教授によって詣官簿《けいかんぼ》と名づけられた、候官へ着到した記録に見られるように、新任地にたいしていろいろな手続に入るわけである。

功労と勤務評定

ここで少しもどって、先に功、労が記されて栄転した人物について、その勤務評定のことを書いておこう。

一五二ページの一九八－二〇簡では上半が折れているために肝腎の人物名がわからぬが、この人物の成績が功一、労一歳三月一日半日と表現されていた。司馬遷は『史記』の「高祖功臣年表」の始めに、

古《いにしえ》は人臣の功に五品あり。徳を以て宗廟を立てて、社稷《しゃしょく》を定むるを勲といい、言を以てするを労といい、力を用うるを功といい、その等を明らかにするを伐といい、日を積むを閲という、

と、てがらの種類を分けており、こうしてみると日本でも、勲何等、功何級などと勲章を分類していたことを思い出す。この司馬遷の分類は漢の当時すでに相互に入りまじっていて、功という言葉が日を積むことをあらわしている例も、労が日を積むこともあらわす例もあるが、漢簡の記述では、功は一つ二つと数えられるものであり、労は年月をしめしている。そ

のよい例は、一七九-四簡に、

肩水候官執隊瓜長公大夫累路人、中労三歳一月、能書会計、治官民頗知律令、文、年卌七歳、長七尺五寸、氏池宜薬里、家去官六百五十里。

という例があり、また八九-四二簡には、

候官罷虜隊長簪褭単玄、中功五労三月、能書会計、治官民頗知律令、文、年卅歳、長七尺五寸、応令居延中官里、家去官七十五里、属居延部。

となっている。官名があってつぎに爵名があり、そして人名がある。累路人《るいろじん》の爵は第七級の公大夫、単玄《ぜんげん》の爵は第三級の簪褭《しんじょう》で、数の多いほど上級爵である。そのあとに功の数、労の歳月数があり、「書、会計を能《よ》くし、官民を治するに頗《すこぶ》る律令を知る」という褒め言葉、そして「文」または「武」の字があり、年齢、身長、本籍地、家までの距離を記して終る。この類の簡が他に数簡あり、褒状、あるいは表彰状のような内容で、おそらくある年の勤務評定の結果表彰を受ける者が一括された冊書であろう。

勤務日数

ところで累路人は肩水候官所属の執胡《しっこ》隊長で一七九-四簡はA33、ウラン・ドルベルジンの肩水候官砦址から出土し、同類の簡は計三簡、単玄は甲渠候官の罷虜《ひりょ》隊長で、八九－四二簡はA8、ム・ドルベルジンの甲楽候官砦址から出土し、同類と見なされる簡が六簡ある。いずれも筆蹟、簡の形態はよく似ており、最初にこれらの類似簡の存在を指摘したマイクル・ローウェー博士は同筆の可能性すら考えられるとしている。

全簡同筆とはいえないが、これだけ類似した簡が甲渠候官と肩水候官から出土したことは、これらの簡が共通の所で作成された可能性が考えられ、両候官に共通する所といえば張掖太守府である。つまり、甲渠候官は居延都尉府を通じて、肩水候官は肩水都尉府を通じて張掖太守府の人事課である功曹《こうそう》に上申したこれら隊長の勤務状態が、張掖太守のもとで評定されてこの文書が下達されてきたものであろう。

そこで、ここに示した二つの例をみると、累路人のほうは労三歳一月であるのに、単玄のほうは労は三月で、その代りに、功が五つあって同時の表彰を受けたことになり、功というものがいかにたいせつかを理解できるだろう。そうはいうものの、真面目に怠りなく勤めるということは大事なことで、後世、唐の考課令《こうかれい》においても、その影響下にある日本の考課令においても、怠らずに勤務することは「善」であり、一善があれば、評定は中の中でプラス一になった。「恪勤匪懈善《かくごんおこたらざるのぜん》」という。年功序列は何も現在の日本独自のものではないのだ。

プラスとマイナス課殿最

漢代の官吏の勤務評定がどのように行なわれるかは正確にはわからないが、一般的には

殿最を課す　課殿最

という表現が考課を行なうことを意味する。最《さい》というのは同等官中の最高、殿《でん》はしんがりで最低である。各個人の業績を審査した結果を記してあるのではないかと思われるのは、二〇六－四簡の

万歳候長充　銭□課四千負四算　毋自言堂煌者第一約七算　相除□得三算　第

万歳候長　充《じゅう》　銭□課四千、マイナス四算　自ら堂煌を言うなき者第一約七算、相除くとプラス三算　第一である。

左側の行の意味は不明である。また、四六－一九簡では、

第四候史董得禄□□□一　定得一算九

二〇六－二五簡では

鉼庭守候李徳　三　七　二　凡得十三

などとあるのもプラス点の評価であろう。それにたいして二六五−一簡の

　弦加巨負三算

　（上欠）辟一箭道不端蔽負五算

は、弩または弓箭《きゅうせん》に問題があることはわかるが、具体的には意味がよく理解できないものの、マイナス点である。二二六−二三簡の

　第四　決　決　第四　決　不　不　相除相負百廿四算

というのは、マイナス評価を集計したものであろうか、第四は第四隊、または第四候かもしれない。一一五ページにひいた候史広徳などはどの程度のマイナス点になるのか知りたいものである。

　こうして勤務した官吏は何か必要があればその官歴を述べることがある。たとえば三−一四簡は、

（上欠）　子朔辛酉、渠井隧長成敢言之、迺五鳳四年五月中除為殄北□□（下欠）

五年正月中換為甲渠誠北隧長、至甘露元年六月中授為殄北塞外渠井隧長、成去甲渠（下欠）

不明年月、子朔の辛酉の日、渠井《きょせい》隊長成《せい》が申上げます。五鳳四年（前五四）五月中に除せられて殄北□□……となり、五鳳五年正月中配置転換で甲渠候官の誠北隊長となり、甘露元年（五鳳五年の改元）六月中授けられて殄北候塞外の渠井隊長となり、成は甲渠を去り……

という経歴を述べている。おそらく何か調査を受けて回答しているのであろう。

勤務日数の割増

ところで、労という文字であらわされる勤務日数は、張掖郡などの前線勤務の官吏には割増の規定があった。一五九－一一四簡は、

五鳳三年十月甲辰朔甲辰、居延都尉徳、丞延寿敢言之、甲渠候漢彊書言、候長賢日迹積三百廿一日、以令賜賢労百六十日半日、謹移賜労名籍一編敢言之。

五鳳三年（前五五）十月一日、居延都尉の徳《とく》と丞の延寿《えんじゅ》が申し上げます。甲渠候の漢彊《かんきょう》の書面に、候長賢《けん》の日迹が積算すると三百廿一日になります。令の規定により賢に労百六十日半日を与えて下さい。賜労の名籍一編をお送りいたします。以上。

とあって、五鳳三年十月一日附の居延都尉の文書であるが、十月一日附というのは意味があり、漢の一年度は十月一日から翌年の九月末までであり、そこですべての事が締めくくられる。この賜労の申請は居延都尉から太守府の功曹にあててなされたと思われるが、その結果はどうなるのかをしめす王莽時代の文書が敦煌簡ch592である。

敦徳歩広尉曲平望塞有秩候長、敦徳　新始建国上戊元年十月乙未、迹二年九月晦。積
三百六十日、除月小五日、定三百
亭間田東武里五士王参、秩庶士。　五十五、以令二日当三日、増労百七十七日半日、
為五月二十七日半日。

敦徳《とんとく》とは王莽が敦煌を変名したもの、歩広《ほこう》候官平望《へいぼう》候長の五士（漢の士伍にあたる、無爵者の意味）王参が始建国元年十月初から二年九月末までの勤務が、三百五十五日なので、令の規定で二日を三日と見なすと、百七十七日と半日労を加算することになるという意味である。そしてこの根拠になる法令は、一〇－二八簡の

●北辺絜令第四、候長候史日迹及将軍吏労、二日皆当三日。

あるいは、五九二－一九簡の

北辺絜令第四、北辺候長候史迹、二日当三日

とあるように、北辺絜令《けいれい》第四という令である。絜令という令は、大鴻臚《だいこうろ》絜令、廷尉絜令、楽浪絜令などの例があって、適用範囲が限定された法令のようである。北辺絜令は、北方（西方も含む）辺疆地域の諸郡にのみ適用する法令で、北辺諸郡に勤務する候長、候史、将軍の史の勤務日数は、二日を三日にあてるということを定めてあり、五割増で計算するわけで、一〇‐二八簡と五九二‐一九簡の文章はちがうが、いずれも必要部分を抜き書き式に書いたものであろう。旧日本軍でも、戦時の勤務は平時勤務より有利に計算され、昇進が早かった。

秋射

それからもう一つの賜労のケースがある。それは秋射という弩の射撃能力のテストの結果による。これは功令第卌五という法令に規定がある。

二八五―一七簡に、

功令第卌五、士吏候長蓬隊長、常以令秋試射、以六為程、過六、賜労矢十五日。

とあり、四五‐二三簡には、

功令第卌五、候長士吏省試射、〻去埻帣弩警力如発弩、発十二矢中帣矢六為程、過六矢、

賜労十五日。

とあって文章が異なっているが、候長、士吏、隧長らは秋に弩を試射するテストをうけ、十二矢のうち六矢をまとに中てることを規準とし、六矢を過ぎると一矢ごとに労十五日を賜わるという意味である。二八五－一七簡には「賜労矢十五日」と、矢ごとにとなっているが四五－二三簡は矢の字がない。これは下半が存する二七〇－二三簡にも矢の字が入っているので、一本につき十五日という意味であろう。三四－一三簡の

甘露元年秋、以令射、発十二、中𤿞矢十。

とあるのなどは、優秀な射手であろう。六－五簡の

五鳳二年九月庚辰朔己酉、甲渠候長彊敢言之、府書曰、候長士吏蓬隧長、以令秋射、署功労、長吏雑試会□編
封移都尉府、謹移第四隧長奴記秋射爰書一編、敢言之。

五鳳二年（前五六）九月三十日、甲楽候長の彊が申し上げます。都尉府の命令書に、候長・士吏・蓬隧長は法令にもとづいて秋射をし、功労を書きつけ、主務の吏が集まって試みた

上、都尉府へ厳封して送れとあります。謹しんで第四隊長奴記の秋射の爰書をお届けいたします、以上。

また二八‐一五簡の

（上欠）月庚戌朔己卯、甲渠鄣候誼敢言之、府書日、蓬隊長秋以令射□及課試臬

（上欠）都尉府謹都隊長偃、如牒、謁以令賜偃労十五日、敢言之。

（九）月三十日、甲渠鄣候の誼《ぎ》が申上げます。都尉府の命令書には、蓬隊長は秋、令によって射と……の試験を受け（させ、その結果の良い者を）都尉府に報告せよとありますが、謹都隊長の偃《えん》は府の通知の通り該当しますので、令の規定に従って偃に労十五日を賜わりますよう、とりつぎをもって申上げます。以上。

は、いずれも九月三十日附で候官から都尉府にたいして上申した秋射関係のものである。

功労関係の木簡でおもしろいものは、五三‐七簡の

（上欠）廿九日　信都相長史呉万功一労三歳六日（下欠）

五三‐八簡の

張掖属国司馬趙檠功一労三歳七月廿六日　櫟陽守部司馬宋宣到護（下欠）

四一-一〇簡の

（上欠）□六月廿七日　西河北部都尉董永労二歳五月三（下欠）

四一-二二簡の

（上欠）十一月五日　長信少府丞王渉一歳九月十日（下欠）

などの簡があり、いずれもよく似た筆蹟で、内容は高級官僚の功労が連記されている。官の任地も職も広く国内各地にわたっているので、六百石以上の官僚の功労の一覧表のようなものである。功労の総計が確定した後、全国に通知したものであろう。

食料の支給

ここで高級官僚を離れて再び張掖郡の下級官に話を戻そう。つぎの四六五-四簡は任命の辞令かも知れない。

状辞、居延肩水里上造、年卅六歳、姓夏氏、除為卅井士吏、主亭隊候望、通烽火、備盗賊為職。

状辞。居延県肩水里の爵上造（第二級）、年齢三十六歳、姓は夏氏、卅井候官の士吏に任命する。亭隊での見張り、信号、盗賊を警備することを任務とせよ。

何なにを以て職と為せ、あるいは職と為すという表現は一定の方式に従ったもののように思われ、上下にかかわらず各官職には定まった職務の表現法があったようである。

官吏は食糧を供給される。たとえば二六－二一簡に

令史田会、粟三石三斗三升少、十二月□□自取　P
尉史□伊　粟三石三斗三升少　十二月□□自取　P
尉史皇楚　粟三石三斗三升少　庚子自取　P
尉史郭当　粟三石三斗三升少　十二月戊申自取　P
令史郭充　粟三石三斗三升少　十二月癸酉自取　P

のごとき食糧の支給簿があり、令史や尉史が受領しているが、この場所は候官ではなくて呑遠倉という倉庫があった所である。

また二〇三－二五簡に、

●建□□年十二月吏卒稟名籍

という食糧受給名簿のタイトルがあり、その同一冊と思われる簡に一三三‐七簡の

令史田忠　十二月食三石三斗三升　十一月庚申自取

二〇三‐一四簡には

鄗卒張竟　塩三升　十二月食三石三斗三升少　十一月庚申自取

のごとく、令史と鄗卒が合せて七簡、塩とともに穀物を受領している。また二〇三‐六簡は

●建平五年十二月官吏卒稟　名籍

とあり、二〇三‐一〇簡は、

●右吏四人　用粟十三石三斗三升少

二五四－二五簡には、

●凡吏卒十七人　凡用塩三斗九升　用粟五十六石六斗六升大

のごとく総計が記され、同一場所に勤務する吏が卒とともに食糧を受けており、その一月の量は吏も卒も同じである。なおます目に大とか少とか書いているのは、大半升、少半升の略でそれぞれ⅔升、⅓升をさす。

後にふれるように、辺疆に勤務する戍卒やその家族も食糧の支給を受けるのだが、官吏が食糧の支給を受けることについては、当時特別な意味があったかもしれない。内モンゴルの和林格尔《ホリンゴール》県の新店子《しんてんし》というところで一九七一年の秋に見つかった後漢末の墓は、一六〇年代に護烏桓校尉の職についていた人物の墓で、その人物の生涯が壁画に画かれていた。ところが、この人物は繁陽令を経歴のうちに経験しているのだが、彼のその時期を画いた壁画の部分に倉の絵を描いて、「繁陽県の吏人馬、みな大倉に食《は》む」という説明がついている。こういう例は他の墓の壁画にもある。これは繁陽県令である墓主を徳として賛えている表現で、県なら県令、郡なら郡太守の恩恵と見なされていた節があり、中国古代の官僚のあいだに私的な関係が生ずる観念的基盤がうかがえるのである。

官吏の俸給

一方これらの吏は奉銭の支給も受けている。木簡の記載で最高の奉銭はＥＰＴ五九－五三

九簡の、

張掖居延都尉事　　一月奉用泉万二千

という秩比二千石の居延都尉のもので、泉という用字は王莽時代の簡であることを物語るが、前漢でも同額であった。

また、EPT六五－一〇四簡では、

□甲渠鄣候、敦煌広　県慶里張獲、秩六百石

EPT五九－三五簡には

●右候一人　未得三月奉用銭六千

とあって、甲渠候が秩六百石で月奉六千銭であり、さらにEPT五－四七簡では、

五鳳四年三月奉
候一人六千　令史三人二千七百
塞尉一人二千　尉史四人二千三百
士吏三人三千六百　候史九人其一人候史□有功五千四百

46　内モンゴル和林格尔　後漢墓の壁画

とあり、塞尉が二千銭、士吏が千二百銭、令史が九百銭、尉史五百六十銭、候史六百銭という計算になるようである。一〇四‐三五、三三六‐一二簡では、

出賦銭二千七百給　令史三人七月積三月奉

とあって、令史の七月分の奉三人分、したがって延べ三月分の奉銭を支払ったという意味であるが、令史の月奉九百銭は同じである。二八六‐一七簡に、

第廿八隊長程豊　十月奉九百

とあるので、隊長も九百銭であることがわかるが、二六七‐二七簡に、

第廿三候史淳于良　十一月奉銭九百

とあるのは、五鳳四年の簡EPT五‐四七とは合わない。年代がちがって奉銭が変ったのかもしれない。一九七三・七四年出土の居延漢簡が全部利用できるようになれば、こういうちがいを総ざらいせねばなるまい。

竇融《とうゆう》時代の奉例

最後に、王莽政権の末期、居延の地域が竇融《とうゆう》の支配下にあり、竇融は河西一帯の支配地をあげて光武帝劉秀に従っていた建武三年（二九）、居延都尉以下の官吏に奉禄の標準を示した冊書が、甲渠候官の文書庫、破城子の二二号室跡から出土しているので、それを紹介しておこう。（図47）

居延都尉　奉穀月六十石　EPF22-72
居延都尉丞　奉穀月卅石　EPF22-73
居延令　奉穀月卅石　EPF22-74
居延丞　奉穀月十五石　EPF22-75
居延左右尉　奉穀月十五石　EPF22-76
　右以祖脱穀結歳竟壹　移計　EPF22-77
居延城司馬千人候倉長丞塞尉　EPF22-78
　右職間都尉以便宜予従史令田　EPF22-79
建武三年四月丁巳朔辛巳領河西五　郡大将軍張掖属国都尉　融移張掖居延郡尉令為
都尉以下奉各如差司馬千人候倉長丞塞尉職間都尉以便宜財予従史田吏如律令　EPF22-70
六月壬申守張掖居延都尉曠丞　崇告司馬千人官謂官県写　移書到如大将軍
莫府書律令
　掾陽守属恭書佐豊　EPF22-71A

巳讎　　　　　　　　　　　　　　　　　　　　EPF22-71B

この冊書は一九七八年の最初の発表のときに「居延都尉史奉穀秩別令」冊の名ですでに写真が公表されていたが、一九八四年の「敦煌学輯刊」三に初仕《しょし》賓《ひん》、任歩《にんぷ》雲両氏が研究を発表した中で、「居延都尉吏奉例」冊と改め、また最初はいま末尾に配列したEPF22-70、71の二簡が先頭に配列してあった。今回末尾に配列し変えてある。

70・71簡の命令文を冊書の初めにあったと考えるか、最後にあったと考えるかは、漢代冊書の復原上基本的な問題であるが、一九三〇・三一年出土簡の中にある、紐でしばった状態で出土した七五簡よりなる永元器《えいげんき》物簿《ぶつぼ》では、送り状の文が末尾にある。これが唯一の根拠になるのではないか。

先頭に居延都尉を配し、その奉穀を書き、以下都尉丞、県令、県丞、県尉のいわゆる長吏を並べ、右は祖脱穀で給せよと命ずる。祖は粗の字に通じ、粗米、すなわち穀をとった（脱粟）もので、糲《れい》、つまり玄米である。粟、すなわち、もみ十六斗大半斗（十六斗と三分の二斗）から糲十斗がとれる割合である。つまり粟一〇にたいし米六の割合である。そうすると、居延都尉に粗脱穀六十石を給するというのは、粟百石を給する意味である。その割合でゆくと、比二千石の都尉が百石、比六百石の都尉丞、六百石の県令が五十石、三百石の県の丞尉が二十五石の支給ということになる。そのあと歳竟壹移計とは、一年の終に一度大将軍府へ上計せよ、報告せよということである。

EPF22-79簡の従史令田、22-70簡の従史田史は同じことを意味しているのであろう。居延城司馬、千人、候、倉長、丞、塞尉などの従官は都尉が便宜に従って給することとし、在地の田作、仮田の収穀から給せよという意味であろう。初仕賓氏等の研究によれば、光武帝建武の新制が施かれて下級官の奉は増加すると計算されている。

竇融時代の文書

さてこの冊書は、発表以来私もたいへん興味を持ったものである。私の興味はこの文書が竇融時代のものであること、とくにＥＰＦ22－71簡にある守張掖居延都尉曠《こう》という人名が、一九三〇・三一年出土の一六－一〇の簡の中に

47　俸禄の標準を示した冊書

五年正月癸未、守張掖居延都尉曠、行丞事騎司馬敏、告兼勧農掾、美馬掾（下欠）
書到宜考察有毋四時、如守府治所書律令、兼掾丹守（下欠）

というように見られたからであった。一六－一〇簡は行丞事という兼官名が騎司馬という本官名の前にあること、勧農掾、美馬掾など漢の官名には他に例のない官称があることなどで疑問の釈けぬ簡であったが、曠の人名により一六－一〇簡の五年は建武五年ということになり、

この類推から一六‐四簡の

> 十一月丙戌、宣徳将軍張掖太守苞、長史丞旗、告督郵掾□□□謁部農尉官□、写移書到扁書視亭市里顕見処、令民尽知之、旁県起察有四毋時言、如治所書律令、

にある宣徳将軍張掖太守史苞《しほう》も竇融時代の人ではないかと考え、『後漢書』「竇融伝」を調べてみた結果、この人は同伝中にある張掖太守史苞にちがいないことがわかった。竇融が河西の地に着目し、更始帝から張掖属国都尉の官を得て西移し、酒泉太守梁統《りょうとう》、金城太守庫鈞《こきん》、張掖都尉史苞、酒泉都尉竺曽《じくそう》、敦煌都尉辛肜《しんとう》と結んで行河西五郡大将軍事となる。このとき武威太守馬期《ばき》、張掖太守任仲《にんちゅう》は孤立して職を去り、史苞が張掖太守となった。のち河西が光武帝に帰してから、史苞は褒義《ほうぎ》侯になっている。薛英群《せつえいぐん》、初仕竇氏らの論文でしだいに明らかになりつつあるが、一九七三・七四年出土居延漢簡は、王莽末、後漢初期の竇融支配時代の河西、居延地域の歴史が明らかになるような材料を提供しているのである。

第七章　スクランブル
――騎士と戍卒――

騎兵隊出動

一九三一年に破城子で出土した木簡、五七‐二九簡はつぎのような文章である。

本始三年九月庚子虜可九十騎、入甲渠止《し》北《ほく》隧、略得卒一人、盗取官三石弩一、稾矢十二、牛一、衣物亡数、司馬宜昌将騎百八十二人、従都尉追。

本始三年（紀元前七一年）九月庚子の日、虜九十騎ばかり甲渠止北隧に侵入し、卒一人を捕え、官の三石弩《さんせきど》一と稾矢《こうし》十二、牛一頭、無数の衣類を盗みとった。司馬の宜昌《ぎしょう》は騎百八十二人を将いて都尉に従って追撃し……

破城子は甲渠候官という防衛拠点のあった所で、その指揮下にある止北隧という見張り台が九十騎ばかりの匈奴の攻撃を受け、兵卒一人がつれ去られ、弩、矢、牛などが掠奪されたので、司馬の宜昌が百八十二騎を率いて居延都尉に従って追撃しているというのである。まさしくスクランブルで騎兵隊が出撃したのである。

二七一‐九簡の

本始二年閏月乙亥、虜可七九騎、入卅井辟非（下欠）

という文も同じような問題で、本始二年（前七二）閏《うるう》月乙亥《きのとい》の日に、虜が七九?騎ばかり、多分七十騎かが卅井候官の辟非隊に侵入してどうかしたというわけである。二三一‐一九一簡も

（上欠）□□虜□入卅井誠務北隊天田、出入臨木
（上欠）誠北部守尉荫、士吏区捕得虜馬宙

とあるものは、卅井候官の誠務《せいむ》北《ほく》隊の天田に侵入して、臨木隊（との中間?）にどうかしたので、誠北部守尉の荫《ほう》と、士吏の区が虜の馬を捕得して……という内容である。

先に引用した五七‐二九簡では、甲渠候官止北隊附近に侵入した敵九十騎ばかりにたいし、司馬の宜昌は百八十二騎を将いて都尉に従って追撃しているという話であった。この都尉は居延都尉で、司馬の宜昌は都尉府に属する高級武官である。例の大将軍営の校尉の下にあった軍司馬にあたり、比一千石の官である。では彼に従う百八十二人の騎馬部隊はいかなる人

たちだろうか。

騎士の簡

一九三〇・三一年にA33地点で出土の居延簡で、整理番号五六〇、五六二、五六四をもつ木簡のなかに「騎士」の名簿が目だつ。A33はウラン・ドルベルジンという地名で、漢の肩水候官砦の址であるから、かれらは肩水候官に配属されていた騎士であろう。五六〇は全三十簡のうち十八簡が騎士の名簿、五六二は三十九簡のうち四簡、五六四は二十八簡のうち六簡がそうで、一九三〇・三一年出土居延簡中、騎士に関する簡はほとんどここに集中している。

この騎士の簡を一般的な資料として使ったのは一九四二年に「漢代の兵制と漢簡中の兵制」という論文を発表した労榦氏であるが、出土地に注目して一括して取扱ったのはマイクル・ローウェー博士で、「冊書の一部分で各個の軍人にたいする備品支給の記録のためのものか」としている。そしてローウェー氏がとりあげた簡は二十六簡である。それがどんな形のものかを一、二例示してみよう。

昭武騎士楽成里羊田　五六〇ー六
觻得騎士安定里楊山　五六〇ー一二
氐池騎士千秋里王赦之　五六〇ー一九
氐池騎士安定里陳光　五六〇ー二〇

というようなもので、完全な簡の上端約五センチほどの所に、県名、騎士、里名、氏名が書かれて、あとの五分の四ほどは何も書いていないか、十の字その他の符号、あるいは馬一匹などの文字があり、ローウェー氏はその符号などから物品の支給という考えを持たれたのである。

漢代の兵制は、『史記』、『漢書』、『後漢書』などの史書にまとまった記載がない。後世ならば兵制は正史の「兵志」というものに書かれているのだが、漢の正史にはそれがない。それで、宋代からもう疑問が持たれて研究対象になり、銭文子《せんぶんし》の『補漢兵志』という研究書が書かれるほどの難問で、じつはいまだにはっきりした解決がなく、敦煌、居延漢簡などは兵制研究の好資料と期待され、ずいぶん辺疆の兵士の実情については研究を進めるのに役だっているのだが、なお決め手を欠く状態なのである。

その原因は基本的には資料不足からくるのであるが、日本の学界ではことに兵役は、人民の負担としての役《えき》制の面からアプローチがなされることが多かったので、兵制以外の役にかかわる難題も加わってなかなか進展しなかった。これを武官の系列から、軍の編成などの面から調べる人がなかったので、つまり上からの研究がなくて下からの研究ばかりだったので進展が少なかったのである。私は将軍だの、中郎将、校尉だのという武官の上級のものを調べたので、この点多少軍制の様子がわかってきたように思っている。

その武官の系列はすでに第六章に見てきたが、末端の隊長は隊卒を指揮して見張りをし、敵襲を警戒している。隊卒がどういう人たちかはまだ見ていないが、かれらの任務は防禦のほうで、攻撃が仕事ではない。都尉、司馬とともに敵を追って行った百八十二人は、攻撃部隊で、隊長、隊卒とは性格がちがうと考えねばならない。

漢の兵役

漢の兵役についてもっとも基本的な資料は、後漢の衛宏《えいこう》の『漢旧儀《かんきゅうぎ》』の佚文で、

民年二十三為正一歳為衛士一歳為材官騎士習射御騎馳戦陣……年五十六老衰仍得免為庶民……

という文である。この短い文が句読点の切り方で話が変ってくる。「民年二十三にして正と為《な》り、一歳は衛士《えじ》と為り、一歳は材官《ざいかん》騎士と為り、射・御騎《ぎょき》・戦陣を馳《ち》するを習い、年五十六、老衰、よって免がるることを得て庶民と為る」と読むか、「民、年二十三にして正と為ること一歳、衛士と為ること一歳、材官騎士と為るものは……」と読むかによって、「民は二十三歳で正卒になり、五十六までのあいだに一年は衛士、一年は材官騎士となって勤めるのか、「民は二十三歳で正卒となって一年、衛士となって一年勤め、ほかに材官騎士となるものは……」となるのか、つまり、正卒の期間の内、一年は衛士として中央軍に入り、一年は材官騎士として地方軍に勤めると見るか、一年は正卒として地方軍へ、一年は衛士になって中央軍へ入り、別に材官騎士になるものがあると見るか、材官騎士は正卒の一つでだれでもなるのか、正卒は別で材官騎士は特別な人なのか説が分かれる。

私は材官騎士は特別な人だと思っている。なおこのほかに、一年間辺疆防備に従うが、人数や距離の関係から、実役に服さず、銭を納めて役を免れるものがあった。この辺疆防備に来ているのが戍卒、田卒などである。漢の兵役や徭役のことで是非の議論をはじめるとたいへん面倒で、しかも結論は出ないので、この本ではとにかく前線にいる士卒が木簡の記載でどう働いているのかを見るにとどめよう。

県別の騎士名

そこでさきほどの騎士の簡にかえろうと思う。

居延漢簡が研究されはじめた初期に、騎士の簡にはすべて年齢がなく、あとでの引用でわかるように、戍卒などは年齢が書いてあるのは、騎士が正卒で、二十三歳に決まっているから年齢を書かないのだという説があった。私などもなるほどと思った時期がある。ところが今日まで研究が進んでくると、騎士の簡も戍卒の簡も同じ目的で書かれたのならこの説が成立するが、それぞれの目的がちがうならば成り立たないわけで、こういうことを考えるためには、その木簡が何のために書かれたのか、ということはその木簡がどういう冊書の中の一簡なのかを考えなければならなくなる。つまり同類の簡を集め、簡の形態、文字の筆蹟などを検討してゆく帰納法が必要であり、最終目標は冊書の復原である。今日の木簡学のレベルはここまで来ている。

ローウェー博士の騎士の簡に関する冊書復原の方針は、まず県別に集めることにあった。氏池騎士、觻得騎士など騎士の上についている文字は県名である。彼の集めたところでは、氏池騎士が十四簡、昭武騎士が四簡、觻得騎士が六簡、顕美騎士一簡、删丹《さんたん》騎士一簡となっている。だが、删丹と読んだのは觻得と読む方が正しいようである。つぎにかれの方針では、多少の例外はあっても、騎士の名の下に別の記載があるものは別の冊書と考えることであった。そしてこのさい、筆蹟のちがいは考えにいれないという方針もあったらしい。それは、各簡の筆蹟はまちまちだからで、けっきょくはそうせざるを得ないようだ。

ところでローウェー博士の復原と、もう一度改めて図版とを見くらべてみるうち、私はローウェー博士のように別の記載のあるものを除外することが良いのかどうか疑い出した。それはつぎのような簡である。

部隊の所属

まず五六〇－一三簡、

昭武騎士益広里王彊　　　属千人霸五百偃士吏寿

それから五六四－六簡、

觻得騎士敬老里成功彭祖　　　属左部司馬宣後曲千人尊

それにもう一簡をあえて加えれば三八七－二一簡の、

騎士富貴里□□□　　□属□□□（下欠）

である。三八七は地湾出土で同じグループに加えられる。三八七‐二一簡は上端は完全で、文字は騎士から始まる。これは県名がないのでローウェー博士の第一の原則から除外扱いになるものであるが、実は五六〇‐三簡が、

騎士市陽里王其当

騎士寿光里李充

とあり、ほかにA32出土の一五‐四簡に、

騎士千乗里王狗

一五‐二四簡に、

というものがあってすべて上端は完全、したがって騎士簡の中に入れ得るものである。ところで八八‐五簡に、

居延騎士広都里李宗坐殺客子楊充、元鳳四年正月丁酉亡

というものがある。これによって、居延県出身の騎士が、他県と同様存在することがわかるわけだが、そうすると何も書かないでいきなり騎士とあるのは居延附近に配置された県内の騎士で居延騎士ではないかと考えられる。そこでローウェー博士の原則をすべてはずして、これらの騎士簡が同一の冊書と考えてみると、五六〇‐一三、五六四‐六簡の記載は重要になってくる。

五六〇‐一三は、昭武騎士益広里《えきこうり》王彊《おうきょう》が、千人覇《せんにんは》―五百《ごひゃく》偃《えん》―士吏寿《しりじゅ》とつづく統属関係の下に属するという意味であり、五六四‐六は、觻得騎士敬老里の成功彭祖《せいこうほうそ》、変な名前だが、彭祖が左部司馬宣《せん》→後曲《こうきょく》千人尊《そん》とつづく統属下に属するというわけで、これらの騎士簡を一または二冊書にまとめてみたばあい、これは部隊の所属を書いた名簿だと考えられるのではないか。千人という武官のあることはわかっていた。千人の兵を率いる武官の意味であろう。そうとすれば、五百も武官名としてありうるわけである。

上孫家塞の木簡

一九七八年夏、青海省、大通《だいつう》県の上孫家《じょうそんか》塞《さい》の一一五号墓が発掘され、墓内は以前に盗掘されていたが、「馬良私印」という銅印を含むなお相当な量の遺物があり、残簡ばかりではあるが約四百点の木簡が出土した。その内容は軍隊の編成、標識、新発見の『孫子兵法』な

どが書かれていて、注目される。その中に、

曲千人各正其曲、成左右部　　三二五、三〇七
色別、五百以旃上歯色別、士吏以下旃下歯色別、什以肩章別、伍以肩左右別、士以肩章
尾色別　　三七四
□千行、五百将斬、以曲千行、候斬、以部千行、司馬斬、以校千行、軍尉斬
〇四四、〇五六、〇二七、二三二、二一八、三五四

という簡があるが、三二五簡には曲千人があり、三七四、〇四四等の簡には五百、または五百将が見える。三七四簡の旃《せん》は、指揮用のあかはたである。

また、森鹿三先生が「居延漢簡の集成」と題して調べた、居延出土簡中もっとも年代の古い武帝末年から昭帝初年にかけての、前八〇年代の文書群で、ワヤン・トレイ出土の「通沢《つうたく》第二亭食簿」の中の一四八－一、一四八－四二簡に

出穈卌三石二斗征和三年八月戊戌朔己未第二亭長鄆付属国千長百長（下欠）

穈（きび）四十三石二斗を出す。征和《せいわ》三年（前九〇）八月二十二日、第二亭長鄆《ゆう》が属国の千長、百長に給付した。

とあって、属国都尉の下に千長、百長という職名があったことがわかる。千長、百長などはもともと遊牧民族の制度であるといわれ、属国都尉の下にもとの遊牧民の体制のまま従属しているからこの職名があるのだろうが、漢側においても、千人、五百などよく似た発想の官名があったわけである。

肩水候官の配備

五六四－六簡の成功彭祖の統属は左部司馬宣、後曲千人尊となっているが、左部、後曲などの名称は、上孫家塞漢簡の中に

其後曲為左翼、右部前曲為右翼、其後　二三九、一八九、〇八一
聞鼓音、左部前曲左右官後遂皆左間客□　三六一
●以横為兌武之法、左部前曲歩而前□□　三六九

などのごとく、部、曲、官などの軍の単位が移動して陣形を作る方法が述べてあり、李《り》零《れい》氏の研究によるとこの簡の記載を計算してみると、

伍（五人）、什（一〇人）、隊（五〇人）、官（一〇〇人）、曲（二〇〇人）、部（四〇〇人）、校（二〇〇〇人）、軍（四〇〇〇人）

という編成になるという。一九三〇・三一年出土簡の範囲内では、肩水候官出土簡の中に、たとえば二八四-一簡に、

　建始元年三月甲子朔癸未、右後士吏雲敢言之、
　迺十二月甲辰受遣、尽甲子積廿日食、未得、唯官移

　建始元年（前三二）三月二十日、右後《うご》士吏雲《うん》が申上げます。去る十二月甲辰《きのえたつ》の日に支給を受け、それから甲子の日にいたるまでの二十日間の食糧を未だ得ていません。唯官が移する……

の右後士吏をはじめ、左前《さぜん》万世隧長（五-一八、二五五-二二）、肩水左後《さご》候長（一五、二五）、左前候長（一〇-三四）、肩水右前候長（三二九-一）など、左右前後の組合せが候の名前にみえ、甲渠候官の番号隧にたいして肩水候官の命名の特色の一つになっている。この防備体制と同様に、攻撃部隊も左部、後曲というような命名がなされていたのであろう。

　青海省大通県の上孫家塞漢簡の記載を参考にしてみると、本章のはじめに問題にした多くの騎士簡は、肩水候官城砦にいた攻撃部隊の名簿であることは疑いないようで、五七-二九簡の司馬に率いられて出動した百八十二人は、一曲単位の部隊が出撃した計算になろう。

敦煌の騎士、蜀の材士

敦煌漢簡の記載によると、ch281簡に

己酉　騎士十人　其一人候　人作百五十墼
　　其一人為養　八人作墼　凡墼千二百

己酉《つちのととり》の日、騎士十人、そのうち一人は炊事当番、一人は見張り、八人は煉瓦作り、人ごとに一五〇個を作り、合計煉瓦一二〇〇個

という作業の記録があって、ch279簡からch288簡までは日の干支が違う、ほぼ同じ内容の簡で、いわゆる「日作簿」という帳簿の一部が発見されたのであろうと思われる。

また、さきに述べた通沢第二亭食簿によると、二七五－一六簡に、

出糜七石二斗六月丁巳朔以食昌邑材士四人　尽丙戌卅日積百廿人〻六升

二七五－一八簡に、

出糜大石三石四斗八升始元二年九月己亥以食蜀材士二人尽丁卯廿九日積五十八人〻六升

二七五－五簡に、

（上欠）始元二年九月己亥朔以食健為前部士二人尽丁卯廿九日積五十八人、六升

というような同形式の簡がある。

二七五－一八簡を訳してみると、

糜（きび）を大石三石四斗八升出し、始元二年（前八五）九月一日から二十九日まで一月、蜀の材士二人に廿九日間、延べ五十八人分食として提供した。一回一人前六升である。

となる。このようにして食を提供されている人が、昌邑《しょうゆう》材士、蜀材士、犍為《けんい》前部士、亭卒、吏一人、戍田卒四人などで、おそらく第二亭に止宿滞在した旅行者であろう。この昌邑は昌邑国、現山東省、蜀は蜀郡で四川省、犍為は犍為郡で四川省であるが、材士はおそらく材官で弩士《どし》であろう。第二亭は殄北候官の通沢《つうたく》第二亭であるので、何かの必要により昌邑国、蜀郡、犍為郡の士が来ていたと考えねばならない。

専門の兵士

匈奴騎馬部隊にたいして漢軍の重要な武器は弩であった（図48）。三六－一〇簡の

官第一六石具弩一、今力四石卌二斤、射百八十五歩完

三六－一一簡の

（上欠）□官六石第一弩、今力四石卅斤、傷両游、可繕治

など、弩の機能を調べ、手入れをしていることがわかるが、材官というのは、『漢書』「申屠嘉《しんとか》伝」に

申屠嘉は梁の人で、材官蹶張《ざいかんけっちょう》を以て高祖に従って、項籍《こうせき》を撃ち、遷って隊卒になった。

という経歴を書き、材官蹶張というのは、材官の力の強いものが脚を踏んばって強い弩を張るので蹶張というのであって律に蹶張士という言葉があると如淳《じょじゅん》の注がついている。また「灌嬰《かんえい》伝」には秦の故《もと》騎士李必《りひつ》、駱甲《らくこう》という人名がでている。一般に義務で正卒になり、それがとりもなおさず材官、騎士になるのなら、申屠嘉や李必、駱甲のようにそれが肩書に書かれるだろうか。

後漢の光武帝劉秀は、建武七年（三一）三月に詔を下し、

今、国に衆軍有り、並びに精勇多し、且《ま》さに軽車、騎士、材官、楼船の士及び軍の仮吏を罷《や》め、今還して民伍に復せしめん。

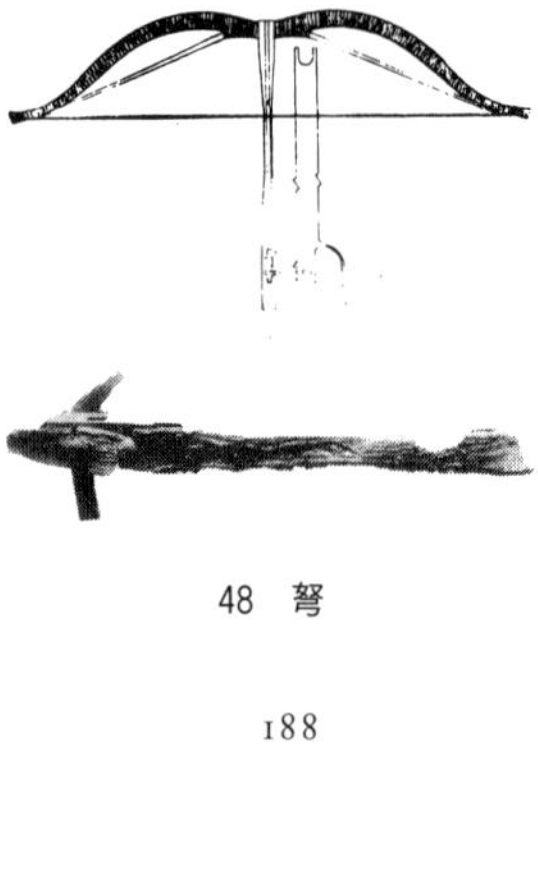

48　弩

という命令を出した。これが光武帝の軍備縮小策の一つで、この年あたりで居延地域の駐屯軍が廃止されたのであるが、ここで材官騎士などを廃止したことが、正卒をやめたことなのであれば、後漢はまったく軍隊がなくなるのだけれど、郡兵はしばしば動いた例がある。だから私は、材官騎士は専門の兵であり、昔の軍隊でも、ずっと伍長、軍曹などで暮らしていた古強者がいたが、そういう連中でなかったかなという気持が消えないのである。

戍卒、田卒

これにたいして辺疆の防備、つまり辺郡屯戍《とんじゅ》のために来ているのが戍卒である。

（上欠）戍卒淮陽郡苦中都里公士薛寛年廿七（下欠）　六五-一
戍卒趙国邯鄲邑中陽隊里士伍、趙安達、年□十五（下欠）　五〇-一五
戍卒梁国巳氏顕陽里公乗衛路人年卅　五〇-一六
戍卒汝南郡西平中信里公乗李参年廿五　長七尺一寸　一五-二二
戍卒河東皮氏成都里上造傅咸年二十　五三三-二
戍卒張掖郡居延昌里大夫道宣年卅（下欠）　一三七-二
戍卒張掖郡昭武便処里大夫薛褒□（下欠）　一三七-一四

などのように、内郡、王国、辺郡を問わず各地から来ており、爵も年齢もまったく統一がな

いのである。このほかに居延漢簡には

田卒淮陽高平常昌里上造柳道年廿三（下欠）　一一-二
田卒東郡東阿昌陶里官大夫孫寿年廿八長七尺（下欠）　四三-二四
河渠卒河東皮氏毋憂里公乗杜建年廿五　一四〇-五一

などのように、田卒、河渠《かきょ》卒が存在する。これらは基本的には戍卒と同じであるが、田卒はおそらく農都尉の支配下で屯田にあたり、河渠卒も同様農都尉のもとで灌漑を担当していたのであろう。居延地方は武帝時代に捜粟《そうぞく》都尉に任命された趙過《ちょうか》が発明した代田《だいでん》法を行なった所で、一畝《ぼ》に三条の甽《けん》（水を通ずるみぞ）を作らせ、毎年その場所を代えるので代田といった。さきにあげた通沢第二亭も代田を行なっていた土地であろう。二七三-二四簡に、

入穈小石十四石五斗始元二年十一月戊朔　戊戌第二亭長郵受代田倉監光都丞延寿臨

穈を小石で十四石五斗入れた。始元二年（前八五）十一月一日、第二亭長の郵《ゆう》が代田倉監の光《こう》より受けとり、都丞の延寿《えんじゅ》が立会った。

というように、代田倉というその名ずばりの倉がある。甲渠候官の甲渠という名も灌漑用の渠が作られていたことに関係して命名されているかもしれない。通沢第二亭の関係簡はワイ

ン・トレイから出土し、居延都尉府殄北候官があったが、森鹿三先生は当時エチナ川が居延沢にそそぐ位置にあって、そこでまず代田法が行なわれたと考えている。したがって田卒、河渠卒などはこの地域の特色かもしれないのである。もっとも木簡の出土地との関係にもよるが、目下のところは戍卒の簡が田卒、河渠卒よりは多い。

田卒の簡に五〇九-六簡の

田卒淮陽郡長平北利里公士陳世年廿三　襲一領　袴一両　犬絑一両　私絑一両　貫賛取

のような形式のものがあり、マイクル・ローウェー博士の集めたところでは二十一簡あるが、いずれもタラリンジン・ドルベルジンの出土で、うち九簡はすべて淮陽郡長平県の人、七簡は昌邑国邔《たい》県の人で、いずれも衣料の配付に関連した冊書であった可能性が高く、また淮陽郡の田卒に関しては、一例に「自取」とある以外は貫賛取る、貫賛為に取るという字があり、三〇三-四六簡には「令史貫賛取」とあるので、令史がまとめて引き取っていったようである。

なお、淮陽郡、昌邑国両郡国の田卒がすべて公士爵であるが、何か意味があるかどうか、将来の課題である。また犬絑《けんばつ》、私絑《しばつ》の絑はくつしたである。田卒が受給している衣類では、袍《ほう》、単衣《たんい》、枲履《しり》（あさぐつ）、帛紗《はくさ》復袍《ふくほう》（黒色の紗のあわせ下着）などがある。戍田卒などが受給した衣料を売却する問題については、次章にゆずる。

戍卒の給与

藤枝晃氏が調査されたところでは、一九三〇・三一年居延簡中の戍卒の簡でその出身地を調べた結果、張掖郡が一七（居延県一〇、觻得県四、昭武県一、張掖県二）、内郡は山西省が河東郡から四、河南省が魏郡二一、淮陽郡一〇、梁国七、潁川《えいせん》郡三、汝南《じょなん》郡三、昌邑国三、弘農《こうのう》郡一、河南郡一、南陽郡一の五〇名、山東省が、東郡一一、済陰《さいいん》郡八の一九名、河北省が趙国四、鉅鹿《きょろく》郡一の五名になっている。

これらの戍卒はそれぞれ隊に配置されて、隊卒となり、候官に配置されると鄣卒となり、原則的な配置場所から他の場所へ出張すると省卒ということになる。戍卒は当然武器を支給されて武装しているが、四一八-二簡によると、

出物故

戍卒魏郡内黄東敦里魯奴
三石具弩一完稾矢銅鏃五十完
帩一蘭筦完各一負索一完・凡小大五十五物
五鳳二年五月壬子朔丙子□

と、死んだ戍卒、魏郡内黄《ないこう》県東敦里《とうとんり》の魯奴《ろど》という人物の遺品五十五点を五鳳二年（前五六）五月廿五日に出したが、三石の具弩《ぐど》、銅鏃《どうぞく》つきの稾矢、弓袋、えびら、弓の負い綱などを持っていることがわかる。

五七－一五簡によると、

次呑隧長徐光隧卒四人　卒雍利親　卒祝自為
　　　　　　　　　　　卒崔利　　卒呉道　　用粟七石

という食糧支給の内容であるが、隧長と四人の隧卒がいることも明らかになる。また、二四－二簡は、「第廿三部卒十二月稟名廿二人」として第廿三卒から第卅卒、および第卅二卒と甲渠第廿三候支配下の卒名が一覧できるが、だいたい各隧三名ずつになっている。卒は令史尉史などの吏と同様に一ヵ月三石三斗三升少の穀物を配付されており、そのあいだに差はない。

卒の家属

木簡では戍卒などが実際にどれだけの期間勤務し、交代したのかを示す資料はまったくない。しかし、制度上は一年交代になっていた。そしてそのことが漢の卒が土地に馴れないので、匈奴と太刀打ちできないといわれていた。ところが、戍卒が相当長期間現地にいたのではないかと考えさせる材料がある、それは家属にたいして食料が支給されている「卒家属稟名籍」という帳簿が存在することである。これは、森鹿三先生も、マイクル・ローウェー博士も考察の対象とし、従来関心の高い簡であったが、二つのタイプがある。一つは、二〇三－七簡の

武成隊卒孫青肩　　妻大女謝年卅四用穀二石一斗六升大
子使女於年十用殺一石六斗六升大
子未使女足年六用穀一石一斗六升大●凡用穀五石

というような形式で、穀物量の内訳と総量が書いてある。その支給量は年齢によって、大女《だいじょ》、使女《しじょ》、未《み》使女という段階があり、五斗ずつの差がある。他の簡から使男、未使男と男もあることがわかり、未使男（女）は六歳以下、使男（女）は七歳以上、おそらく十四歳まで、十五歳以上は大男（女）で一人あたり百二十錢の算賦《さんぷ》という税金を納める年齢である。もう一つの形の簡は一三三－二〇簡の、

第四隊卒張覇　　弟大男輔年十九
弟使男勲年十　　見署用穀七石八升大
妻大女至年十九

というように、一人ずつの内訳がなく、総計のところで「見署用穀」となっている。森先生はさきのものが申請時のもの、後者は受領時のものではないかという解釈を示している。このような廩名籍が何簡かあつまったあとのしめくくりの簡は、

●最凡十九人家属尽月見用粟八十五石九斗七升少　　二〇三－三七

という形式で、十九人の隧卒の家属というと約四十人にもなろう。隧卒の家属が隊に暮らしていたとはとても考えられないから、おそらく候官の所在地、甲渠候官城内などにいたのであろうか。

隊長以上の家属がどうしていたか、これもあまり明確な資料は出てこない。ただ、一九七九年に発掘された敦煌馬圏湾の烽隊遺址出土簡の中にじつにおもしろい簡がある。それは七九DMT九－二八簡で、

元始三年七月壬寅朔甲辰、関嗇夫広徳佐熹敢言之、敦煌寿陵里趙負趨自言、夫訴為千秋隧長、往遺衣用以令出関、敢言之

元始三年（前三年）七月三日、関嗇夫広徳《こうとく》と佐の熹《き》が申し上げます。敦煌県寿陵《じゅりょう》里の趙《ちょうふ》負趨《すう》が自ら申告しますのに、夫の訴《そ》が千秋隧長になっています。往って衣類を届けたいと思いますので、令の定めに従って関を出たいと思いますと。以上申し上げます。

という内容である。玉門関外の千秋隧長の家属が敦煌県に住んでおり、衣類を届けるというのである。

卒の日常勤務

そこで少し隧卒たちの仕事ぶりを示す簡を紹介してみよう。かれらが候望という見張りと信号伝達の仕事をしていたことは、第四章でふれたから、それ以外のものに限定する。

まず二五七－三簡に

第三隧　卒□□甲辰迹尽癸巳積十日　卒韓憲金甲辰迹尽壬子積九日
卒張業甲午迹尽癸卯積十日　凡迹廿九日毋人馬蘭越塞入天田出入迹

とあり、第三隧の報告で卒□□が甲申《きのえさる》の日から癸巳《みずのとみ》の日まで、張業《ちょうせつ》がその翌日から癸《みずのと》卯《う》の日まで十日ずつ、そして韓憲《かんけん》は甲辰《きのえたつ》から壬子《みずのえね》まで九日、小月で二十九日間隧卒が一人ずつ見廻りをしたが、人馬の不法に長城や天田を越えて出入した跡がない、という報告である。出入した者は、蘭渡塞《らんとさい》（みだりに塞を渡る）罪になる。

また二八五－一簡では、

次呑隧　卒魯候外人九月甲午迹尽庚申、積廿七日省殄北（下欠）
卒蒲常魯当時寿楽九月甲午迹尽癸亥・積卅日

と同様のパトロールの記録である。なお第一行目の下端の「省」というのは、他の部署へ行って仕事をすることである。

候長も候史も見廻りをやっている。二〇六－二簡に

居延候史李赦之～

三月辛亥迹尽丁丑積廿七日従万年隊北界南尽次呑隊南界毋人馬蘭越塞天田出入迹
三月戊寅送府君至卅井県索関、因送御史李卿居延、尽庚辰三日不迹。

居延候史李赦之《りしゃくし》の報告。三月辛亥《かのとい》（一日）より丁丑《ひのとうし》（二十七日）まで計二十七日の間、万年隊の北門から南は次呑《じどん》隊の南界まで毎日足あとの調査をしたが、人馬がみだりに長城や天田を越えて出入したあとを認めなかった。三月戊寅《つちのえとら》（二十八日）に都尉（または太守）を送って卅井候官の県索《けんさく》関までゆき、それから御史の李卿《りけい》を送って居延へ来たので、庚辰《かのえたつ》（三十日）まで三日間は調査をしていない。

とある。通常は足跡の有無を調べて見廻っているが、都尉の巡察や、中央政府の御史の巡察があると、そのお供をしているのである。こういう見廻りは迹候簿《せきこうぼ》とか迹簿という帳簿にまとめられる。

またその一方で、ch90簡に

六人畫沙中天田六里、卒人畫三百歩

というように天田の沙ならしをして手入れをし、足跡がつくように調えておく必要がある。

ch107簡では

一人馬矢塗亭戸前地二百七十尺

ch102簡では

一人草塗候内屋上　広丈三尺五寸、長三丈積四百五尺

というように、馬糞や草のすさを混ぜた壁土で壁や床を塗ったり、二八六－二九、六一－七簡に

第廿四隊卒孫長　治墼八十　治墼八十　治墼八十　除土　除土　除土　除土　除土　除土

とあるのは、一人の卒単位の一定期間の作業記録で、治墼《ちげき》というのは作墼と同じで日干し煉瓦を作ること、除土は城壁などに風で溜った土砂をとり除く作業である。こういう作業は作簿という帳簿にまとめられる。

以上のような見張り、手入れ作業などが無事、かつ真面目に行なわれていれば問題はないのだが、怠る者も出てくるし、四六－九簡に、

（上欠）□二完　卒三人一人病　卒符沢月廿三日病傷汗
二人見　卒范前不知藁火品

とあるように、三人の隊卒の内一人が病気になり、一人は新人のせいか信号の規則を知らないとなると隊長も大変である。辺境においておこる各種のトラブルは、木簡の世界に多くの陰影をなげかけているのである。

第八章　前線での刃傷沙汰——さまざまな事件やトラブル——

施刑《しけい》の士五十人

ウラン・ドルベルジン、すなわち地湾出土の一一八-一七簡はつぎのような文章である。

元康四年二月己未朔乙亥、使護鄯善以西校尉吉、副衛司馬富昌、丞慶、都尉宮建都（下欠）
迺元康二年五月癸未、以使都護檄書、遣尉丞赦、将施刑士五十人、送致、将車□発（下欠）

元康四年（前六二）二月十七日、使護鄯善《ぜんぜん》以西校尉の吉《きつ》、副衛司馬の富昌《ふしょう》、校尉の丞の慶《けい》、都尉の宮建、都……が命ずる。すなわち元康二年（前六四）五月十五日に使都護の檄書（命令書）によって校尉の丞の赦《しゃ》を巡遣し、施刑の士五十人をひきいて送り致し、将車□発……。

使護鄯善以西校尉吉というのは鄭吉《ていきつ》という人で、漢書の巻七〇に伝がある歴史上著名な人である。彼は地節《ちせつ》二年（前六八）以来西域に出動して車師《しゃし》国を撃ち破り、元康四年から三年後の神爵三年にはついに匈奴の日逐《にっちく》王が単于（すなわち匈奴の王）に叛《そむ》いて漢に降伏し、吉は命を受けて日逐王を迎えにゆくという、匈奴との戦いに大きな勝利をおさめた立役者である。一一八－一一七簡はその鄭吉の活躍ぶりを知ることができ、従来の史書と関連がつく数少ない簡の一つである。

さてその中に施刑士五十人という記載があるが、この施刑士とは罪人の刑罰を免ずる代りに辺境地帯へ従軍させられた人で、弛刑、刑を弛《ゆる》めるとの意味である。たとえば二二七－八簡は、

髡鉗城旦孫□、坐賊傷人、初元五年七月庚寅謫、初元五年八月戊申、以詔書弛刑、故騎士、居延広都里（下欠）
完城旦錢万年、坐蘭渡塞、初元四年十一月丙申謫、初元五年八月戊申、以昭書弛刑、故戍卒居延広（下欠）
甲渠候官、初元五年□延吏□□薄、

髡鉗城《こんけんじょうたん》旦の孫□、人を傷つけた罪。初元五年（前四四）七月十九日に辺疆に送られ、初元五年八月八日に詔書によって刑を弛めた。もとの騎士で、居延広都里の（某……）（下欠）

完城旦《かんじょうたん》の錢万年《せんまんねん》、蘭渡塞の罪（一九六ページ参照）。初元四年十一月二十二日に辺疆に送られ、初元五年八月八日に詔書によって刑を弛めた。もとの戍卒で、居延広（□里の某…）（下欠）

　甲渠候官初元五年□延吏□□薄

というような、甲渠候官の初元五年の名称不明の帳簿の一部である。ここにみえる孫□についている髡鉗城旦、錢万年についている完城旦というのは漢代ないしは秦以前からの刑罰の名称である。

　また三三七－八簡は

　弛刑士左馮翊、帯羽、扶落里、上（下欠）

　弛刑の士、左馮翊郡、帯羽県、扶落里の上……

というように、名簿らしいもので、地湾、すなわち肩水候官にも配置されていた。甲渠候官では、令史一、尉史四、鄣卒十名とともに弛刑桃勝之《とうしょうし》なる人物が食糧の支給を受けているが（二六－二一簡）、彼は他の人たちが粟《ぞく》三石三斗三升少を受けているのに、一人だけ三石で、弛刑士は多少は待遇が悪かったのかもしれないが、まずまず一般人なみに暮らせていた。

戍卒の喧嘩

しかし弛刑士の中にはかつての凶悪犯もいたであろうし、そうでなくとも前線勤務では気がすさむこともあるだろう。武器を使っての喧嘩沙汰がおこっても不思議ではない。東郡から来ていた戍卒のあいだで喧嘩がおこった。一三‐六簡には、

□□東郡畔戍里、靳亀　坐迺四月中不審日行道到屋蘭界中、与戍卒函何陽争言、闘以剣、撃傷右手指二所・地節三年八月己酉械繫

□□、東郡、畔《はん》県戍里《じゅり》の靳亀《きんき》、すなわち四月中の不明日に屋蘭県下まで出かけて、戍卒函何陽と口争いをし、剣をもって闘って相手の右手指二ヵ所を傷つけたという罪で、地節三年（前六七）八月二十五日に収監しかせにかけた。

と書いてある。

ところが一一八‐一八簡はその相手側である。

戍卒東郡□里、函何陽　坐闘以剣、撃傷戍卒同郡県戍里、靳亀右股一所
地節三年八月辛卯械繫

戍卒東郡□里の函何陽《かんかよう》、剣をもって闘い、戍卒で同じ郡県の戍里の靳亀の右股一ヵ所を傷つけたという罪で、地節三年八月七日に収監しかせにかけた。

この簡によって一三-六簡の最初の二字は戍卒であることがわかる。同郡同県で里のみがちがう二人だから、故郷を同じくする戍卒が、おそらく遠い辺境の勤務で仲好く暮らしていたのだろうが、故郷にたいする思慕からイライラが昂じたためであろうか、刃傷沙汰におよんだのである。

第二亭長の武勇談

マイクル・ローウェー博士はワヤン・トレイ出土の五簡がつながることを見つけて、つぎのような文書を復原した。

始元〻年十月甲辰朔戊辰、第二亭長舒劾敢言之　捕　二七五-一〇
不知何人二男子、帯刀剣、持県官六（下欠）　三〇八-一九、一四八-二六
（上欠）石弩一、槀（下欠）　三〇八-三七
郵抜刀剣　闘、郵以所持剣、格傷不知何一男子□　一四八-四五
敢言之、以亭次伝監獄　一四八-四四

始元元年（前八六）十月二十五日、第二亭長舒《じょ》が申し上げます。素性不明の二人の男が刀剣を帯び、官の六石の弩一と槀〔矢……本〕を持ち……私、郵《ゆう》と刀剣を抜いて闘い、私は持っていた剣で素性不明の一人の男の……を傷つけ捕えました。亭の順に護送して

監獄へ伝えます。

ローウェー博士は翻訳の上では三〇八‐二九、一四八‐二六簡と三〇八‐三七簡が接続しているように訳出しているが、簡の写真で見ると粗い木目がつながり、一本の簡に復原して良いと思われる。第二亭長郵というのは通沢第二亭長で、本書一八三ページあたりで活躍する人物である。官の弩や槀矢を持ち刀剣を帯びた不詳な二人と闘って一人を傷つけ捕え、獄へ送ったというようにつながっているが、捕えて獄へ送るにもかかわらず素性不明というのはいささか腑に落ちない。これらの簡は郵の独自の筆蹟で、なお、

禁止往来、行者便兵、戦闘具毋□　二七三‐三

とか

得常有程、主写移居延獄、謁以律令従事　二七五‐一三

とかの簡も関連のあるような内容であるが、最初の二七五‐一〇簡の最後に捕の一字があり、後続の簡の選択をむずかしくしている。二七三‐三簡は三と四のあいだに入ってもおかしくない内容で、素性不明の二人の男が弩矢を持ってあらわれたので「往来を禁止して、いあわせたものが便宜武器をとって闘った」といえば、郵も持っている剣を抜いて一人を傷つけた

話にうまくつながる。しかしそうなると、最初に「捕えた」という文字からますます遠ざかるように思われる。簡をつなぐのがむずかしいことが理解されたであろうか。

甘露二年の回状

通沢第二亭長鄣の武勇談はけっきょくうまく落ちつかないけれども、居延戦線では血なまぐさい事件がしばしばおこることは想像できるだろう。そしてたんにそれだけではない。中央、内地で事件を起した犯罪者が逃げてくる可能性が高く、おたずね者の指名手配がしばしばまわってくる。指名手配を「詔所名捕」という。漢文式に訓読してみると、「詔もて名ざし捕うる所」ということになる。一九七三年に肩水金関址（A32）で発掘された三枚の木牘よりなる冊書は、その後四つの論文が発表され、居延七三・七四年出土簡の中では著名なものの一つである。文章は長いので、必要なところ以外は改行をせず、「」印で示す。

甘露二年五月己丑朔甲辰朔《ママ》、丞相少史充、御史守少史仁、以請詔、有逐験大逆無道故広陵王胥、御者恵、同産弟故長公主弟卿、大婢外人、移郡太守逐得試知、外人者、故長公主大奴千□等曰、外人一名麗戎字中夫、前太子守観」奴嬰斉妻、前死、麗戎従母捐之字子文、私男弟偃、居主焉市里弟、捐之姉子故安道侯奴林取、不審県里男子字游、為麗戎」聟、以牛車就載籍田倉為事、始元二年中、主女孫為河間王后与捐之偕之国、後麗戎游従居主柧養男孫丁子沱、元鳳元年」中主死、絶戸、奴婢没入諸官、麗戎游俱亡、麗戎脱籍、疑変更名字、遠走絶迹、更為人妻、介罪民間、若死、毋従知、麗戎此」時年可廿三四歳、至今年可六十所、為人中壮、黄色、小頭、黒髪、椭面、枸頤、常戚額如頻状、身小長、詐廆少言、書到二千石遣毋害都吏、　EJT一－一

厳教属県官令以下嗇夫吏正父老、雜験問郷里吏民、賞取婢及免奴以為妻、年五十以上、刑状類麗戎者、問父母昆弟、本誰生子、務」得請実、発生従迹毋越聚煩擾民、大逆同産当坐重事、推迹求穷、毋令居部界中不覚、得者書言白報、以郵亭行、詣長安」伝舎、重事当奏聞、必謹密之、毋留、奴律令、」六月張掖太守毋適丞勲、敢告部都尉卒人、謂県、写移書到、趣報、如御史書律令、敢告卒人／掾便、守卒史安国、佐財　EJT一－二

七月壬辰、張掖肩水司馬陽、以秩次兼行都尉事、謂候城尉、写移書到捜索部界中、毋有、以書言、会廿日、如律令／掾遂、守属□

七月乙未、肩水候福、謂候長□、□□□写移書到、捜索部界中、毋有以書言、会月十五日、須報府毋圂如律令／令史□　EJT一－三

甘露二年（前五二）五月十六日、丞相少史充《じゅう》、御史兼丞相少史心得仁《じん》、詔を請うて命令する。追求調査中の大逆無道犯、もとの広陵王劉胥の御者の恵《けい》、胥の妹、もとの長公主苐卿の婢外人につき、各郡太守に通知して追求逮捕すべく知らしめる。外人について、もとの長公主の奴千□らの言うのには、「外人は別名を麗戎《れいじゅう》といい、字は中夫で、前の太子の建物番の奴であった嬰斉《えいせい》の妻であったが、嬰斉は以前に病死し、麗戎は母の捐之《けんし》、字を子《し》文《ぶん》という者、および弟の偃《えん》とともに公主の焉市里の邸に住んでいた。捐之の姉の

子、もとの安道侯の奴であった林は本籍不明の男子で字を游《ゆう》なる者を麗戎の聟《むこ》にし、牛車で田や倉庫の穀物の運送することを業《なり》わいにしていた。始元二年（前八五）中に公主の孫娘が河間《かかん》王劉慶のお后《きさき》になったので、捐之がお供をして河間国へ行ったあと、麗戎、游の夫婦は公主の柧莽邸に居住し、孫の男子丁の子沱を扶養していたが、元鳳元年（前八〇）に長公主が燕王、上官桀父子、桑弘羊らと謀反し、重臣霍光を殺し、昭帝を廃して燕王を帝位につけようとして失敗し、誅殺されると戸は絶え、奴婢は各官庁に没収になった。そのとき、麗戎と游とは倶に亡げ、麗戎は本籍をくらまし、おそらく名前を変え、遠くへ逃げて迹をくらまし、あらためて人妻になって民間にかくれて罪を逃れているか、あるいはもう死んでしまったか知る方法がない。麗戎はこのころ年は二十三、四歳で、今年になれば六十そこそこであろう。その身体的特色は、中肉中背、肌色は黄色、頭が小さく黒髪で瓜実顔《うりざねがお》、頭がまがり、常に額をたれて謹しんでいるようで、上体は細長く表情をおもてにあらわさない。」この書が到着したならば、二千石（郡国の長官）は無害の都吏を派遣して、厳しく県令以下嗇夫、吏正、父老など郷里の主役人たちを指導し、郷里の吏民を共同して取り調べ、かつて婢《ひ》、免奴《めんど》を妻としたもので年五十歳以上、その姿が麗戎に似ているものがあれば、父母兄弟に問いただし、素性が何者かを洗い出し、情報を得よ。大逆犯を庇うと兄弟一族は従坐するぞ。重要なことである。その足取りを明らかにできず、所轄内の民家に隠れているものを検挙できないような失態のないようにせよ。結果は報告書を郵亭によって長安へ報告せよ。奏聞《そうもん》に当ってはすべて残さず報告せよ。律令に従って実行せよ。

六月、張掖太守毋《む》適《てき》、丞勤《きん》、敢えて部都尉麾下の卒人に告げ、県に命ずる。本書が到着したならば速やかに報告せよ。右にある御史の書の内容を実行し、律令に従って行なえ、敢えて卒人に告げる。／掾《よう》の便《びん》、卒史心得の安国《あんこく》、佐の財《ざい》。

七月五日、張掖肩水司馬陽、身分が近いので都尉の事務を兼ねて行ない、候、城尉に命ずる。本書が到着したならば、所管内を捜索し、有無について書面をもって報告せよ、この件について廿日に会合する。律令に従って実行せよ。／掾の遂《すい》、属心得□。

七月八日、肩水候の福《ふく》、候長□□□□に命ずる。本書が到着したならば、所管内を捜索し、有無について書面をもって報告せよ。この件について今月十五日に会合する、都尉府へ報告せねばならぬ。忽《ゆる》がせにしてはならぬぞ。律令に従って実行せよ。／令史□。


事件のあった元鳳元年は文書の出た甘露二年をさかのぼること二十七年で、主謀者はとっくに誅殺されており、従犯で逃亡したものをしつこく追求しているが、〝あらためて人妻になって民間にかくれて罪を逃れているか、あるいはもう死んでしまったか知る方法がない〟という文句などは中ばあきらめ顔で、この調査の結果見つからなければもう捜査は事実上打ち切りになるかもしれない。だがそれにしても、中央からていねいに一件の内容を説明し、身体的特徴もくわしく書いて捜査を命じて来ているのがよくわかる。関係文書が首尾揃っているのは珍らしく、貴重である。

指名手配書

この「甘露二年丞相御史書」をいちおう基準として、そのほかに重要犯人に関する指名手配関係の簡を探して紹介してみよう。まず一八三－一三簡はなかなか派手である。

詔書名捕平陵長藿里男子杜光、故南陽杜衍（中欠）
□□黒色、肥大、頭少髪、可卌七□□□□□□□□□□楊伯
初亡時、駕駝牡馬、乗闌輂車、黄車、蓬騎騩牡馬、

皆坐後使涑止□戸百廿三
擅置田監
史不法不道、丞相御史□
執里五家属
所二千石来捕

詔による指名手配の平陵県長藿里の男子杜光《とこう》、字は長孫《ちょうそん》なる者は、故《もと》の南陽郡杜衍《とえん》（県の……）で肌色は黒く、肥えて太っており、頭の毛は少なく、年は四十七（八歳で……字は）楊伯《ようはく》、初め亡《に》げたときは、黒毛の牡馬の牽く手すりつきの輦車《れんしゃ》に乗り、黄車やしとね張りの白車を従え、蓬《ほう》は黒くり毛の牡馬に騎り……（以上上段）

皆後に百廿三戸を涑止？し、擅《ほしいまま》に田監史を置くは不法、不道、丞相、御史府の吏は里の五家属、二千石の来り捕うる所を執らえ……（以上下段）

この簡は、幅広気味の簡に細字で書かれ、詔所名捕の犯人杜光なる人物の身体の特色、最初に逃亡したときの車馬の特色などが上段に、その罪状と官のとった処置とが下段に書いて

ある。簡は削られているので内容は明らかでないが、故南陽杜衍とみえているのは、南陽郡杜衍県に関係のある故吏《こり》、すなわちもとの官吏であるのかもしれない。二行目の上段、十字のブランクの下の楊伯というのは人名で、その特色が十字のブランク中に書かれ、三行目上段の蓬というのも騎馬とあるところから人名と解し、これらの者が下段第一行の皆という複数にかかっているとみている。「擅置田監史」とあることからみれば、なにか勝手に官吏をつくって小地域、たとえば百廿三戸を支配していたので、不道に問われたと考えてみたのである。

犯人を捕え、最高の成績となれ

一一四‐二一簡は細字で書いた下端の欠けた簡であるが、その文は、

名捕平陵徳明里、李蓬、字游子、年卅二、三坐□轂平陵游徼周　政邯□市□殺游徼萊譚
等、亡爲人□（下欠）

（詔書）名捕の平陵県徳明里《とくめいり》の李蓬《りほう》、字は游子《ゆうし》、年は卅二、三歳。平陵県の游徼周《ゆうげきしゅう》□を殺し、邯□市を攻撃してその市の游徼萊《らい》、譚《たん》等を殺して亡《に》げ、人の……と為り……

游徼とは最下級の警察官で、李蓬は自分の本籍のある平陵県で游徼周□を殺し、邯□市を攻めて市の游徼、萊、譚らを殺して姿をくらまし、人の何かをしている。何をしているかは簡が断絶していてわからない。なかなかの凶悪犯である。

また一七九－九簡には、

還界中、書到遣都吏、与県令以下逐捕捜索部界中、験亡人所隠匿処、以必得為最、詔所
名捕
還事〻当奏聞毋留、如詔書律令。

界中《かいちゅう》に還《かえ》り、この書が到着したならば幹部の吏を派遣して県令以下のものと責任地域内を逐い捜索し、亡命して行方をくらましている人間がかくれていそうな所を調べ、必ずひっとらえて同役中の最高の手柄を得よ。指名手配されている者の事情を得れば奏聞して自分の一存に止めるというようなことをするな。行動はこの詔書の命ずるところと、律令の定むる所に従え。

捜査結果の報告

本章初にかかげた冊書と比較すると、これは詔所名捕の犯人の捜査を命じた太守府級の文書の末尾であることがわかる。こういう命令を受けると配下の諸機関はそれぞれの責任地域を捜索調査ののち、結果を報告する。二〇－一二簡はその報告書の第一簡である。

元康元年十二月辛丑朔壬寅、東部候長〻生、敢言之候官、〻移大守府所移河南
都尉書曰、詔所名捕及鋳偽銭盗賊、凡未得者、牛長寿、高建等廿四、移書到、満□（面）

候史旁」遂昌　（裏）

元康元年（前六五）十二月二日、東部候長の長生《ちょうせい》が候官に申し上げます。候官から御送付になりました張掖太守府の文書によって、太守府から転達されました河南都尉の書には、詔書による指名手配者及び、偽金《にせがね》造りの盗賊どものうち、未だ逮捕されていないものは牛延寿《ぎゅうえんじゅ》や高建《こうけん》など廿四人になるが、この文書が到着したならば……

そして三〇六－一七簡は、

証任□毋牛延寿、高建等、過伯居界中者。書（下欠）

証任□?牛延寿、高建等の伯居界中を過ぎる者なし。書もて（報ず……）。

という文章で、下が欠けている。二〇、三〇六はともにウラン・ドルベルジン（A33）出土簡で、両簡に牛延寿、高建という共通の人名があり、書法も似ているし、写真でみる限りの木質は細かく、ひび割れのしかたも似ているので、同じ冊書の簡であると思うが、二〇－一二簡は首尾完全で、文章はなお河南都尉の書の文が途中で切れた状態であるから、三〇六－一七と直接には連続せず、あいだにもう一～二簡があったとみえる。下級機関からの報告は、多くは一一六－二三簡に、

部界中、毋所名捕、不道、亡者

担当区域内には、詔による指名手配を受けた不道犯や、逃亡者はありません。

というようなものであっただろう。

はじめ私は前線における戍卒同士の喧嘩のことを話していたのに、ついつい凶悪犯や大罪人の方へふみ込んでしまっていた。もう一度前線に住んでいる人間たちの方に立ちもどろう。

売買文書

西北方の前線には、その土地の人間のほかに内郡から動員されて来た戍卒がおり、また前線勤務の下士官の家族も住んでいる。それらの人びとのあいだにはいろいろな人間関係ができてくるが、お互のあいだで行なわれる私的な交易をめぐって、ときにはトラブルも生ずる。東洋法制史に偉大な足蹟を残した故仁井田《にいだ》陞《のぼる》博士に「中国売買法の沿革」という論文があるが、その中で仁井田氏は敦煌漢簡、居延漢簡の中から衣類売買のときに作成された証書があることを指摘し、引用紹介されている。

敦煌漢簡はシャバンヌ番号43の簡で、

神爵二年十月廿六日広漢県廿鄭里男子節寛憙布袍一淩胡隊長張仲孫用賈銭千三百不在正

月□□□至□□□□□□　（表）
正月書符用銭十時在旁候史張子卿戍卒杜忠知巻約□沽旁二斗　（裏）

神爵二年（前六〇）十月廿六日、広漢県廿鄭里《にじゅっていり》の男子節寛悳《せつかんとく》の布袍一を淩胡《りょうこ》隊長の張《ちょう》仲孫《ちゅうそん》が千三百銭で買った?……（表）
正月書符用銭十（以上不明）時にその場に候史の張子卿《ちょうしけい》と戍卒の杜忠《とちゅう》が居て巻約《かんやく》（取引の約束?）を知っている。旁《かたわら》に酒二斗を沽《か》う?（裏）

また居延漢簡では二六－一簡をあげている。すなわち

建始二年閏月丙戌、甲渠令史董子方、買鄣卒欧威裘一領、直千百五十、約里長銭畢已　旁人杜君雋

という簡文で、建始二年（前三一）の閏月、丙戌《ひのえいぬ》の日に、甲渠令史の董子方《とうしほう》が鄣卒欧威《おうい》から裘一領を千百五十銭で買い、支払いがなされた、立会人は杜君雋《とくんしゅん》である、という意味であろう。

また二八二－五は筆蹟も美しく完全に残った簡であるが、

終古隊卒東郡臨邑高平里召勝字海翁　貰穄九売曲布三匹、〻三百卅三、凡直千、觻得富里□張公子所舎在里中二門東入、任者同里徐広君

という文章である。終古《しゅうこ》隊、という隊は甲渠候官の支配下にある。その終古隊にいる東郡の臨邑県高平里出身の召勝《しょうしょう》（字は海翁《かいおう》）が、九稯《そう》の曲布《きょくふ》三匹を一匹三百卅三銭、合計一千銭で觻得県富里の張公子にかけ売りした。張公子の住居は富里の中二門を東に入った所で、任者は同じ里の徐広君《じょこうくん》である。という意味である。

九稯の曲布というのは、稯という字が布の八十本の縦糸を意味する字で、『史記』の「景帝本紀」の中に「徒隷《とれい》に七稯布を衣せしむ」とあることと考えてみると、九稯布は縦糸が九十本ある細かい織の布であろう。任者というのはあまり例のない言葉だが、責任者、つまり保証人という意味ではあるまいか。貰というのは品物をさきにやりとりして支払いをのばすことで、かけ売りであり、つけ買いでもある。張公子という買手の住所が里の中二門を東に入った所というくわしい表現になっているのも珍しいが、おそらくこれが売買の保証書なのであろう。

官給品の横流し

このような私的な売買が当然いたる所で行なわれたであろうが、なにぶん辺境の前線では物資が不足するのが常で、その前線へ動員されてきている戍卒や田卒が官給品の衣類を売って銭を得ることがあった。居延漢簡四-一簡はその例である。

二月戊寅、張掖太守福、庫丞承熹兼行丞事、敢告張掖農都尉、護田校尉府卒人、謂県、

律曰、臧官物非
録者以十月平賈計、案戍田卒受官袍衣物、貪利貴賈貰、乃貧困民、吏不禁止、浸益多、
又不以時験問

二月戊寅《つちのえとら》の日、張掖郡太守福《ふく》、張掖庫丞の承熹《じょうき》、兼ねて郡丞の事務を取り扱い、あえて張掖農都尉、護田校尉府に属する卒人に告げ、県に命ずる。律に、官物の登録されていないものを所有している者は、十月の時価によって評価せよとある。考えるに、戍・田卒が官の袍や衣物の配給を受け、利益をむさぼって高い値段でかけ売りをし、民を貧困ならしめている。役所の方で禁止しなければ、被害はますます多くなろう。またしかるべき時を以て験問しなければ……。

このようなかけ売り、つけ買いが、支払い時期になっても約束が果たされないばあい、トラブルになるのは当然で、それは品物のかけ売りだけでなく、金銭の貸借でも同じことである。貸金を返済されぬうちに、下士官が他の部署へ転勤してしまうこともあったと思われる。たとえば一〇－三四簡は

元康四年六月丁巳朔庚申、左前候長禹敢言之、謹移戍卒貰売衣財
物爰書名籍一編、敢言之。

元康四年（前六二）六月四日、左前候長禹《う》が申し上げます。謹しんで「戍卒が衣類や財物をかけ売りしたことについての爰書と名簿」一編を移送いたします。以上

これは肩水左前候長から肩水候にたいする送り状で、左前候長支配下の戍卒が貰買をした事情の聞き書が一括して送られたのであるが、まるで前の四－一簡の張掖太守の命を聞いてさっそく取り調べた結果のようにさえ思える。

貸金の取り立て

貸借関係についてはつぎのような簡がある。三五－六簡には

滅虜隧戍卒、梁国蒙東陽里公乗、左咸、年卅六、自言、責故楽哉隧長張中実、皁練一匹、
直千二百、今中実見為甲渠令史

甲渠候官滅虜《めつりょ》隧の戍卒、梁国蒙《もう》県（現河南省商丘《しょうきゅう》県）東陽里《とうようり》出身、爵は公乗の左咸《さかん》、年卅六歳が自ら申すには、もとの甲渠候官楽哉《がくさい》隧長張中実《ちょうちゅうじつ》に皁《くろ》い練《ねりぎぬ》一匹、値段千二百銭のものを貸したままになっています。中実は現在甲渠令史に転任しています。

という文章である。内郡の戍卒が貸したまま代金を未収得の状態であることを訴え、相手の現在の転任先をも述べている。また、たとえば三－四簡は、

三堆隊長徐宗　自言故霸胡亭長寧就舍銭二千三百卌四、数責不可得

三堆隊長の徐宗《じょそう》　自ら言う、故の霸胡《はこ》亭長寧《ねい》の就舎銭《しゅうしゃせん》（どういう類の銭か不明、帰省費用？）
二千三百卌四銭を貸してあるが、しばしば催促しても取り立てられない。

同じような内容で三‐六簡は、

（上欠）長徐宗　自言責故三泉隊長延寿茭銭少二百八十、数責不可得

（三堆隊）長徐宗、自ら言う、故の三泉隊長延寿《えんじゅ》に茭《まぐさ》の銭の不足分二百八十銭を貸し、
しばしば催促しても取立てられない。

となっている。漢簡中の言葉では、貸すことが「責」、借りることが「負」、貸した金品財物をとりたてることが「収責」である。このような貸し金が取立て不能になる原因に、借り方の転勤があったようで、先の三五‐六簡の張中実は故楽哉隊長で今は甲渠令史になっている。三‐四簡では故霸胡亭長、三‐六簡では故三泉隊長で、もとのどこの何をしていただれというういい方をしていることから推測できる。

官の調査

この種の問題が官に提訴されると、官はそれをとりあげて真偽の調査から取立てまでやったようである。五八－一一簡の

不侵守候成赦之、責広地隊長舡豊銭八百、移広地候官　●一事一封　八月壬子尉史竝封

不侵《ふしん》候心得の成赦之《せいしゃし》が、広地隊長舡豊に八百銭を貸していることにつき、広地候官へ通知　●一件につき一封　八月壬《みずのえ》子の日、尉史竝《へい》が封じて発信。

二一四－三四簡の、

卅井移、驩喜隊卒鄭柳等責木中隊長薫忠等銭、謂候長建国等　●一事二封　三月辛丑令史護封

卅井候官から申し越した驩喜《かんき》隊卒の鄭柳《ていりゅう》等が木中《もくちゅう》隊長薫忠《くんちゅう》等に銭を貸している件につき、候長建国等に申し遣わす　●一件について二通、三月辛丑の日、令史護が封じて発信。

一五七－一七簡の、

（上欠）等自言、責亭長董子游等、各如牒、移居延●一事一封　五月戊子尉史彊封。

某等が自ら言う、亭長董子《とうし》游《ゆう》等に貸しつけていることは、それぞれ通知の通りであることを居延に報知する●一件につき一封、五月戊子《つちのえね》の日、尉史の彊が封じて発信。

の三箇は、いずれも文書の発信記録で、文書の内容の要項、文書数、発信日と発信者を書いてあるが、五八‐一一簡は発信側の人間が受信側の人間に貸している例、二二四‐三四簡は他の候官から当候官内の人間に貸金のある旨の通知を受け取り、関係者へその旨を報知した例、一五七‐一七簡は貸金の照会にたいする返答の例である。一五七‐五簡では

陽朔元年五月丁未朔丙辰、殄北守候塞尉広、移甲渠候官、書曰、第二十五隧（下欠）
責殄北右隧長王子恩、官袍一領、直千五百、鉼庭隧卒趙回、責殄北備寇（下欠）

陽朔元年（前二四）五月十日、殄北候心得の殄北塞尉広《こう》より甲渠候官へ通知する。貴殿よりの書に、甲渠候官の第二十五隧（下欠）殄北右隧長の王子《おうし》恩《おん》に官給の袍一領、値段千五百銭のものを貸しており、鉼庭《へいてい》隧卒の趙回《ちょうかい》は、殄北備寇《びこう》（隧）何某に貸しており（下欠）

という文で、この簡は下端まであと六、七字分が欠如している。したがって第一行の第二十五隧の下は卒の誰々という氏名、第二行のあとも債務者殄北備寇隧長の氏名がある程度であろう。そうすると、甲渠候官から殄北候官にたいし、甲渠支配下の人間が殄北支配下の人間

にたいして貸している債権についての、おそらく確認、取立依頼に関する書にたいする返答書であろう。さきの発信記録といい、この文書といい、候官が私的貸借関係について公文書の往復をしているのである。これは当然取立まで関与すると思われ、たとえば七二－一〇簡の、

建昭元年九月丙申朔乙卯、觻得（下欠）

居延都尉府、令居延験問収責（下欠）

建昭元年（前三八）九月二十日、觻得（県より）居延都尉府（に依頼し）、居延（県）に命じて取り調べ、債務を取りたて（下欠）……

一九三－三〇簡の

（上欠）官移甲渠候官験問収責

……官より甲渠候官へ通知して取り調べ債務を取り立て……

などとあるように、験問《けんもん》、すなわち取り調べを行ない、収責《しゅうせき》、すなわち債務を収めることを官が行なったのであろう。五〇六－九簡は、

元延元年十月甲午朔戊午、橐佗守候護移肩水城官吏、自言、責嗇夫犖晏如牒、書到験問収責、報如律令。

元延《げんえん》元年（前一二）十月二十五日、橐佗候心得の護《ご》が肩水城の官吏に通知し自ら言う、嗇夫犖晏に貸していることはさきの通知のとおりであるので、この書が到着したなら、取り調べて債務を取り立て、きまりどおり報告されたい。

という文であるが、文書発信者が債権者がある点は特別な例にしても、いずれもこういうような取立て依頼がなされたのであろう。

俸給の差し押え

そしてたとえば二八五‐一二簡は、

（上欠）官告第四候長徐卿、隧卒周利自言、当責第七隧長李函、

（上欠）□記到、持函三月奉銭詣官、会月三日、有

（甲渠候）官第四候長徐卿《じょけい》に告ぐ、隧卒周利《しゅうり》が自ら言う、第七隧長李函《りかん》に貸金があると。……記が到着したならば、李函の三月分の奉給を持って官へ来れ。月の三日の日に来れ。

のごとく、俸給の差し押さえを命じているし、二三一－二八簡は、

武彊隧長並、持延水卒責錢詣官、閏月辛酉（下欠）

（甲渠候官）の武彊《ぶきょう》隧長の並《へい》が、延水隧卒の貸付銭を持って官へやって来た。閏月辛酉《かのととり》（の何の時に関を入った。）

と銭を取り立てて届けるところまで例がある。

このような状況は、債務者が借りていることを認めたからこそ取り立てが実現するのであって、もし承認しなければ紛争がおこる。

一五七－一二簡は、

（上欠）□□責不可得、証所言、不服負、爰書自証●尚光見為俱南隧長、不為執胡隧長。

……貸し金が取り立てられない。以上の証言は誤まりありません。借りたことを承認しない。口述書で自分の主張をする。●尚光《しょうこう》は現在は甲渠候官の俱南《ぐなん》隧長であって、執胡隧長ではない。

となっていて、なんのための記述か、どういう種類の書類かよくわからないが、もとの執胡

隊隊長尚光の借金に関して、貸したという何人かと尚光のあいだで貸借の事実について認識がちがうため、紛争になっているようである。

一方は貸して返さないといい、他方はもう返したといって紛争がおこり、その取り調べを官が行なった一件の経過がよくわかる文書が出土した。その冊書の名称はもともとのつけ札(楬)がついていたのによって「候粟君所責寇恩事《こうぞくくんこうおんにせきするところのこと》」という。EPF二二―一から三五まで三五簡あり、四七行にわたっている。全文を入れて訳をつけるとたいへんな量になるので、大筋を述べることにしよう。その姿は写真(図49)で見てもらいたい。

甲渠候粟君のトラブル

候粟君《こうぞくくん》は甲渠候粟君で、これを研究した北京大学の兪偉超《ゆいちょう》氏は姓は粟でなく栗《りつ》だろうといわれるのが正しい。

49　賃借紛争取調べの冊書

建武三年(後二七)十二月三日に、居延都郷嗇夫宮が甲渠候粟君の訴えにより県命をうけて寇恩《こうおん》という人を取り調べた。粟君の訴えは、去年十二月中に甲渠候官令史の華商《かしょう》と尉史の周育《しゅういく》が粟君のために魚を觻得県へ売りにゆくことになっていたが、二人とも行けなくなったので、華商は黄毛の八歳の牡牛一頭、評価額穀六〇石相当と穀物一五石、合計七五石を醵出《きょしゅつ》し、周育は黒毛の五歳の牡牛一頭、評価額六〇石相当と他に穀物四〇石の計百石を醵出し、皆栗君に与え魚を運ぶ傭賃《ようちん》にした。そこで栗君は寇恩を傭い、魚五千頭を載せて觻得県へ行って売らせることにし、その傭賃として牛一頭と穀二七石を支払うとし、寇恩は魚を銭四〇万に売ると約束した。栗君は八歳の黄牛と穀二七石を恩に与えたが、出発にさいして恩に、黄牛は少し痩せている。黒牛は小さいけれども肥えており、値も等しいから用いよい方を択んでつれてゆくがよいといい、恩は黒牛をとって黄牛を留めた。だから恩は、牛を借りたのではないというのだが、栗君は牛を借りて行ったと主張し、くいちがいがある。

　つぎに恩は觻得へ来て魚を売りつくしたが、銭は四〇万に足りないので、黒牛を売り、両方の銭を合せて三二万銭を栗君の妻業《ぎょう》にわたし、八万銭が不足であった。恩は大車の半櫪軸一つ、一万銭、羊の一枚皮の橐《ふくろ》一つ、三千銭、大笥一つ、一千銭、一石入りの去盧一つ、六百銭、𨏥索二枚、千銭の全部を業の車上に積み、帰途についた。途中第二置へきたとき、恩は大麦二石を買って業にわたしたがその値が六千銭、また北部まで来たとき、業のために肉十斤を買ったが、値段は穀物の一石相当で三千銭、そこで業にわたした品物の合計は二万四千六百銭となり、その品物はみな栗君の所にある。恩は業とともに居延に到着した後、軸や器物を持って帰ろうとすると、栗君はお前は私に銭八万の負債があるのに器物を持ってゆこうとするのかと怒ったのであえて持って帰らなかった。また恩の男子の欽《きん》は、去年十二月二十日から栗君のために魚を採り、今年の正月、閏月、三月まで合計三月と十日働いたが、その日当は支払ってもらってない。この時期の傭賃の市の価格は大男一日二斗であるから、穀二十石ということになる。恩が觻得にいて業に銭をわたしたときに、市では穀一石を四千銭で決済していた。だから欽が傭われて働いた傭賃の穀価、四千銭の二十石分で粟君にたいする負債額は支払いずみである。恩は觻得から自弁で食事をしながら業のために車を動かし、居延まで帰ってきたが、その間二〇余日分の費用は計算にいれていない。だから牛も穀物も返償する必要はない、というのである。

都郷の嗇夫宮は十二月十九日にもう一度同じことで寇恩の供述を聞き、二度ともほとんど変らない内容であることを確認して、彼の所見として「粟君に牛をかえす必要はなく、穀廿石を支払う必要はない。また粟君のもとにある恩の器物、業のために肉と穀三石を買い与えた分、欽の粟君のために働いた対価廿石を合算すると恩の負債は終っている」ということになった。そこで十二月二十七日付の県から甲渠候官あての文書では、粟君が寇恩に要求した件は不当であるから、政不直者《せいふちょくしゃ》の法を適用すると述べている。

この冊書は、きわめて具体的な内容であり、訴訟に関連しているので、一九七八年一月に新しく発見された居延漢簡を紹介する中で、三論文がみなこの冊書を研究対象とした。そしておもに漢代の訴訟手続きについて研究を展開している。私も『東洋史研究』四〇－一に紹介論文を書き、拙著『秦漢法制史の研究』にも採用してあるから、その方で見ていただきたい。むしろここでは、経済的な関係について少し述べておきたい。

粟君たちの経済関係

それは、粟君が魚を取らせて、令史や尉史を遣わして売らせようとし、かれらはそれができないとなると、合計百石相当、あるいは七五石相当の牛と穀物を提供して粟君が傭賃にあてるようにしている。

まず一般的にいって、ここで第六章一七〇ページに書いた居延都尉以下の吏奉例を思い出していただきたい。これは同じ年のことである。そうすると、居延都尉の年奉が最高で年百石であった。竇融は、甲渠候などは都尉が便宜をもって決めよといっている。その令史や尉史が、牛と穀物とで百石、七五石を候に支払っているのである。いかに令史華商や尉史周育が、在地の有力者で財産家であるかが想像できるというものではないか。

候粟君は令史と尉史の両方から、ほぼ居延都尉の年奉相当の傭賃をとりあげ、一人分を支払って一人分は自分が納めていることも忘れてはならないし、穀百石で一石四千銭とすると、四十万銭であるが、最初寇恩の予定では、魚五千頭で四十万銭に売るといったのである。甲渠候がエチナ川で魚を捕らせて町で売らせているというのも現実の世界を垣間見る思いがするし、令史や尉史がそれを売りに行こうというのである。建武初年、王莽の大乱後で河西地方もインフレが進み、一方官紀などは乱れていたということであろうか。そもそもエチナ川で魚が取れ、十日余りかかる觻得まで売りに行くのにはどういう防腐加工をしたのであろうか。あのあたりは乾燥しているから、水から上った途端干物になるのではないかといって大笑いをしたが、じっさいはわからない。

『絲路《しろ》訪古《ほうこ》』という本の中で、高敏《こうびん》氏は一九八一年に行なった居延地域の調査行の話を書いているが、古の弱水、エチナ川は現在では相当涸《か》れ上っているということで、流沙による地形の変化とともに、漢代の自然条件はいまより多少緩やかであったのかもしれない。NHK TVのシルクロード、「幻の黒水城」はまさしく居延地区を訪れたものでカラ・ホトに入るが、自然条件のきびしさはわかるけれども、ほとんど漢代の遺跡は映らなかった。要するに栗君と寇恩とのあいだのトラブルは、賨融時代に、この地の在地小地主層が下級官になっていたことを物語り、きわめて地方色の強い政権であったことを示している。

奉銭の支給をめぐるトラブル

居延漢簡の中に見られる各種のトラブルの中で、官の支給をめぐるものがある。吏が奉銭を受領せず、後に支給をされる、給料の遅配が始元六年にある。たとえば三〇三‐二一簡に

　書佐樊奉始元三年六月丁丑除　未得始元六年八月奉用銭三百六十

とあるような形式で、マイクル・ローウェー博士はタラリンジン・ドルベルジン出土簡で十六簡をあつめた。これはほかに五七‐八簡のように、

　居延甲渠次呑隧長徐当時　未得七月尽九月積三月奉用銭千八百
　神爵二年正月庚午除　己得賦銭千八百

と、賦銭を支給されたことを記すタイプの簡もある。奉銭遅配の事情は今後なにか手がかりがあれば、もう少し深く追求できるかもしれない。

右に述べたような全体に奉銭が遅延した例ではなくて、もっと個人的な奉銭のトラブルは一七八‐三〇簡（図50）尉史李鳳《りほう》の例である。

自言故為居延高亭〻長、三年十二月中送詔獄証觻得、便従居延迎錢、守丞景臨取四年正月奉錢六百、至二月中従庫令史鄭忠取二月奉、不重得正月奉、令庫掾厳復留鳳九月奉錢不当留庫、証所言

尉　史　李　鳳

尉史李鳳が言上します。自分はもと居延高亭の亭長で、（不明年）三年十二月に詔獄の囚人が觻得県へ証言にゆくのを護送して同県に出張し、便宜彼の地で居延からの送金を得て、次官心得景《けい》の立会いのもとに四年（今年）正月の俸給六百銭を受けとり、（その後居延に帰って）二月中に庫令史鄭忠《ていちゅう》から二月の俸給を受けとったのであって、正月の俸給を二重取りしたのではありません。しかるに、庫掾厳復《げんふく》は（二重取りしたという理由で）私の九月の俸給の支払いを停止していますが、この支払い停止は不当であります。以上証言いたします。

この簡は全長二二・七センチ、幅二センチでほぼ漢尺一尺の完全な簡で、文章も完結し、文字は謹楷、明瞭に読める点では屈指の簡で、しかも内容はよくわかりおもしろい。九月の給料を差し押えているのは九月末で年度が終わるからで、庫の方では年度末で不審を抱いたわけである。今日でもありうるトラブルで、以前に拙著『木簡』にこの話を書いておいたところＮＨＫのシルクロード取材班もお気にめしたのかシルクロード第3巻『幻の楼蘭・黒水城』の一四六ページに引用されている。なお私はこの簡がいわゆる爰書という申立て書であると考えている。

食料支給のトラブル

食料の支給についてのトラブルもある。八九－一二簡は

（上欠）尉史臨白、故第五隧卒司馬誼自言、除沙殄北、未得去年九月家属食、誼言部以移
　　籍、稟令史田忠不聞与誼食

尉史臨が白します。故の第五隧卒司馬誼《しばぎ》の申し立てでは、殄北候官へ沙《すな》除き作業に行っていてまだ去年九月の家族の食糧を受領していませんので、部に申告して籍をまわしたのですが、稟令史（支給掛の令史）田忠《でんちゅう》は誼に食糧を与えることを承知しません。

とある。この簡は冊書になっていたのであろう。司馬誼の訴えを尉史臨が取りついでいるのである。

食料の支給のトラブルなどはしばしばあったかもしれない。しかし官の財物の管理責任の追及もきびしいもので、睡虎地秦簡の中にある効律《こうりつ》の条文では、食糧倉を引きついだ後に発覚した量目不足に関する責任を細かく規定している。官僚制の法治主義のきびしい一面を見るのである。

とりでの上から落ちた隊長

しかし漢代の人とて同じ人間である。よく似た騒動がおこる。とりでの上から落っこちた隊長がいる。六‐八簡に、

五鳳二年八月辛巳朔乙酉、甲渠万歳隊長成敢言之、廼七月戊寅夜堕塢陡傷要、有瘳、即日視事、敢言之。

五鳳二年（前五六）八月五日、甲渠万歳隊長の成《せい》が申し上げます。去る七月二十七日の夜、とりでの城壁の小道から墜落し、要（腰）をいためましたが瘳《なお》りましたので本日さっそく任務に戻ります。以上

病人は医者に

万歳隊長成のばあいは寝ていれば癒ったのかもしれないが、EPF22‐80〜82の三簡よりなる「隊長病書牒」という文書は、

建武三年三月丁亥朔己丑、城北隊長党敢言之、
廼二月壬午病、加両脾　種、匈脅支満、不耐食　EPF22‐80
飲、未能視事、敢言之　EPF22‐81

三月丁亥朔辛卯、城北守候長匡敢言之●謹写移隧長党
病書如牒、敢言之　「今言府請令就医」　ＥＰＦ22－82

建武三年（二七）三月三日、城北隧長党《とう》が申し上げます。去る二月壬《みずのえ》午《ね》の日（壬午の日は二月にない。壬《みずのえ》子《ね》二十五日を誤まったのか？）、病気にかかり、飲食することもできず、未だ任務につくことができません。以上。

三月五日、城北候長心得の匡《きょう》が申上げます。、隊長党の病気の届けをお送りいたします。右のとおりです。以上。

「今都尉府に報告して医者に見せるようお願いせよ。」

こちらの方は重症のようである。この冊書は最後の「」に入った部分がまったく異筆、墨色もちがい、筆太の字で、守城北候長匡により送って来た冊書に甲渠候が判を下したもので、これだけ明瞭な判辞の入った冊書は他に例がなく貴重なものである。

蘭州の甘粛省博物館の売店には、この冊書などの模本が売ってあり、木は漢代の木だということでわりあい高価である。私も記念に買ったが、何点か見くらべていると、同館の薛英群氏が笑いながら選択に加わり、二人でこれがまず似ているだろうというものを決めた。同館の土産物には本物の彩文土器の破片もあり、二千年、三千年以前の物が買えるのだから、歴史とは不思議なものだという実感をもつ。

四－四簡は甲渠候官で治下の隊卒の病人を集めたものである。

第卅七隊卒蔣賞、三月旦、病両胠箭急、少愈、
第卅三隊卒公孫譚、三月廿日、病両胠箭急、未愈、
第卅一隊卒尚武、四月八日、病頭痛寒炅、飲薬五斎未愈、（裏面略）

薬を五錠のんだがまだなおらぬという。三一一－六簡は

遣尉史承禄俩、七月吏卒病九人、飲薬有瘳名籍、諸府会月旦●一事一封　七月庚子尉史
　承福□

という発信の記録で、尉史の承禄《しょうろく?》俩を遣わして七月中の吏卒の病人九人、薬を飲んで治癒した者の名簿をもち月末の会合に都尉府に行くことを書いた文書を、七月庚子《かのえね》に本人が封じて発信したというしだいである。自然条件のきびしいこの地域へ内郡から来た戍卒たちは、病気の危険につねに曝《さら》されていたのであろう。一一四ページに書いた隊の備品の薬箱はもとより、薬方書の断片が出土しているのももっとともなことといえよう。

病気にかかっても治癒すればそれでよいが、死んでしまう戍卒も多かったと思われる。七－三一簡の

（上欠）寿王敢言之、戍卒鉅鹿郡広阿臨利里、潘甲、疾温、不幸死、謹其

（上欠）冀積参絜尽詞劾署名、致爵里、集敦参弁券書、其衣器、所以収

の内容は、第二行がうまく読みが下らずわからないのだが、どこかの隊長または上級官の寿《じゅ》王《おう》が、配下の鉅鹿郡出身の戍卒潘甲《はんこう》が、熱が内にこもって死んだので、かれに関係のあるいっさいの書類（参絜尽詞劾署名をそういうように考える）、爵里、かれの他人との契約書、その衣類や器物をあつめて、おそらく故郷へ報知し、送還するのであろう。その手続きを上級官にたいして行なう申請で、第二行はそういう戍卒、あるいは他郷で死んだ人間に関する法文なのかもしれない。

忌引の届け

漢簡の表記法では、死者に関することを書くばあい、かならず「不幸死」と書く。一九三〇・三一年出土簡の中で紐の残っていた冊書の一つである五七-一簡では、

永光二年三月壬戌朔己卯、甲渠士吏彊以私印
行候事、敢言之、候長鄭赦父望之不幸死、癸巳
予赦寧、敢言之、
令史充　　　　（背面）

永光二年（前四二）三月十八日、甲渠士吏の彊が私印を用いて甲渠候の仕事を代行し、

申し上げます。甲渠候長鄭赦《ていしゃ》の父望之《ぼうし》が死亡しましたので、癸巳《みずのとみ》の日（翌月二日）に赦に忌引休暇を与えます。以上

寧《ねい》というのは親を寧《やす》んずるための休暇で、多くのばあいは葬式のとき、したがって忌引と訳したのである。五二－一七簡の

第卅六隊長成父、不幸死、当以月廿二日葬、詣官取寧。四月乙卯蚤食入、

二六四－一〇簡の

第廿一隊長尊□、不幸死、詣官取寧、五月辛巳食時入

の二簡はいずれも隊長が親の死により休暇を得べく官に申請に来てこのチェック・ポイントを通ったことが記録されている「詣官簿」の一部である。なお森鹿三先生は、一六〇－一四簡の

移觻得万歳里鄭負自言、夫望之病不幸死、子男赦（下欠）

および一六〇－一六簡の

□甲渠候長赦、以令取寧、即日遣、書到日、尽遣如律令

の二簡は内容、筆蹟ともに五七-一簡に関係があり、觻得県から申請のあった鄭赦の賜暇《しか》願を（一六〇-一四）もとにして、甲渠候が休暇を承認した（一六〇-一六）文書であると指摘された。

木簡の描くトラブルの世界は、現代にもありうる一般的なものである。

第九章　冥土へのパスポート

江陵一六八号墓の湿屍

「頼んでおいた原稿はなにか書けましたか」と、朝日新聞の高橋徹記者が声をかけてくれた。学芸部から社会部へ変るので、かねて頼んでいた原稿ができているなら、学芸の方へ引きついでゆきますよという親切な話である。高橋記者は私が邪馬台国のことを書くのを期待されていたが、私は深入りしたくないので書いていなかった。でも、長いあいだかれのすすめに応じなかったのは申し訳がない気がして、「邪馬台国じゃないけど、冥土へのパスポートというのはいかが?」といったら、「なんですかそれは?」とかれは社会部の顔になった。話を聞き終った高橋さんは、「先生はそれをゆっくり学芸部向けの原稿にしなさい。私は先に社会面に報道しますから」と帰ってしまった。昭和五十一年五月十七日付朝刊でかれの記事が出、二十二日夕刊の文化欄に私の文章が出た。

湖北省江陵県鳳凰山第一六八号墓の発掘は一九七五年に行なわれ、『文物』同年九号に発表されたが、その墓からは男子の湿屍が出た。遺体の保存状況は馬王堆一号墓の軑侯夫人のそれよりも勝れているといわれ、一九八二年十二月にその医学的なくわしい研究が出版された。死因は急性穿孔性腹膜炎《せんこうせいふくまくえん》と全身の広汎性出血であるそうだ。

この墓からは六七点の竹簡が出た。そのうち六十六点は長さ二四センチ余、幅〇・八センチ前後の標準的な簡で、物品名と数量を書いた、いわゆる遣策という副葬品のリストであったが、残る一点がたいへん珍しいものであった。中国の報告は一様に竹牘とよんでいるが、長さ二三・二センチ、幅は四・一〜四・四センチで、竹を輪切りにしたうえ、縦に割いて作ったので少し丸みがついている（図51）。そして報告書では文字は篾青《べっせい》に墨書してあるという。これは写真でわかるように竹の表側を五面に面を取って書いているのであって、竹の青皮の上に書いたわけではない。その内容がなかなかおもしろいのである。

十三年五月庚辰、江陵丞敢告地下丞、市陽五夫〻燧自言、与大奴良等廿八人、大婢益等
　十八人、軺車
二乗、牛車一両、騶馬四匹、駠馬二匹、騎馬四匹
可令吏以従事、敢告主。

（文帝）十三年五月十三日、江陵県の丞が敢えて地下の丞に告げます。市陽里の五大《だい》夫の燧《すい》が自ら申告してきたのによれば、大

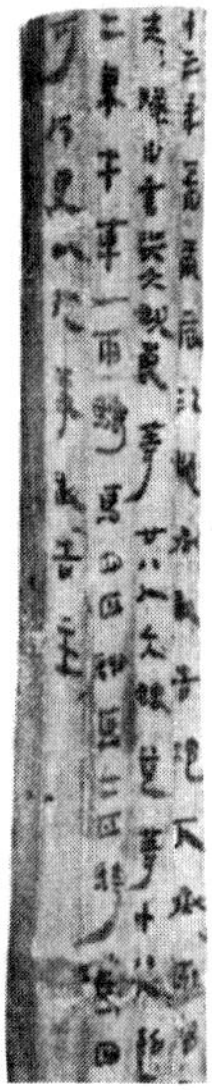
51　冥土へのパスポート　江陵一六八号墓出土

奴《ど》良《りょう》等廿八人、大婢《だいひ》益《えき》等十八人、軺車《ようしゃ》二乗、牛車一両、足の速い馬（騶馬《すうば》）四匹、くり毛の馬二匹、騎馬四匹と（行を）与にするといいます。吏に命じて事に従うようにして下さい。敢えて主に申し入れます。

吉林大学での討論

最後の可令の令という字は斜になっているので、私は「与大奴……」を「大奴……と」と読み、令は行の字で、「行くべし」と考えた。ところが、この読みが良いかどうかを尋ねる機会がはからずもやってきた。

一九七九年八月三日から約二週間「日中関係史研究者訪華団」として吉林省、遼寧省と北都を訪れたとき、長春市の吉林大学で座談会があった。私はかねて鳳凰山一六八号墓の発掘簡報に吉林大学の名前が入っているのが不思議であったので、考古学の張忠培《ちょうちゅうばい》氏に何故湖北省まで出かけたのか、一六八号墓というが、一六八基をすべて掘ったのかという質問をして、湖北省まで行ったのは、全国の考古学専攻のある大学から学生を集めて訓練をしたからである、一六八基をすべて掘ったわけではない、そして吉林大学が一六八号墓を担当したのはまったく偶然であるとの答えを得た。

かれは報告書は、発掘報告と簡牘研究とを別に出版し、簡牘は姚孝遂《ようこうすい》副教授が担当するという話であった。それで後日の吉林省博物館での座談会で姚先生の出席を求めて改めて可令か可行かをたずねたところ、行とは読めない、文章としておかしいのは脱字のせいかもしれぬという意見を聞いた。直接竹牘を見た人の言であるからまちがいはないだろう。

それにしても、私がこの文章に何故興味をもったかというと、漢代に使用されていた旅行者の身分証明、つまりパスポートによく似た文章だからである。

繻と符

中国では国内旅行者が身分証明書を携行し、その文書を唐代では過所《かしょ》とよび、日本の智《ち》証《しょう》大師円珍《えんちん》が唐の大中九年（八五五）に越州都督府と長安の尚書司門とから支給された過所が、園城寺《おんじょうじ》、つまり大津の三井寺《みいでら》に残っている。円珍という人は、今日旅行中の切符や箸紙を残しているコレクターみたいなところがあって、入唐のときの文書などをたいせつに残している。この過所を内藤湖南《ないとうこなん》博士が複製され、解説されたのがこの種の文書の研究の始めである。その研究以来、漢の旅行者の身分証明書はひろく「伝」といわれ、材料には木を用いたり繒帛を用いた。木を用いたときにはそれを棨とよんだ。繒帛を用いたときは二行にその繒帛に文字を書き、分けてその一つを持ち、関所を出入するときにこれを合わせて合えば通過できたという説明になっていた。そして終軍《しゅうぐん》という人の物語がその事情を語るものとされていた。それは、

> 最初終軍が済南から都の博士官について学ぶため歩いて関に入ったところ、関所の吏が軍に繻《じゅ》を与えた。軍がこれはなにかとたずねた所、吏は復伝《ふくでん》（帰りの証明）で、還るときにあわせて符合すればよいのだと答えた。それで終軍は一度志をたてて西遊する以上は復《また》かえることはないと繻を棄てて立ち去った。やがて彼は謁者という官につき、皇帝の

使として節を建てて関を出た。節を持っている使者は身分証明は不要である。ところが関所の吏は軍を見つけ、此の使者は前に繻を棄てて行った男だといった。

という話である。私はこの話を読んで従来の説を疑った。それは、終軍の繻は復伝といわれ、帰途にはじめて役立つわけで、終軍が往路に彼の身分を証明する文書は別のものであると思ったからである。そこで居延漢簡の実例はこの考えを証明してくれた。つまり、長途の旅行、すくなくも一つ以上の関を通る旅行者は文書を必要とし、一つの関を出入する人は繻でもよい。繻の働きを木でさせたばあいはそれが符である。符についてはすでに四八ページで述べた。

私用旅行者の身分証明

ではその文書はどういうものかというと、完全なものは一五－一九簡のみで、

永始五年閏月己巳朔丙子、北郷嗇夫忠敢言之、義成里崔自当、自言為家私市居延、謹案
　自当毋官
獄徵事、当得取伝、謁移肩水金関、居延県索関、敢言之、
閏月丙子、觻得丞彭、移肩水金関、居延県索関、書到如律令／掾晏、令史建

永始五年（前一二）閏月八日、（觻得県）北郷嗇夫の忠《ちゅう》が申し上げます。（当郷）義成里《ぎせいり》に

住む崔自《さいじ》当《とう》が自ら申告するには、家の為に居延に商売に行きたいといいます。調べてみますと自当は官の獄にめし出された前科はありませんので、当然伝を取ることができ（旅行ができ）ます。肩水金関、居延県索関に取り次ぎ申します。」閏月八日、觻得県丞の彭《ほう》が肩水金関、居延県索関に通知する。この書が到着したなら、律令のきまりのように扱え。／掾晏《あん》、令史建《けん》。

という文章である。つまり郷嗇夫が旅行者名と目的と、前科のない旨を証明し、県丞がそれを認証し、通過する関にあてて移《い》牒《ちょう》するという形式である。これがもっと多くの関所や水上交通のチェック・ポイントである津などを通る必要がある長距離旅行のときには、二一三―二八、二一三―四四簡に

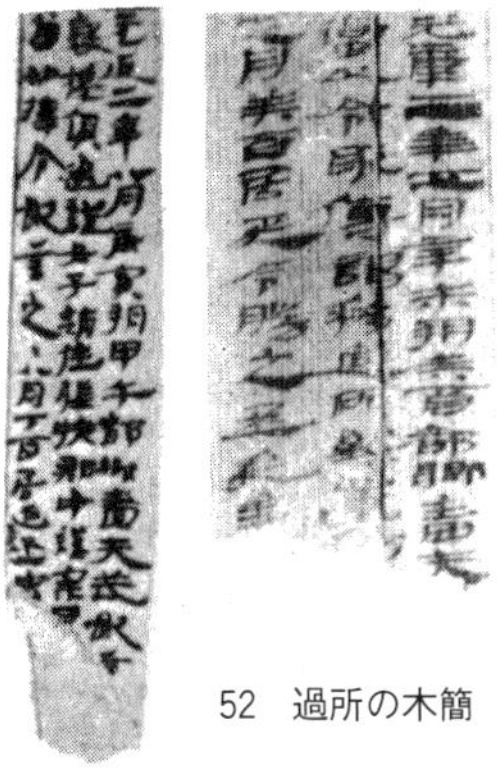

52　過所の木簡

元康二年正月辛未朔癸酉、都郷嗇夫（下欠）
当以令取伝、謁移過所県道河（下欠）
正月癸酉、居延令勝之、丞延年（下欠）

とあるように、「過所県道河」というちがった表現になる。これは後でしめす例で明らかであるが、「過所県道河津関」とか、「過所県邑侯国」とかいうような表現である。過ぐる所の県や道や、河津、関などは留めることなく旅行

をさせてくれという一般的表現になる。このときに文書につける検、カバーの宛名に「過所」と書いたものがある。これが時とともに名詞化し、後世にこういう文書を過所とよぶようになるのである。

この種の文書は二一三-二八の写真（図52）でわかるようにだいたい細かい字で書いてあって、地名があると居延の地域ではない遠くの地名が出てくるからわかりやすい。私は一九四九年の上海版の『居延漢簡考釈釈文之部』を用いて一九五四年に「漢代の関所とパスポート」という論文を発表したときは、民間人の例を一四例あげたが、一九八二年に『秦漢法制史の研究』を刊行するにあたって五四年の論文に修正を加えたときには、写真を参照した結果二五例が増えて三九例をあげた。そして新しく増えた例は多くは上番号が二一八である。一九八二年に出版された『居延漢簡甲乙編』には、第三章で徐苹芳さんの言葉を紹介したとおり、出土地がすべて明らかになっており、二一八はA32、すなわち肩水金関である。写真を見ること、出土地が明らかであることは、木簡研究にいかに貢献するかが、私の経験でわかってもらえると思う。一四例が三九例になるのだから、数字で表わせるというものである。

オリジナルか、写したものか

パスポートの話の途中であるが、もう少しこの一般論を続けよう。パスポートの例は一九七三・七四年出土居延漢簡が発表されるともっと例が増える。それも数字であらわせる。一九三〇・三一年の発掘ではA32は八五〇簡が出土していたが、その中で三九例あったと考えると、今度は一一、五七七簡が出土したのだから、五三〇簡ばかりになる。本当にそうなるかどうかわからないが、増えるのはまちがいない。そのうえ、一九七九年に敦煌馬圏湾で出土した簡から考えられることは、この隊は玉門関に非常に関係の深い位置にあったということで、一九五ページに引用した簡は、隊長の妻のパスポートである。そうすると研究材料はいよいよ豊富になってくるだろう。

そこで考えねばならない今後のテーマとして、私のもっている関心は、これらの出土したパスポートは、旅行者が持参したオリジナルが、旅行目的地にいたる最終の関で回収されたのか、旅行者はなおオリジナルを保持し、関吏はそのパスポートを書き写したのかという問題なのである。また、最終の関ではなくて、今後旅行者の旅程上になお二つ以上の関所があるばあいは、書き写してオリジナルを返還するのか、オリジナルを回収して関が再発行するのか、見るだけで通過させるのか。そもそも最初の関で封を開いたあとは封はどうするのか。パスポートの封の問題は重要な意味がある。例の孟嘗君《もうしょうくん》が鶏鳴狗盗《けいめいくとう》の助けにより秦を脱出するときに、

昭王孟嘗君を釈す。孟嘗君出ずるを得、即ち馳《は》せ去り、封伝を更《あら》ため、名姓を変じて以て関を出でんとす。

とあるように、封を開いて姓名を変えられる可能性があるからである。

これは最終的には、パスポート簡の筆蹟を調べなければしかたないだろう。異なった地方から来たパスポートが同一の筆蹟であり、かつその筆蹟が関吏のだれかに特定できればよい

ことになるだろう。

この本が将来、もし改訂される機会があるとすれば、ここの部分には新しい結果を盛りこめるかもしれない。

公用旅行者のばあい

つぎに公用旅行者のばあいは一七〇‐三簡のように、

元延二年七月乙酉、居延令尚、丞忠、移過所県道河津関、遣亭長王豊、以詔書買騎馬酒泉敦煌張掖郡中、当舎伝舎従者、如律令／守令史詡、佐褒

元延二年（前一一）七月二十六日、居延令の尚《しょう》、丞の忠《ちゅう》、過ぐる所の県道河津関に移牒する。亭長王豊《おうほう》を遣わし、詔書の命を以て騎馬を酒泉、敦煌、張掖郡中に買わしめる。伝舎に宿泊せしめ、従者をつけるべきことは律令の規定のようにせよ。／令史心得詡《く》、佐褒《ほう》、

と簡単明瞭になってくる。伝舎というのは県にある公用旅行者の宿泊設備である。ここで一つ例外的な私用旅行者のための文書を示してみよう。それは一四〇‐一簡で、

□□年九月丁巳朔庚申、陽翟長獄守丞就、兼行丞事、移、函里男子李立弟臨自言

取伝之居延、過所県邑侯国勿苛留、如律令

（不明）年九月四日、陽翟長獄丞心得の就《しゅう》が兼ねて県丞の事務を取扱い、通知する。函里の男子李立《りりつ》の弟の臨《りん》が自ら申告するには、伝を取って居延にゆきたいという。途中通過する県、邑、侯国などは、とがめ留めてはならない、律令の如くせよ。

とあって、私人にたいし県が直接発給しているが、これも簡単明瞭で、かつ先にのべた江陵一六八号墓の竹牘の文章と類似しているであろう。もう一度竹牘の文章を見てもらいたい。

冥土の役人へ告げる

江陵丞は江陵県の丞、名前がないのは実用でないからだが、パスポートは多く県丞かその代行が発信していることはここにあげた例でもわかる。江陵の丞が「地下の丞」という、死後の世界を主どる役所の丞にあてて発信する形をとっていることがユーモラスである。「敢告」、あえて告ぐといういい方はていねいな表現である。下級官が上級官にたいして出す上申文書に「敢言之（あえて之を言う）」と書くことは、すでにいままでにいくつも例があったが、「敢告」の例は『漢書』「王嘉伝《おうか》」の中に、王嘉が哀帝劉欣《りゅうきん》に上疏《じょうそ》諫言《かんげん》した中に、宣帝劉詢が民をよく治める官吏を愛したことを述べて、

章文に必ず敢告之の字有りてすなわち下す、

としており、また太守が檄書という軍令を兵に下すときには、

敢告部都尉卒人

敢告張掖農都尉護田校尉府卒人

などと使っているものである。竹牘文の結びも「敢告主」となっていて、ていねいであるが、とにかく市陽里の五大夫遂が地下へゆくにあたって、当時の旅行者の身分証明書に似た形式の擬製《ぎせい》文書を墓に入れていたことは、はなはだおもしろく、冥土へのパスポートと洒落たしだいである。

このような文書が出土した例はほかでもある。馬王堆三号墓には、

十二年二月乙巳朔戊辰、家丞奮、移主贓郎中、移贓物一編、書到、先選具、奏主贓君、

という木簡があった。「文帝十二年二月十二日、軑侯家丞奮《ふん》が主蔵郎中に移牒し、蔵物のリスト一編をおくる。書が到着したなら、とりそろえ提供する前に主蔵君に報告せよ」という意味で、贓は贓で蔵に等しい。家丞奮は実在の人物であろう。具体的にこの墓の葬送の品物を主としてととのえるのは、侯家の家丞の勤めである。その本人から、地下で品物をあつか

う役人にたいして品物のリストを送るという形式の文である。

この種の木簡がもう一例、江蘇省揚州市の西郊七キロの邗江胡《かんこうこ》場《じょう》五号墓から出土している。この墓は一九七九年三月下旬から他の三基の前漢、中・晩期墓とともに調査された。五号墓は方形竪穴の夫婦合葬墓で、あまり大きな墓でないのに出土器物は豊かであった。漆案（つくえ）、奩（はこ）などの漆器多数をはじめ、鉄器、銅器も出土し、銅印も三つあった。そのうち二つは死者の腰部にあり、一つは「臣奉世《ほうせい》」、一つは「封信願君自發」の印文で、第三の印は小さな円形の奩のなかからみつかり、両面印で「王奉世印」「王少孫《おうしょうそん》印」の印文であった。

木牘が一三点出たが文字のあるのは六点で、読めるものは五点である。ほかに木楬が六点、木検（封泥孔があり、穀物の袋についていたものかもしれない）七点がある。江蘇省出土木簡としてはもっとも多い。文書中には面背両面に日記が書いてあるものがある。まことに珍しい。

さて本章と関係のあるものは、発掘簡報で文告牘と呼んでいる二点で、隷書で書かれ、

卌七年十二月丙子朔辛卯、広陵宮司空長前丞?能敢告
土主、広陵石里男子王奉世有獄事、已復故郡郷
里、遣目致移栺（詣）穴　（以上面）
四八年獄計、承所従事如律令　（以上背）

という文章が表二行、裏二行に書かれている。四十七年という紀年は、江陵国の紀年で、計

算すると宣帝劉詢の本始三年にあたり、十二月十六日である。墓主王奉世の死んだ日、または葬日と考えられる。文中獄事ありとし、男子の死体を調べた上海自然博物館の簡単なコメントでは、頭骨に異常な圧迫のあとがあり、受刑中に重圧をうけたことがあったのではないかという。この擬制文書は、広陵宮司空長の前《ぜん》と、丞の能《のう》が「敢えて土主に告ぐ」という形式で、司空という官は土木工事を担当するが、よく囚人を使用していた。だから広陵王の王宮に使役に出ていて罪にふれ、おそらく頭部に圧迫をうけるような刑をうけて死んだのであろう。したがって司空長の発信の形式になっており、故郷へ帰って葬られたのであろう。事実関係はそうであったとして、やはり現実に存在する官から土主にむけて「敢告」の文言で文書が送られるという形式である。

　数は少ないがこういう冥土の世界へ移牒する考えかたは、仁井田陞氏が「漢魏六朝の土地売買文書」の論文中にとりあげた家地を買ったとして鉛券《えんけん》を、あるいは磚文《せんぶん》を埋める思想と同様のものであり、漢代人の死生観を考えるよすがになるといえよう。

第十章　文書政治と帳簿の査察

文書と記録

「大庭君はきれいな木簡が好きやねえ」と藤枝晃先生が話しかけられた。「僕は汚い断片を集めるほうが好きや」と先生はいう。漢簡研究に従っている人の中には、たしかに好みがあって、藤枝先生の話のように、きれいな木簡と汚い木簡の好みがわかれているようにも見える。ここでいうきれい、汚いの区別は、木簡が長く残っていて文字が多い木簡と、比較的短くて、自然文字の少ない木簡という意味である。

きれいな木簡はそれ自体が文書で、一本でも使えるが、汚い木簡は同様のものを多く集めて帰納しなければならない。私は最初のころ、そういう文書の内容と『史記』『漢書』の史書の記載とをつなぐ作業を手がけたので、木簡だけを集めて、その中からなにがいえるかを考えた藤枝先生の方法と別の道を進んでいた。その結果藤枝先生には、「長城のまもり――河西地方出土の漢代木簡の内容の概観――」という一〇〇ページをこえる大作が生まれた。

これは一九五五年に京都の自然史学会の刊行した『自然と文化 別編II』ユーラシア学会研究報告、「遊牧民族の研究」の中に入っている。惜しいことにこの雑誌が特殊なものであったため、この大作を知る人が少ないまま、今日になると少し古くなってしまった。まだ居延漢簡の写真版のないころのことである。

ところでそのきれいな木簡、汚い木簡という区別の話をつづけると、きれいな木簡は、つまり文書木簡であり、やがて気がついてみるとA33の出土簡、つまり肩水候官の出土簡を比較的多く使っており、汚い木簡といわれるほうは、大きくいって甲渠候官、A8の出土のものが多く使われるように思われる。それは無理からぬことで、一九三〇・三一年出土居延漢簡のもっとも多数出土したのがA8地点で、全部で五二〇〇点になる。帰納法を使うとどうしてもこちらのほうが使用頻度が多くなるわけだ。

木簡研究の一つの目標は「冊書」への復原である。その作業の例はいままでにも述べたし、第十一章はこれにあてているから、本書の中の各所でこのことを見ていただいているわけであるが、本章においては帳簿の復原ということについて主として述べたいと思う。

帳簿という言葉は日本語的表現で中国の学者にはやや奇異にひびくようである。中国語では簿書、簿籍などに相当するが、日本人には役所で帳簿をつけているという感じが、案外居延あたりの田舎にはぴったりするようである。もっともこの帳簿に記載するということは、具体的にいえば記録をとることである。毎日の隊卒の勤務、作業内容、人の出入、信号の授受などをすべて正確に記録にとり、一定時期にまとめて報告をする作業が、隊を最低単位にして広く各単位で行われていた。したがって帳簿といいならわしている資料は、古文書学からいえば記録である。

なお、日本の中国木簡の研究者の間で、文書という用語が安易に用いられているが、文書は発信人と受信人があり、必要に応じてある事柄を第二者に向って書いてやるもので、その間にその事柄についてある働きを生ずることとなるものである。中国文書の研究は、故神田喜一郎先生が手がけられたが、日本古文書学の方が発達しているから、その知恵を導入する必要がある。

帳簿復原の研究

帳簿を冊書に復原する作業をもっと大規模に行ったのは、マイクル・ローウェー博士である。まさしくかれの書名どおり、“Records of Han Administration”である。ローウェー博士の業績を正しく評価し、その遺をひろいつつ再度この作業を行っているのが、永田英正教授である。

永田氏は、最初、「居延漢簡にみる候官についての一試論――破城子出土の〈詣官〉簿を中心として――」（史林五六-五、一九七三年九月）という論文で、甲渠候官に入城する人間の記録をもとに候官の機能を考察することに成功し、その後作業を拡大して「居延漢簡の集成」三篇を完成したが、それは一、二は「破城子（ムー・ドルベルジン）出土の定期文書」（『東方学報京都』四六、四七、一九七三・七四年）、三は「地湾（ウラン・ドルベルジン）、博羅松治（ボロ・ツォンチ）、瓦因托尼（ワイン・トレイ）、大湾（タラリンジン・ドルベルジン）出土簡」というもので『東方学報京都』五一所収、一九七九年の刊行である。

永田氏はこのほかに林巳奈夫《はやしみなお》編『漢代の文物』の中に「書契《しょけい》」の項を担当してⅠ文房具、Ⅱ図書、文書にわけて行き届いた解説を果し（一九七六年、京都大学人文科学研究所刊）、講座敦煌3『敦煌の社会』の中では、「簡牘よりみたる漢代辺郡の統治制度」を書き（一九八〇年八月、大東出版社刊）、好個の概説を提供している。いずれもよくまとまった内容の濃いサーベイで、本書で興味をもたれた方は、一歩進んでこれらの書物を研究していただきたいと思う。そして、もう気のついた読者もあるかもしれないが、永田氏は藤枝氏の表現によればきたない木簡のほうが好みなのかもしれない。

文字の統一と文書政治

紀元前二二一年に完成した秦の始皇帝の中国全土統一後、始皇帝がとった政策の中に文字の統一があった。今日出土する戦国時代の文字資料を見ると、さまざまな字体があり、その研究方法は古音によって推定せねばならぬばあいがしばしばで、これは中国人学者の独壇場だなと思うことが多い。そういうさまざまな字体を統一したのは、文書による政治をするためであった。雲夢睡虎地出土の竹簡秦律の中に行書律《こうしょりつ》があり、たとえば

行伝書、受書、必書其起及到日月夙莫、以輒相報殹、書有亡者、亟告官。

文書を伝送しあるいは受領したとき、必ずその発信あるいは受信の月日朝夕（莫は暮）を記録し、回答せよ。文書を遺失したときは、すみやかに官府に報告せよ。云々

というような規定が書いてある。これを見ても、文書の書式や文書を送達する速度などに細かな規定があったことをうかがわせる。そして皇帝の命令は文書をもって伝達され、報告も文書をもって皇帝になされた。始皇帝はそれを自ら決裁した。『史記』に始皇帝のことを、

天下の事、小大となく皆上《しょう》に決す。上、衡石《こうせき》を以て書を量《はか》り、日夜呈《てい》有り、呈に中《あた》らざれば休息するを得ざるにいたる。権勢を貪ることかくのごときにいたる。

と書いてあるが、これは権勢を貪ったのではなく、皇帝親政の原則どおりで、処理すべき文書の呈――ノルマを決め、その呈は衡石（おもり）ではかって量を決めた。木簡の書類だから重量で決めたわけである。

皇帝にたいする地方長官、中央政府機関などからのもっとも重要な報告は、年度末の報告で、その報告の主体は、項目別の統計である。秦の制度を踏襲した漢においても同様で、年度末の報告は上計《じょうけい》といった。郡国内のいろいろなことを集計した計簿を上まつるからである。

漢の年度というのは十月にはじまって九月に終る。そのわけは秦は歳首を十月にし、漢はその制度をうけついだからである。もっとも太初元年（前一〇四）から太初暦《たいしょれき》を制定して歳首は一月に改めたけれど、上計の年度は変らなかった。なお辺郡は三年に一度上計することになっていた。各県は戸口、墾田、銭穀の出入、盗賊の多少などを集計して郡に出し、郡はそれをまとめて中央に出す。もちろん県は下級の郷、亭、里の報告を集計しているわけで、

そのためには日ごろから各項目の帳簿を整備していなければならない。そして上計の結果、地方政治の実態を知り、同時に地方官の能否を判定し、考課を行なうことにもなる。

帳簿のサンプル

では、そういう帳簿の形はどうなっていたのかということは、漢簡の出土によってはじめて明らかになったのである。それは一九三〇・三一年出土居延簡の代表とされる、永元七年の器物簿という七五簡を一つに編んだ、冊書の形のまま出土したものであった。だが私は、一九七三・七四出土簡のほうからサンプルを提供しようと思う。それは王莽の始建国二年（後一〇）五月一日付の槖他候官所属莫当隧の備品台帳である。

始建国二年五月丙寅朔丙寅、槖他守候義敢言之、謹移莫當隧守禦器薄一編敢言之　EJT三七－一五三七A

令史恭　EJT三七－一五三七B

●槖他莫當隧始建国二年五月守禦器簿　EJT三七－一五三八

驚米一石　深目六　大積薪三　EJT三七－一五三九

芮緯三犕九升　転射十一　小積薪三　EJT三七－一五四〇

驚糒三石　草蓬一　汲器二　EJT三七－一五四一

馬矢槖一　布表一　儲水罌二　EJT三七－一五四二

芳槖一　布薫三　塢戸上下級各一　EJT三七－一五四三

弩長臂二（下欠）　EJT三七－一五四四
羊頭石五百　塢戸関二　狗二　EJT三七－一五四五
長枡二　槍冊　狗籠二　EJT三七－一五四六
連梃四　芮薪二石（下欠）　EJT三七－一五四七
長棓四　木薪二石　小苣一百　EJT三七－一五四八
長椎四　馬矢二百　程苣火（下欠）　EJT三七－一五四九
長斧四　沙二石　瓦帚二　EJT三七－一五五〇
茹十斤　鼓一　木椎二　EJT三七－一五五一
藁火筥板一　烟造一　壺一　EJT三七－一五五二
木画衣二　破釜一　鉄戊二　EJT三七－一五五三
皮筥草莫各一　瓦枡二　EJT三七－一五五四
承纍四　瓦箕二　EJT三七－一五五五
蓬干二　楼櫟四　EJT三七－一五五六
（上欠）二具（下欠）　EJT三七－一五五七
●橐他莫当隧始建国二年五月守衙器簿　EJT三七－一五五八

以上二十二簡である。本章では帳簿の形式に主眼を置いているので、冊書の訳は省略しておく。

さて最初の一五三七簡は、莫当隧守衙器簿の送り状である。裏には橐他候令史の署名がある。そして一五三八簡と一五五八簡はそれぞれ始めに黒丸があって同じく簿名が書いてあり、簿の始めと末尾とを示す簡、そのあいだの簡が簿の内容である。

帳簿の種類

永田教授の整理された簿の種類は、穀物の出納を記した「穀出入簿」「穀簿」「食簿」、銭の出納を記した「銭出入簿」、兵器その他の備品類を記した「守御器簿」「兵簿」「什器簿」、その破損状況を記した「折傷《せっしょう》簿」、戍卒の作業を記録した「作簿」「日作簿」「伐茭《ばっこう》簿（まぐさ刈り）」、天田等の見廻りを記録した「日迹簿」「迹候簿」「候簿」、戍卒の持物を記した「被簿」「被兵簿」、吏の功労を記した「伐閲簿」などがあった、また籍とよばれる名簿には、吏卒の名簿である「吏卒名籍」「卒名籍」、食糧配給名簿である「吏卒稟名簿」、「卒家属稟名簿」、吏の俸給支給名簿である「吏受奉名籍」「吏奉賦名籍」、戍卒の病人や死者に関して「病卒名籍」「戍窗病死衣物名籍」などがある。

このような各種の簿籍が作成され、必要に応じて上級官庁に提出されるのは、さきの莫当隊守窗器簿の例で理解されるであろう。

帳簿の検閲

上級機関ではこの帳簿類を検閲し、他の帳簿との異同をチェックし、不審があれば事実を糾明する。たとえば一九〇-三〇、一二九-二二簡では、

校甲渠候移正月尽三月四時吏名籍、第十二隧長張宣使、案府籍、宣不使、不相応、解何。

甲渠候が提出した正月から三月までの「四時《しじ》吏名籍」を調べてみると、第十二隧長の張宣が使したことになっているが、都尉府の名籍によると、宣は使をせず、互にくいちがっている。何故か。

また、一七六-五簡に、

校候三月尽六月折傷兵簿、出六石弩弓廿四付庫、庫受嗇夫久廿三、而空出一弓、解何。

候が提出した三月から六月までの損傷兵器簿を調べてみると、六石の弩と弓廿四張を出して兵庫にわたしたことになっているが、兵庫の方では嗇夫久《きゅう》から廿三張を受けとったとなっている。弓一張を空出したのは何故か。

と、いずれも資料を照合して不一致があるので詰問取調べをしているのである。また従来このような査察、責任追求の事例としてかならず引用されるのは郵書に関するもので、文書をリレーで送達するのに、責任地域を規定の時間以上かかってとがめられる例である。

木簡の文書を送るとき、「検」というカバーの別の木簡をかぶせ、縄で結び封泥をつけ、「検」の表面に宛名を書いたことはすでに四一ページで述べたとおりである。文書を開くときに縄

をとると、封泥は文書と別になるので、「検」にはしばしば、

甲渠官　王彭印　四月乙丑卒同以来

というように、封泥の印文と、その文書を持参した者の名前を記録したものがある。

文書は郵や亭というステーションを順次リレーして運ぶのが原則であるが、このとき一本ずつを運ぶのではなく、同方向へゆくものを何通かまとめて運び、嚢《ふくろ》にいれたものと思われる。漢代の文献には皇帝の詔書を運ぶのに緑色あるいは青色の帛の嚢、皇帝に秘密の事を上奏するときは皁嚢《そうのう》——黒ぎぬの嚢、辺境で異変がおこったことを報せる緊急の書は赤白の嚢を用いることが記されている。こうした嚢は方底《ほうてい》、つまり長方形の底をしていた。こういう文書を郵亭や、前線では、隊《すい》(見張り台)が順次リレーするとき、その距離に応じて所定の時間があった。郵送の記録として一五七－一四簡に、

北書三封合檄板檄各一　其三封板檄張掖太守章詣府　合檄牛駿印詣張張《ママ》太守府牛掾在所　九月庚午下餔七分臨木卒副受丗井卒弘、鶏鳴時当曲□卒昌付収降卒福、界中九十五里、定行八時三分実行七時二分

北向け文章三通、合檄、板檄各一通。内文書三通と板檄は張掖太守の印で封印し、〔居延都尉〕府宛、合檄は牛駿《ぎゅうしゅん》の印で封じ張掖太守府牛掾《えん》の在所に詣す。九月庚午《かのえうま》の日、下餔時七分、臨木隊卒の副《ふく》が丗井の卒弘《こう》より受け、鶏鳴時に当曲隊卒の昌《しょう》が収降隊卒の

福にわたした。受持区間九五里、規定の所要時間八時三分、実際の所要時間七時二分。

という例がある。下餔時、鶏鳴時はいずれも漢の時刻名で、下餔七分はほぼ午後五時三〇分、鶏鳴時は午前二時である。三〇・三一年居延漢簡は簡の出土地が不明のものが多く、具体的にここに出てくる隧の位置はわからないが、臨木隧を通って、リレーされた郵便の記録が数点あり、これはその中の完全な簡である。北書は北行き文書で居延都尉府の方へゆき、南書は、張掖太守府の方へ行く。受持ち区間を運送する規定所要時間が決っており、これを郵書程といい、実際の時間、受け渡しをした人間の所属と名前が記録されている。規定時間より遅れると、上級官より譴責されるというのはこのことである。

ただ遅延をとがめる簡はいままで、一簡ずつ別のものとして引かれていたが、私の大学の大学院生鵜《う》飼《かい》昌男《まさお》君が一つの冊書であることに気がついた。くわしくはかれの論文を見ていただきたいが、つぎのように連続するという。

●校臨木十一」月郵書二封張掖居延」都尉十一月壬子夜食当曲卒同受収降（下欠）
六三－一二」一八八－二二」一九四－一一

●校臨木郵書一封　張掖居延都尉　十一月己未夜半当曲卒同受収降卒厳下餔臨木卒禄付誠勢北隧卒則　二〇三－二

界中八十里書定行十時留遅二時解何　二三一－二

臨木卒戎付誠勢北隧卒則、界中八十里、書定行九時　留遅一時解何　一三三-二三

十一月郵書留遅不中程、各如牒、晏等知郵書数留遅、為府発不事拘校所□
五五-一一、一三七-六、二二四-三

任小吏忘為中程、甚毋状、方議罰、檄到各相与邸校定吏当坐者、言須行法
五五-一三、二二四-一四、二二四-一五

毋忽、如律令　会月十六日　五五-二三

臨木隧は甲渠候官管内にあり、郵書のポイントになる所であるが、収降《しゅうこう》隧という居延候官の南端の隧から当曲隧という甲渠候官の北端の隧に移り、その後界中八十里を通って甲渠南端の臨木隧から卅井候官北端の誠勢北隧に移るあいだの時間が、定行九時、あるいは十時のところを一時、あるいは二時遅延している。これは何故か。隧長の晏《あん》等は遅れていることを知りながら小吏にまかせて失念していたのは怪しからぬ。罰を議さねばならぬから、檄が到ったならば、吏の責任者を定め、月の十六日に集合せよという大意である。

こういう次第で、文書の逓送は厳重な制度と監督のもとに行なわれていたが、次章で述べるように元康五年の詔書冊を復原してみると、都と張掖郡とのあいだでの通常文書の伝達の日数が明らかになった。

日常の作業の記録をとり、一定期間単位にまとめて報告をし、上級官庁はそれを別の面から査察監督をする官僚統制、そして在地の機関のそういう活動にたいして別の機関が調査をするという監察の方法は、中国に古くから発達してきた統治の知恵であり、統治技術であっ

たといえるであろう。七－七簡は、

地節二年六月辛卯朔丁巳、肩水候房謂候長光、官以姑臧所移卒被兵本籍、為行辺兵、丞相史王卿、治卒被兵、以校閲亭隧卒被兵、長為買銭不相応、或易処不如本籍、令写所治亭、別被兵籍、並編移、書到光以籍閲具卒兵〻即不応籍、更実定非籍兵、所在亭各実弩力石射歩数

今可知賚事詣官、会月廿八日夕、須以集為丞相史王卿治事、課後不如会日、為治罪、毋忽、如律令

とある細字で書かれた簡で、地節二年（前六八）六月二十七日付で肩水候官長の房《ぼう》から肩水候長の光《こう》に命じたもので、姑臧《こぞう》県から送って来た卒の兵器簿については、近く丞相史の王卿《おうけい》の調査があるので、買入代金の不当なもの、状態の変って台帳どおりでないものを校閲し、管下の亭隧に被兵簿を整理させよ、卒の武器で台帳に合わないものは実際どおりに改め、弩の力の石数、射程距離の歩数など明らかにし、月の廿八日夕刻に書類をもって候官に集合せよという大意で、中央の丞相府の下級官であり、査察の任をもつ丞相史の巡察に備えるように準備を命じている。月の何日に会せよという命令で、各単位の長は候官の要求に応ずる所作を行なった上集合し、報告をし、あるいは調査を受ける。そのために候官砦に入城する人を記録したものが、さきにふれた永田教授のいう詣官簿である。そして最後に引いた七－七簡のようなものが、藤枝先生のいわゆるきれいな木簡に相当するのである。

第十一章　木簡学の華——冊書の復原——

日付の疑問

一九六一年五月のある日、私は翌日の大阪大学文学部での講義の予習をしていた。故守屋《もりや》美都雄《みつお》教授から依頼されて、一年間ハーバード大学に留学している山田信夫《やまだのぶお》氏の留守番に週一度出講し、前前年に出版された『居延漢簡甲編』をテキストにして漢簡の取扱いかたを話していたのである。翌日には第三四簡のあたりを読む順番であったので、つぎのような一〇―一三二簡を説明しなければならなかった。

三月丙午、張掖長史延行太守事、肩水倉長湯兼行丞事、下属国農部都尉、小府・県官、承書従事
下当用者、如詔書／守属宗助、府佐定

三月丙午、張掖長史の延《えん》、太守の事を行ない、肩水倉長の湯《とう》、兼ねて丞の事を行ない、

属国、農、部都尉、小府、県官に下す。書を承け事に従い、まさに用うべきものに下し、詔書の如くせしめよ。／守属の宗助《そうじょ》、府佐の定《てい》。

張掖長史は張掖郡の次官の内軍事を担当している官で、かれが太守の事務を代行、肩水倉という倉の長の湯が張掖郡丞（次官）の事務を代行し、属国都尉、農都尉、部都尉、小府、県の官に下す。この書を承け、所定の事務に従って関係官に伝達し、詔書のとおりにさせよという内容で、属心得の宗助と府の佐の定が署名している。属、佐というのは下級書記官で、守属の守は「何なに心得」の意味である。

そのときまで私は、行太守事、行丞事などとあるばあいは、本官がいるが何かの理由、たとえば出張、休暇などでそのとき役所には不在のため、他の官が事務を代行するばあいであることは確認していた。また木簡の釈文の上で、属国農部都尉の部という字を、労榦氏は抜かしていることも知っていた。この簡は行太守事、行丞事の代行の例として、写真版の出版前から注目してノートしてあったものである。ところが講義をする必要から説明のしかたを考えているうちにむずかしい疑問がわいてきた。「三月丙午《ひのえうま》」とあるけれど、いったい何年のことだろう。丙午は何日のことだろうという疑問である。一〇・三二簡は上下に欠けたあともない美しい完全な簡である。写真がなければ、上が折れて年号の所がないのでしょうなどと逃げられるかもしれないが、その手は使えない。そこで私はノートの再点検を始めた。こういう年号がなく月日から始まる簡の例はないか。そういう例に何か共通の特色はないかという点検である。木簡学で必要欠くべからざることは帰納法なのである。

同筆の簡を見つける

すると何本かの例がすぐに見つかった。たとえば一〇-二九簡の、

閏月丁巳、張掖肩水城尉誼、以近次兼行都尉事、下候城尉、承書従事、下当用者、如昭書。／守卒史義

がそれで肩水候官城尉の誼《ぎ》という人が資格が近いので肩水都尉の事務を取扱って、候、城尉にたいして下した命令である。ほかにも甲八九、九〇と同様の簡が並んでいる。いずれも文章は「如詔書」で終っているし、なんだか筆太な文字で似ているなあと感じながら、頭の一方ではこういう年号のない簡に年号が必要であるとすれば、どうすれば年号をつけられるだろうと考えていた。そしてしばらくするうちに、突然はっと気がついた。それは簡単なことである。いままでは簡を一本ずつ独立したものと考えていたが、これが冊書に編まれていたらどうだろう。いちばん最初の簡に年号がありさえすれば、第二簡以後は不必要ではないか。とすれば、よく似た文字どころかこれらの簡は同一人の文字で、つながるのではないか。そうすると同様の文字で、同様の文章で年号のあるものがあるかもしれない。そこで急いで探してみたら、はたしてそれらしいのがある。一〇-三三簡の

元康五年二月癸丑朔癸亥、御史大夫吉下丞相、承書従事、下当

用者、如詔書

というのがその簡である。この簡の釈文は、一九四九年の労榦氏の『居延漢簡考釈』釈文之部では「下丞相相承書」と相の一字が余分であり、同氏の一九六〇年の『居延漢簡』考釈之部では「御史大夫告」と釈しているが、いずれも誤まりである。元康五年という年は紀元前六一年で、皇帝は宣帝劉詢、御史大夫という職は副丞相で、その職についた人のリストが『漢書』百官公卿表の中にあり、吉というのは丙吉《へいきつ》という人で、前六七（地節三）年から八年間この職にいたとあるからぴったり合う。癸丑《みずのとうし》朔癸亥《みずのとい》は十一日にあたる。

いままでにあげた簡の文に共通している「何某官下何某官承書従事下当用者」という書きかたは、『漢書』や敦煌漢簡の中にあり、皇帝の命令を下達し、実行するように指令する執行命令のきまり文句である。あとで一括してあげるが、けっきょく月日ではじまり、「如詔書」で終る一連の木簡は五簡あった。筆太の字体も似ているので、同一の筆蹟かどうかをくわしく点検してみた。文句が同じだから比較は容易で疑いなく同一だ。もっとも印象的なのは「事」という字で、まるでサッカーの選手がボールを致った瞬間のようにはねあげている。では前後関係はどうなるのだろう。それは二月三月の月を追ってゆくはずだし、上級官庁から下級へ、都の長安から地方へと順を追ってゆくはずだから問題はない。それでこの五簡の簡番号を見ると、一〇‐二九から一〇‐三三まで連続している。おやおやこれも発見だ。これは同一場所の近い所で発掘されたことになりそうである。

一九三〇・三一年出土居延簡は、各簡が上下二つにわかれた固有番号をもち、上の番号（一〇）は採集されたときの袋番号、下の番号は同一袋の中の通し番号である。同一の発掘地点のものは同じ袋に入っているはずで、もちろん一袋に入りきれなければいくつもの袋が、したがって複数の上番号が同一出土地に存することになるが、共通して一〇である上に下の番号が連続するのは折り重なるようにして発見されたとさえいえるのではないか。労榦氏の写真では多くのページに散っているが、『甲編』ではそのうち甲八八〜九〇の三簡を並べているのは、すくなくとも同様の筆蹟を意識して排列したのではなかったかなと思われた。

上奏文が前に

ではこの五簡が並んでいるだけでおしまいだろうか。五簡を並べて、最初の簡に年号があるから、翌日の講義には元康五年の何月であると説明できるようになったものの、なんだかおちつきが悪い。それは五簡ともが執行命令ばかりで、なにを執行せよといっているのかはいっこうにわからない。ではどうあればいいのだろう？　それは各簡文の最後が「如詔書」で結ばれているが、その詔書の内容がわからないからおちつきが悪いのだ。居延簡の中にそういう詔書があるだろうかというのがつぎの疑問であった。

ところがそれはたいして苦労をしないでもすぐに見つかった。甲九一（一〇-二七）、九二（五-一〇）と、つまりひきつづいて並んでいる二簡がそれで、同一の筆蹟と見られるものであり、『甲編』もそれを意識して連続して写真を掲げているのであろう。相当長い文章だが、木簡の文章で首尾完結しているのは数少ないから書いてみよう。

御史大夫吉昧死言、丞相相上大常昌書言、大史丞定言、元康五年五月二日壬子夏至、宜
　寝兵、大官抒
井、更水火、進鳴鶏。謁以聞。布当用者。●臣謹案、比原宗御者、水衡抒大官御井、中
　二〻千〻石〻令官各抒、別火　一〇‐二七
官先夏至一日、以除隧取火、授中二〻千〻石〻官在長安雲陽者、其民皆受、以日至易故
　火。庚戌寝兵、不聴事尽甲寅五日、臣請布。臣昧死以聞。　五‐一〇

御史大夫吉（丙吉）が申し上げます。丞相の相（魏相《ぎしょう》）がたてまつった大常の昌（蘇昌《そしょう》）の書に申すに、「大史丞の定《てい》（姓不明）が申すには、元康五年五月二日壬子の日は夏至でありますので、兵事を寝《や》め、大官は井を抒《く》み、水火を更《あらた》め、鳴鶏時に進める行事を行うよう、取次ぎをもって奏聞いたします。関係者に布告いたしたく存じます」と。●私（丙吉）が謹しんで考えますに、比原宗御者（意味不明）、水衡都尉は大官の御井を抒み、中二千石、二千石の官庁では官をしておのおの抒ましめ、別火の官は夏至に先立つ一日に火きりぎねで火種をとり、中二千石、二千石の官の長安、雲陽にあるものに授け、その民も皆受け、夏至の日に古い火種と取り換えるようにし、庚戌《かのえいぬ》の日より兵事を寝《や》め、政務を休むことを甲寅《きのえとら》の日にいたるまで五日間といたしたいと考えます。この件を布告いたしたく存じます。右申し上げます。

この二簡がつづくことは、一九三五年に北京で整理中に余遜氏によって発見され、研究者

のあいだでは常識となっており、中国古代から行なわれていた春に水火を改める行事が、漢代では夏至に行なわれていたことがわかり、民俗学的な関心が集まっていた。「除隧取火」はひうちを切って新しく火種を作ること、「抒井」は井戸浚えをして井戸水を新しくすることである。出てくる年代も人名も一致するし、この二簡がさきの五簡につながることは疑いなかろうと私は考えた。それではこの二簡は詔書なのだろうか。これは御史大夫丙吉が皇帝に対して出した上奏文である。これをもって詔書というわけにはゆかない。皇帝の命令はどこにもない。従来の学者も丙吉の上奏として取扱っている。

皇帝の承認で詔書に

漢の皇帝の命令には四種あり、冊書がもっとも重く、制書、詔書、戒書とつづく。この制度については後漢末に蔡邕《さいよう》の書いた『独断』という書に説明がある。詔書には三種あり、その二番目に

群臣が奏請するところがあり、尚書令がこれを奏上して、有司（関係官）に下すにあたって「制」といい、天子がこれに答えて「可」という、

と記している。後漢の制度であるから、尚書令が奏しているが、前漢代ではかならずしもそうではない。要は皇帝の秘書長が奏上して皇帝の意向をうかがい、可しという回答を得ると詔書として下附する。この制と可という問答を文字に書くと、制曰可となり、『史記』や『漢

書』などの文献では制可とか奏可という書きかたになることがある。

丙吉の上奏が制可されてはじめて詔書としての効力をもち、公布されるのであって、上奏が皇帝の採用するところとならなかったばあい、いわば〝奏寝《や》む〟という状態になればそれまでで外へは出ない。居延地区から出土する以上は奏可されているはずである。だから本質的には、居延漢簡などの中にある上奏文は、かならず詔書であるはずで、従来、上奏として扱っているのは漢制の基本を知らない扱いである。

そこで、「制曰可」という文句を書いた簡で、これらと同筆の簡があるかを探す必要があることになった。幸いそれはあった。甲一七二一（三三二-二六）簡がそれで、「制」の字の立刀のはねかた、「可」の字のたて画はいずれも同じ筆癖がある。こういうプロセスを経て八本の木簡がつぎのように並ぶことになった（図53）。

第三の冊書

(1) 御史大夫吉昧死言、丞相相上大常昌書言、大史丞定言、元康五年五月二日壬子夏至、宜
寝兵、大官抒
井、更水火、進鳴鶏。謁以聞。布当用者。●臣謹案、比原宗御者、水衡抒大官御井、中
二ミ千ミ石ミ令官各杼、別火　一〇-二七

(2) 官先夏至一日、以除隧取火、授中二ミ千ミ石ミ官在長安雲陽者、其民皆受、以日至易故
火。庚戌寝兵、不聴事尽
甲寅五日、臣請布。臣昧死以聞。　五-一〇

(3) 制曰可　三三二-二六

(4) 元康五年二月癸丑朔癸亥、御史大夫吉下丞相、承書従事下当
用者如詔書　一〇-三三

(5) 二月丁卯、丞相相下車騎将〻軍〻中二〻千〻石〻、郡大守、諸侯相、承書従事下当用者、
如詔書
少史慶、令史宜王、始長。　一〇-三〇

(6) 三月丙午、張掖長史延行大守事、肩水倉長湯兼行丞事、下属国、農、部都尉、小府、県
官、承書従事
下当用者、如詔書。／守属宗助、府佐定　一〇-三二

(7) 閏月丁巳、張掖肩水城尉誼以近次兼行都尉事、下候、城尉承書従事下当
用者、如詔書。／守卒史義　一〇-二九

(8) 閏月庚申、肩水士吏横以私印行候事、下尉候長、承書従事下
当用者、如詔書。／令史得　一〇-三一

このようにして、翌日の講義には、なんの疑念もなく、学生諸君の前に立てることになった。講義日を終えたあと、直近の研究会で森鹿三先生をはじめメンバーの皆さんに報告をして検討してもらったことはいうまでもない。

一九三〇・三一年出土居延漢簡の中には、永元器物簿とよばれる九三（永元五）年の物品の帳簿七五簡と、前四二（永光二）年の忌引の報告書三簡との二つの冊書があることはすで

に説明した。二つの冊書という意味は、とじひもが残った状態で、つまり冊書の原初の状態で出土したものを限定していっている。従ってとじひもがなくなったバラバラの木簡八本がくっついた結果、これは一九三〇・三一年出土居延簡のなかの第三の冊書ということになった。

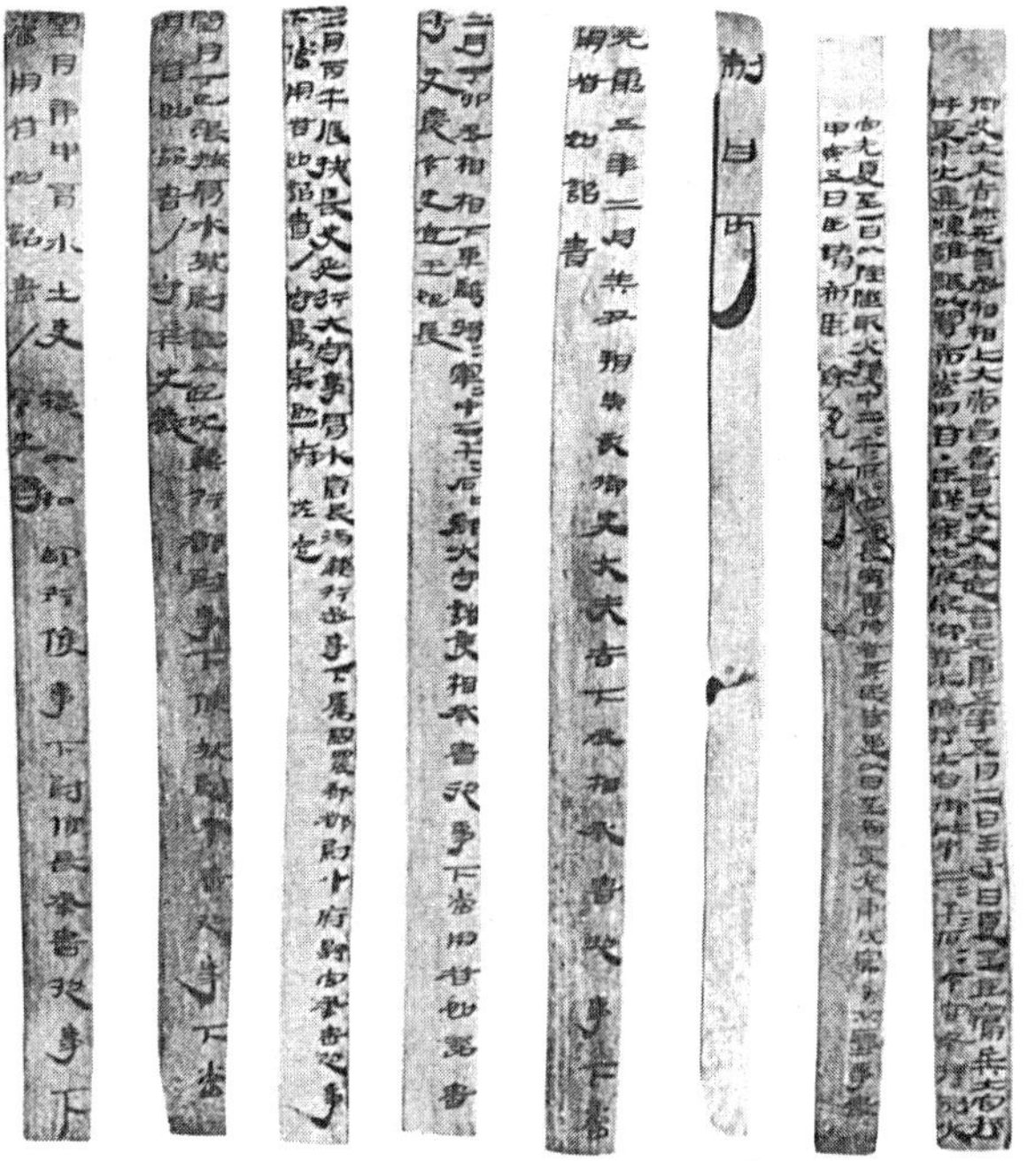

53　復原された元康５年冊書

一九七三・七四年出土の居延簡の発掘では、七〇種類の冊書が発掘されたという。縄の残っているものもあれば、縄は朽ちてしまったけれども冊書の形をとどめた情況で出土したものもある。この居延漢簡の発掘を最初に報じた『文物』七八－一にのった建武三年〝甲渠候官粟君所責寇恩事〟という題の三五簡よりなる冊書は第八章二二五ページで紹介したが、この冊書は縄は残っていなかった。ただもとの状態に近いままで出土したらしく、冊書の名前も同時に見つかった楬の記載によってつけているので、状態が良かったと考えられる。その内容は、さきに述べたように甲渠候の粟君が、民の寇恩に貸しつけた穀物について訴訟をおこしたが、調べの結果粟君の誣告であることが判明し、粟君は「政不直者法」に問われた一件書類である。漢代の裁判手続が具体的にわかるというので三論文が発表されたのだが、細かく見ると

●右爰書

とだけ書いた一簡を第二九番目に配置する説と第三三番目に置く説とありこの簡の右側にあるものが爰書であるという意味だから、二九番目に置くと、建武三年十二月二日付、同十六日付、同十九日付の三文書のうち前二文書が爰書、三三番目におくと三つとも爰書ということになる。その結果、この一簡がどこに置かれるかで、爰書とはなにかという考えのちがいがはっきり出ることになる。

爰書というのは、簡単にいえば事件の口述書なので、ある文書が口述書であるか否かの判定は本質的な問題であり、「●右爰書」の一簡の置きかたは重要なのである。だから、この冊書が縄でしばったまま出土したなら、爰書の性格を考えるのに決定的な証拠になったのだが、そうでなかったため、逆に木簡学ではもっともおもしろい冊書の復原の作業の余地が残されていたことになる。

こうしてみると、縄の朽ちた冊書が元の状況を残して出土したばあい、その出土状態を記録することがいかにたいせつかが容易に理解されるだろう。中国の木簡の発掘は日本人であ

るわれわれが参加することはないが、日本木簡のばあい、発掘に従事する考古学者がその点に十分配慮してくれることは後の研究に大きな寄与になり、「木簡学」が考古学、文書学の接点として成立する所以でもある。

さて本章で試みたような冊書の復原は、たんに資料が整理され、いくばくかの木簡の性格が明らかになったという程度ではとどまらぬ重要な意味をもつことがある。冊書復原までが史料操作であり、その史料のなかから歴史事実を探り出し、歴史的意味を見出してゆくところが本来の歴史学の目的なのである。この元康五年の詔書冊の復原も、その後の私の研究に大きな進展をもたらした。いったいどんなことがわかったかを述べてみよう。

歴史研究上の意義

水火を改める行事の民俗学的な意味はかねてから注目されていたが、この夏至の行事が中央で決定されると、御史大夫→丞相→中央政府の各官庁、地方諸官庁→その下部組織へと順次命令が伝達されることがまず明らかになった。そして下部組織にあてての発信月日は、簡(4)が二月十一日、(5)が二月十五日、(6)が三月二十四日、(7)が閏月《じゅんげつ》六日、(8)が閏月九日で、(4)の御史大夫が丞相に下してから、(5)の丞相が郡太守へ発信するまで四日、(6)の張掖郡太守が肩水都尉へ発信するまでが三十九日、(7)の肩水都尉が肩水候へ発信するまでが十一日、(8)の肩水候がその下部へ発信するまでが三日の間隔がある。(5)の丞相からの文書が(6)の張掖郡太守の文書まで三十九日間の間隔があるというのは、都の長安（いまの陝西省西安市）から張掖郡治の觻得県（いまの甘粛省張掖市）までは中国里数で二五〇〇里で、一日七〇里行程としても三十五・六日を要するので、文書の謄写や輸送の日取からそうなったものであろう。文書の輸送に関しては、後世の唐の職制律の中に程《てい》——定められた日数——を遅れたものにたいする処罰規定があるが、現在条文は残っていないけれども漢代にも同様の規定があったであろうことは前章に述べたところで明らかであろう。

つぎに、元康五年詔書冊が復原された結果、この年、前六一年は三月と四月のあいだに閏月があることがわかった。ところが陳垣《ちんえん》氏の『二十史朔閏表《さくじゅんひょう》』、わが国の『三正綜覧《さんせいそうらん》』などには、三月、四月とあって後閏月が入って五月になっている。この点は、一七九‐一〇簡がこの夏至を含む、というよりこの夏至のために作られたカレンダーで、文字は詔書冊と同一人、令史得の手と見られる簡でも、四月廿九日、庚戌寝兵のつぎが五月大となっており、陳氏などの朔閏表はこの件に限って問題があることがわかる。木簡の中にあるカレンダーについては第五章に述べたからくり返さない。

さて、元康五年の詔書冊の復原が私の研究に役立った最大の点は、漢代の行政機構の一部が明らかになったことであった。

漢代行政機構の姿がわかった

およそ歴史研究でもっともわかりにくいことは、その時代の日常的な事実である。それは記録というものは一般的にいって、非日常的なことであればこそ記録する必要も価値もあるので、日常的な、記録者——つまり当時の一般人にわかりきったことは、記録の必要がない。そのためかえって後世からは当時の日常を窺う手がかりがない。夏至の行事は毎年あり、日常的なことである。そういう年中行事的な事項を立案し、執行する官僚機構の機能的な面がこれによってよくわかった。

丞相府から中央地方の下部機関へ命令を伝達する過程は、後半の五簡でよくわかる。ただ、従来副丞相で監察官と見られていた御史大夫が、なぜ丞相に下すのかという、一〇－三三簡は大きな疑問を提起した。そして最初の二簡、すなわち御史大夫丙吉の上奏文がこれにたいする答えともなった。丙吉は、暦と年中行事をつかさどる太史丞から、直属上官の太常に報じられ、太常が行政を総括する丞相にたてまつり、丞相が皇帝にあてて申達してきた夏至の行事に関する文書を、自分の文章にこなして皇帝に報告し（●以前）、その後へその具体的な施策をつけて奏上している。そして皇帝が承認するとそれを改めて丞相に伝達しているのである。だから御史大夫は、上奏文書の取次ぎと、詳細な執行プランを作成しており、後漢の尚書官、魏晋南北朝から唐にかけての中書官の役割をしているのである。すなわち御史大夫は、御史をひきいて皇帝の秘書官の仕事をしていたのである。このことは、前漢の官制に関する史料である『漢書』百官公卿表を補い、前漢王朝の官制を理解するのに大きく役立ったというわけである。

第十二章　書きつぶしと削り屑

木簡が与えた書道史へのインパクト

図54を見てもらいたい。これはまったくアトランダムに図版の中の削り屑が写っているページを複写したものである。削り屑だからとてばかにしてはならないことは、第二章にのべた岸俊男氏の発見でもわかるだろう。しかし、すべてがそうとはいえない。ではこの屑がどんな意味をもつだろうか。そう思って見なおすと、文章として意味がないだけに、筆法に目がゆく。図55は文章の途中に同じ字が何字も書かれている。これは書きつぶしである。だが、二千年前の中国の下級官吏が、「ああうまく書けねえなあ」と思いながら手習いをしている気持が、あんがい身近いものとして感じられるではないか。

今世紀のはじめ、漢晋の木簡が発掘紹介されたとき、まずこの木簡に関心をもって研究論文を書いたのは書道関係の人たちであった。かれらは驚きと喜びをもって新資料の出現を迎えたのである。その意義は、まず第一に、漢晋時代人の肉筆が出てきたことである。それまでは漢代の書は碑によって学ばれ、鑑賞されていたが、なにぶん石に刻されているから肉筆の生き生きしたところがない。だから木簡の肉筆は大きな意義があった。

第二には、隷書の発展についてそれまでの理解を正すことになった。従来は、前漢の隷書の刻石としては、魯孝王刻石《ろのこうおうこくせき》と萊子《らいし》侯《こう》刻石の二つがとりあげられていたため、両者に波磔という、波のうねりのような筆勢の用筆の右ばらいがなかったことから、前漢の隷書は波磔がなく、後漢になって生じたと理解され、前漢の隷書が古隷、後漢のものを八分《はっぷん》といって区別していた。しかし出土した前漢の紀年簡に波磔があったのでこの区分は根本的に改められ、八分と隷書の区別は時代の差でなく、時期的には並存する書法のちがいということになった。

第三は、漢にはないと考えられていた草書体の字が書かれていることである。漢簡の書体はたしかに隷書を中心とするが、篆体の残っている字もあれば、現在の楷、行、草の字体のような文字もある。草書体の中にも従来から章草《しょうそう》とよばれていたものは、八分からただちに草書になったもので、隷書の筆意が残っている。要するに碑帖《ひじょう》、法帖《ほうじょう》によって形成されていた字体に関する理解が、多くの実物の並存する事実に直面して、修正を余儀なくされたのである。

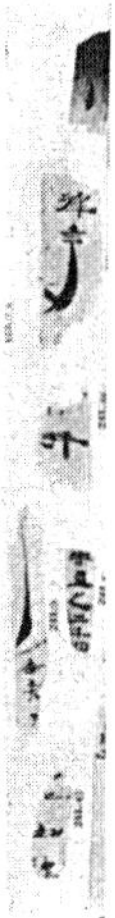

54　削り屑

55　書きつぶし

あいつぐ出土資料

これが敦煌漢簡の出土を見た段階でおこった書道史に関するインパクトであった。ところが、八十年を経た今日、出土資料の量は昔日の比ではない。竹簡、木簡、石刻に金文、帛書まで加わり、春秋戦国時代の資料も加わった。春秋末の侯馬盟書《こうばめいしょ》、戦国時代の前期、楚の恵王の五六年（前四三三）ごろと見られる湖北省随《ずい》県擂鼓《らいこ》墩《とん》一号墓出土の竹簡、いわゆる曽侯乙《そうこういつ》の墓の竹簡、戦国時代の中期から末期にかけての楚墓出土の楚簡、すなわち、河南省の信陽長台関一号墓、湖北省の江陵望山一号墓・二号墓、藤店一号墓、湖南省長沙仰天湖二五号墓、同五里牌四〇六号墓、同楊家湾六号墓などから出た楚の竹簡で多くは遣策と見られるもの、戦国中晩期の交とする長沙子弾庫一号墓出土の帛書、そしていま中国古代史の学界ではもっとも中心的な課題である湖北省雲夢睡虎地一一号墓出土の一千点にのぼる秦の竹簡、漢に入って馬王堆一・三号墓出土の帛書や簡牘、湖北省、江陵鳳凰山の墓群から出土する多くは前漢文帝時代の木簡、そして武帝初期以前の山東省臨沂銀雀山一・二号墓の簡牘類というように、時代を追って資料が増加してきた。

秦の八体、王莽の六体がそろう

ここで私は一つの興味深い議論を紹介したい。それは李学勤《りがくきん》氏によってなされた「談〝張掖都尉棨信〟」という『文物』一九七八年一号にのったものである。その張掖都尉棨信とは一九七三年に肩水金関遺址で見つかった長さ二一センチ、幅一六センチの紅色の織物で、正面に墨で「張掖都尉棨信」（図56）とある。棨信とは通行証であることは先章に述べたとおりであるが、李氏によればこの棨信は綮にあたる徽幟で、『古今注』に信幡とある一種の旗である。ところでこの墨書の文字は独特の書きかたになっているが、これは王莽六書の第六に「鳥虫《ちょうちゅう》書、幡信に書く所以《ゆえん》なり」とあり、説文序にいう秦書八体の四に虫書があるのもこれで、張掖都尉棨信の字は虫書ではないのかという意見である。まことに説得力のある議論である。

そこでよく『説文解字』の序文をみると、

秦の書に八体あり、一に曰く大篆《たいてん》、二に曰く小篆、三に曰く刻符、四に曰く虫書、五に曰く摹印《もいん》、六に曰く署書、七に曰く殳《しゅ》書、八に曰く隷書、

とあり、またその少し後に王莽時代のこととして、

時に六書有り、一に曰く古文、孔子壁中の書なり。二に曰く、奇字、すなわち古文にして異なる者なり、三に曰く篆書、すなわち小篆、秦の始皇帝、下杜《かと》の人程邈《ていばく》をして作らしめし所なり、四に曰く左書、すなわち秦の隷書なり、五に曰く繆篆《びゅうてん》、摹印する所以なり、六に曰く鳥虫書、幡信に書する所以なり。

56 「張掖都尉棨信」

とある。この両者に共通するのは秦の書の二と六書の三の小篆、秦の書の八の隷書と王莽の第四の左書、つぎに王莽の第五の繆篆と秦の書第五の摹印、同じく王莽の第六の鳥虫書が秦の書第四の虫書である。双方が一致しないものは、まず秦の大篆で、周の大史《たいし》籀《ちゅう》が作ったといわれる大篆十五篇である。説文解字の

段玉裁の注では、「古文といわないのは、古文は大篆の中に含まれるからである」という。その意味では王莽六書の第一にある古文、および第二の奇字は古文にして異なるものとするから、大篆に相応ずることになろう。要するに秦本来の文字である大篆、六国の文字で始皇帝によって廃止された古文、そして奇字は六国文字の中にあって古文とは異なるものというように考えると、楚簡の出土や中山国の発掘による出土銅器の銘文などは、古文、奇字の中に含まれるといってよいだろう。

つぎに秦八体の第三にある刻符は、『初学記』文部文字第三には、符伝に施すものとしている。そしてたとえば、馬叙倫《ばじょりん》の『説文解字六書疏証』には、「今尚未だ秦の符を見ず、その体を審《つまび》らかにせず」というけれども、容庚《ようこう》氏の『秦金文録』をはじめとして著録されている「陽陵兵符」、「新郪兵符」はいずれも秦の符であるから、これをもって刻符の文字といちおうは考えるべきであろう。つぎに秦八体の第六の署書は、『初学記』には門題の用うる所なりと説明し、『説文』段注では「凡《およ》そ一切の封検題字は皆署といい、題榜もまた署という」と述べ、段注のほうが広く解している。ただ秦簡には封検の出土例もなく、秦墓にも門題の例がないので、これがいかなる字体かは定かでない。秦八体の第七の殳書は『初学記』に「戈戟《かげき》に銘するなり」といい、殳も武器の名であるが、段玉裁はあらゆる兵器の題識をかねているとし、『初学記』も同じ意味であろう。そうすればこれも『秦金文録』中の大良造鞅《おう》の戟、相邦呂不韋戟の銘は殳書で書かれていることになる。またかの始皇帝陵周辺の兵俑がもっていた武器の中の矛に「寺工」という銘があったのも殳書の例になるし、銘はないが殳そのものが出土していることもある。

また、李学勤氏の考証で第四の虫書も出現した。『説文解字』段氏注では、「刻符、旛信、摹印、署書、殳書はみな、大篆小篆と離れずして、詭変《きへん》（ふつうの姿と異なる）して各おの自ら体を為す」と述べ、大小篆の変形にすぎないということになる。そしておそらく秦八体では第八の隷書、王莽六体の第四左書が具体的にわかったことが書道史上もっとも重要であろう。それはすなわち睡虎地出土の竹簡のことで、まさしくこれが『説文解字』序に「初めて隷書あり以て約易に趣く」といい、『漢書』「芸文志」に「始めて隷書を造る。官獄多事にして、苟《かりそめ》に省易《せいえき》に趣き、これを徒隷に施すより起る」というとおり、秦の掾、安陸、鄢の令史や鄢の治獄であった喜という人物が平生用いていた法律書に書かれている文字だからである。すなわち、多くの肉筆の例がある敦煌・居延漢簡の時代になるまでのあいだの新出書道史資料をひとことでいえば、『説文解字』序にみえる秦の八体、王莽の六体を実証する資料がすべてそろったとさえいえるような状況になったということであろう。したがってこれらの資料による書体の歴史的あとづけは不可能ではないのである。

それでは敦煌・居延出土漢簡についてはどういうことになるだろうか。

敦煌・居延出土簡の意義

まずその年代からいうと一九三〇・三一年出土の居延漢簡はほとんどが武帝末期征和年間から後漢の建武初期までのあいだに、一九七三・七四年出土の居延漢簡は、少し早期の武帝元朔元年（前一二八）の紀年簡があるので約三〇年古いものがあり、同じく建武年間までのあいだのものである。敦煌漢簡では古くは武帝天漢三年（前九八）の紀年簡があり、末期は後漢順帝の永和二年（一三七）の簡がある、居延漢簡には一九三〇・三一年出土簡の中に一つだけとび離れて例の永元器物簿があり、永元七年（九五）の紀年で、他に永元十年の紀年簡が一簡ある。敦煌・居延・ロプノール漢簡など中国北西辺のフィールド出土漢簡は、そのほとんどが前漢後半より後漢の建武初年までのあいだのもので、この間の書道史資料はきわめて豊富である。

それに比較して、後漢中・後期、従来の石刻資料に恵まれていた時代に、かえって簡牘資料が見られないという状況を現出しているが、一九七一年に甘粛省甘谷県の後漢墓から出土した二三点の甘谷漢簡は後漢桓帝の延熹《えんき》初年（一六〇年前後）の年紀をもち、曹全碑に似た書体である。

楼蘭を中心に出土した魏晋簡は、魏の景元四年（二六三）のものがもっとも古く、新しいのは前涼の建興十八年（三三〇）、中でも泰始年間（二六五～二七四）のものが多い。楼蘭出土の晋簡は同時代の紙の文書とともに出土しており、その中には有名な前涼王張駿《ちょうしゅん》の部下で西域長史であった李《り》柏《はく》の、おそらく成和三年（三二八）ごろの書信の草稿も発掘されていて紙木併用の時期であり、主簿の馬《ば》泰文《たいぶん》という人物にあてた紙の文書と、木の検とがあって併用の状況を具体的に示すのである。

これら紙文書はほとんど紀年がないが、中に永嘉四年（三一〇）の年号が見られる。これは王羲之の生年が永嘉元年であることを思うと、東西の地域のちがいはあれ羲之はすでにこの世にあり、かの蘭亭序が書かれたとされる永和九年（三五三）と四〇年の差になる。そして蘭亭序の真偽をめぐる大議論が文革直前の一九六五年からまきおこり、その議論は『蘭亭論辨』の一書にまとめられているが、郭沫若《かくまつじゃく》氏がこの議論をはじめたきっかけは、南京郊外の東晋墓で出土した王興之《おうこうし》夫婦墓志、謝鯤《しゃこん》墓志などであり、ここに石刻の新資料が登場してきたのである。

このようにたどってくると、春秋末期から東晋初まで、王羲之があらわれて中国書道史が本格的に始まる直前までのあいだにきわめて多くの書道史資料が出現していることがわかる。ここに必要になるのは、これらの資料を利用した中国書道史がどのような姿をとるのかということであろう。

新たな中国書道史研究の動き

その試みはすでに胎動しはじめている。たとえば江村治樹《えむらはるき》氏に「戦国・秦漢簡牘文字の変遷」(『東方学報』五三、一九八二）の好論があって候馬盟書より前漢中期までの書の変転ぶりをまとめてあるし、裘錫圭《きゅうしゃくけい》氏には馬王堆一号墓の遣冊から、呉白匋《ごはくとう》氏には秦簡帛書を通じて秦漢の初期隷書についての研究がある。また、『漢簡隷書選』が歴代法書萃英の一つとして刊行され、「中国書法」誌一九八二年一期には王東明《おうとうめい》、羅揚《らよう》両氏による「新出土秦漢簡牘書法」という簡単な資料紹介、黎泉《れいせん》氏編になる『漢簡的書法藝術』という写真と短かい概論も出版された。

一九八二年出版のこれらの中国書は、一九七三・七四年出土居延漢簡をはじめ珍しい新出土漢簡の拡大写真を掲載していて注目される。しかしなににしても二万点に及ぶ七三・七四年出土居延漢簡のほとんどが未発表であるから、それらが発表されるまでは、あまり積極的議論もできないのである。

現時点でのまとめ

そこで現時点において漢簡の出土をめぐって書道史的にはなにがいえるのだろうか。

さきに述べたように、先秦時代の文字資料を見ていると、秦簡以降の文字がいかに現在の文字に近いかということを痛感する。秦始皇帝の文字の統一が、後世に及ぼした影響はまことに偉大なものがあり、またその後の文字の発達をも一定の範囲内に規制したことになるだろう。江村治樹氏はその研究の結果、秦代の文字は楚の領域の文字とは明確な断絶を示し、むしろ候馬盟書との親近性をもっており、さりながら篆体に近い字形も存して秦国独自の文字であることを確認している。そして始皇帝はこの自国の伝統的な筆記文字を全国的な官用文字とし、漢はそれを受けついである程度の簡化を行ったとしている。

ところで漢簡の文字になると、馬王堆諸墓、江陵鳳凰山諸墓出土簡の文字と、敦煌、居延出土簡の文字とのあいだには一般的にいって年代的な差違は認められる。しかしながら、敦煌、居延出土簡についていては、なにが基準であるかを考えることは不可能に近いと思う。

藤枝晃氏は、「漢簡の字すがた」(『墨美』九二)の中で居延簡の書体を⑴隷書の典型というべき目立っててていねいで謹厳な書体、⑵Aクラスの字として一般事務書類の中でもとくにていねいに書かれたもの、⑶日常に用いられたくずした書体で、それほどひどくない隷の行書といったところのもの、⑷草体というべきもので⑶よりくずしかたのはげしいもの、の四つに分類し、⑶が居延簡の標準書体といっている。

藤枝氏は、⑴の書体の文字は、字書、典籍、詔書、法律などを書いており、⑵は上級官庁にたいする上申文書、⑶は下級官庁の文書類、⑷は書類の草稿、急ぎの書類、重要でない書類、私信などに用いられたと考えている。この、木簡の内容からその書体を考えることは、われわれからいえば当然のことだが、一般に書家の議論には欠けているばあいがある。文字は何物か内容を伝えるものであり、その伝達の手段として文字にたよるのであるから、たんなる造形と見て内容を考えないままに書道史を論ずるわけにはゆかない。ただ、藤枝氏のように四つに分類したとて、それぞれの中に個性の差があることは申すまでもなく、その個性の差があまりにも多いため集約して論ずることが困難であるといえる。

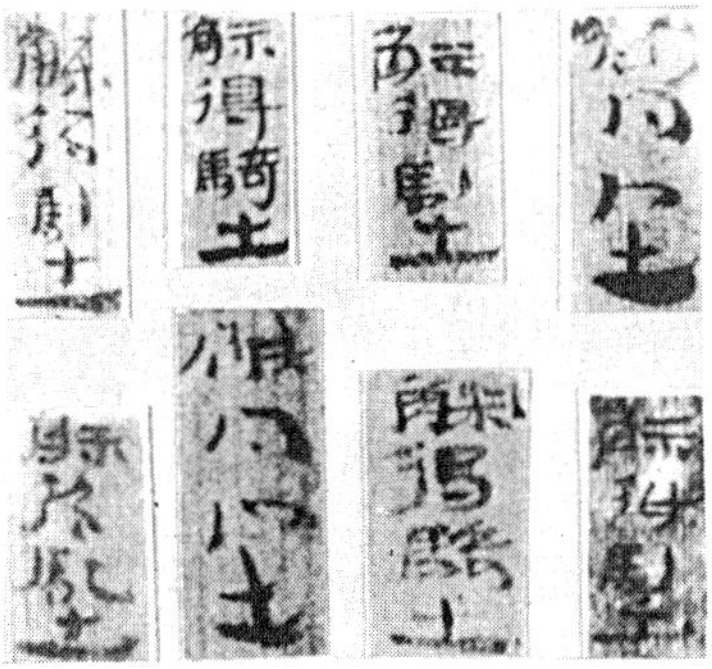

57　さまざまな筆法

58　異体略体

59　さまざまな書体

たとえば図57は、轢得騎士という文字を集めてみた。図58は王夢鷗《おうぼうおう》氏の編纂した『漢簡文字類編』から異体略体の同一文字を示してみた。本章のはじめに書いた今世紀初頭における漢簡出土が書道史に及ぼした影響は、たかだか敦煌漢簡七百簡程度の範囲での議論であったからまとまった形の議論に集約できたのであって、居延漢簡三万点となると、その間における各筆者の個性の差がそれぞれにあって集約は簡単にゆかない。しかも漢簡の数が少なかった初期の議論の中に、古隷と八分が時代的な相違によると考えていたのが、時代の差でなくて時期的に並存することが確認されたのであるから、数が多くなればなるだけこういう個性の相違は並存しうるのである。図59にあるようにさまざまな筆法があり、図58にあるように個人が習書でこれだけちがった書体を書くことを見ると、集約した議論が成立するまでに少しく時間を要することが理解されるであろう。

紙の登場と木簡

竹簡木牘を日常の主たる書写材料にしていた時代をすぎて、紙が日常的に書写に使用されるようになると、どういう変化がおこってくるだろうか。

皇帝の命令や上奏文に紙が用いられていることが文献上はっきり証拠だてられるのは、三国時代の魏からで、したがって後漢末には併用が行なわれていたとみてよい。西晋末期に車騎大将軍になって荊州、交州、広州の地域全体の軍司令官であった劉弘は、自らていねいに命令を書いて指示したので、部下は「劉公の一紙を得れば、十部の従事より賢くなる」といっていたという。公文書が紙になっていた証拠である。ところが一方晋令には、郡国にお ける戸口の籍は一尺二寸の札を用いるように定められている。紙と木の併用である。しかし、日本の平城京出土木簡の中で官吏の勤務評定用に木簡を使い、横に穴をあけてとじたり、ばらしたりできるようにしたものがあったという。日本木簡学では「考選木簡」というものである。これは一種の名籍であるから、晋の戸籍に札が用いられたのは、便利なため木の特性を活かしたのだと考えるのが良いだろう。

そうすると、たとえば北斉で諸王を冊立する儀式で、まず吏部の令史が王の邸へ「召版《しょうばん》」をもたらし、任命の辞令は竹簡十二枚とも軸一枚で冊を作り、軸は二尺で白練をかぶせ、十二枚の竹簡の半分は軸の長さに等しく、残りは一尺二寸の長さで、文章は篆書で書いたという。古制の冊書を作ったのである。また正月に侍中が州郡国吏に慰労の詔書を宣べるときに長さ一尺三寸、幅一尺の牘に詔書を書くというし、五条詔書を班つときも二尺五寸に一尺三寸の牘を用いたという。一方南朝の陳の儀礼では、皇帝の死んだときに、隋では冬至に南郊《なんこう》をまつるときに、板を用いて奏辞《そうじ》や祠辞《しじ》を述べている。伝統的な儀式の中では、形式的に古制にのっとり、古制である木の使用が伝統行事の中に息づいているのである。

一方では紙が普及し、紙の公文書が行われるようになると、新しい書写材料の利点が注目される。たとえば紙は軽くて木簡より取扱いやすいことも利点であるし、破れやすいことはかえって文書の改竄をさまたげ、そのために文書そのものの信頼度が高くなった。だから、漢代では、任命の辞令書よりも印綬の授与が任命の証拠であったのに、六朝から唐に入ると、任命の辞令書そのものが証拠となり、したがって紙の辞令書に直接押印をするように変ってくる。

時の推移と木簡学

京都の宝積寺に重要文化財に指定されている鎌倉時代製作の倶生《ぐしょうしん》神像がある。この神様はつねに人間の両肩にあって善悪を記し、死後閻魔大王に奏上する神だそうだが、大きな木簡を左手に、右手に筆をもって構えている。なににもとづいてこの像の姿が考えられたのかはわからぬが、手にしていた木簡は笏になり、木簡を削る書刀が官人の腰につける刀子となって、書写材料が紙に変ってしまったとき、木簡の使用は水ぬれに強い特性に重点が置かれるようになった。そしてその特性もプラスティックになかば席を譲っているかのようである。紙もまた、手によって筆写するのではなくて、コピーをするものに変りつつある。筆、墨、硯、そして紙ならぬ木の加わった文房四宝も多く発見されている。時移り、忘れられてゆくものであればこそ、木簡学の必要性はいよいよ高くなるのである。

あとがき

本書の企画は、すでに一九七七年にあった。『図説中国の歴史2 秦漢帝国の威容』を作った時、編集を担当した富岡幸雄さんが私にすすめられて、そのつもりになった。

ただ前著『木簡』（学生社 一九七九年刊）を先に出したので、この本とどう差をしめすかということ、および、当時『居延漢簡甲乙編』の出版計画が伝えられ、その成果がどんなものか待たれていたこと、さらに一九七三・七四年発掘の居延漢簡の研究の発表がつづいていたことなどの要因が流動的であったので、ある程度まで書いた所で筆を休め、研究論文集の『秦漢法制史の研究』の完成のほうを優先させた。一九八二年一月にその本を校了にしてすぐ、アメリカのプリンストン大学での日中関係史の講義に出かけたが、ちょうどそれまでの勤務先での役職生活が切れて――結果的にいえば一時中断したことになったのだが――少し物をまとめる作業を進める時間が持てた。もっとも、アメリカ東部の、生まれて初めて経験する寒さに、かねてあった慢性の気管支炎に喘息が誘発され、横臥のできぬ夜、苦しまぎれに「文物」の論文をノートすることもあったが、総じていえば本書の構想を完成するのに役立った思考の余裕が持てた。

『図説中国の歴史2 秦漢帝国の威容』は、世にある概説書とはやや描写方法を異にする概説書で、ローマ陸軍のことを書いたイギリスの書物の書き方を見て、できるだけ目に見える概説が書けないかと思っていた矢先の企画で、編集者とともにシリーズの一冊を作るべく写真の借用に出かけたりしながらした仕事であるが、本書は我が友Michael Loeweの初期の仕事、"Everyday Life in Early Imperial China"を含む"Everyday Life"シリーズを、漠然とイメージしながら書いた所がある。

帰国後半年して、また、役職を帯びざるを得なくなったが、それとは関係なく富岡氏との約束を果すことができた。奇しくも最終原稿を手渡したのは、我が友徐苹芳氏が講演のため訪日したのを東京に訪ねた翌朝で、徐苹芳氏は原稿の束を一瞥して、「明日それを渡して何時出るのか」と尋ね、「日本の出版は早いな」と感心した直後であったが、その時の話しより一ヵ月さらに早くなった。コンピューターで組むせいらしいが、漢簡をコンピューターにインプットする日を予想しながら、そうなると少し忙しすぎるなとも考えている。

一九八四年七月一日

大庭　脩

大庭脩『木簡学入門』解説

荊木美行

一、大庭先生のご経歴

本書の著者大庭脩先生は、昭和・平成を代表する歴史学者のお一人である。数多い先生の著作のなかで、長らく品切れの状態にあった本書が、このたび志学社から復刊されることは、慶賀に堪えない。筆者は、本書の解説者としてはかならずしも適任と云えないが、今回の復刊にあたり、書肆と著作権継承者の仲介にあたったという経緯もあり、「解説」の執筆を依頼された。不充分な点も多いと思うが、ここに在りし日の先生を回顧しつつ、先生の学問や本書の価値についてのべたい。

はじめに、先生のご経歴について紹介しておく。

先生は、昭和二年一月二十日、京都市のお生まれ（ただし、生後三ヵ月で大阪府豊能郡池田町〈現在の池田市〉に移っておられる）。旧制の北野中学・浪速高等学校を経て、昭和二十五年三月、龍谷大学文学部の東洋史学科を卒業された。そして、昭和二十八年三月には、同大学大学院文学研究科東洋史学科を修了されたが、その間、兵庫県私立三田《さんだ》学園三田高等学校、小林《おばやし》聖心女子学院高等学校に勤務されている。

その後、聖心女子大学文学部（小林分校）専任講師・助教授を経て、昭和三十五年四月、関西大学文学部助教授となり、昭和四十年四月には、教授に昇格、平成九年三月定年により退職するまで勤続された。

なお、関大在職中の平成四年四月には、大阪府立近つ飛鳥博物館（仮称）創設準備委員会委員長となり、平成六年一月には同博物館の初代館長に就任されたが、これはご逝去までつづいた。

また、平成五年度からは、集中講義のかたちで筆者の勤務する皇學館大学の大学院文学研究科において講義を担当されていたが、これが機縁となって、関大退職直後の平成九年四月から、大学院教授に着任され、さらに平成十二年四月からは、当時の理事長らの強い要請をうけ、皇學館大学学長に就任、平成十四年十一月二十七日に逝去されるまでその職にあった。

二、先生の研究領域

つぎに、先生の研究について紹介したい。

先生の業績は多伎にわたり、一言で説明するのはむつかしいが、先生ご自身の語るところによれば、「私の専門は大別すると三つある」という。すなわち、①中国古代、とくに漢代の法制史の研究、②唐代を中心とする告身《こくしん》（官吏の辞令）の研究、③江戸時代に中国から輸入された漢籍に関する研究、の三つである（『Kーらいふ　皇學館学園報　全学一体』一一三、一六頁）。

そこで、①〜③について順にみていきたいが、最初の①漢代法制史の研究は、先生の本来のご専門である。半世紀を超える研究歴のなかで、もっとも年季のはいった領域である。先生が生前に発表された論文は、こんにちなお不朽の価値をもつものが多いが、その筆頭にあげられるのが、デビュー第二作にあたる「材官攷—漢代兵制の一斑—」(『龍谷史壇』三六)であろう。この論文は、漢代兵制のなかで、材官・騎士・軽車・桜船などの、いわゆる郡兵が、従来云われているような正卒として徴兵されたものではなく、特殊訓練を受けた職業軍人であったことを論証したもので、先生の出世作となった。

このほかにも、従来、郷官と考えられていた嗇夫が、多数の官署に存在することを論証し、それが令丞の下に存在する実質責任者であることをあきらかにした「漢の嗇夫」(『東洋史研究』一四—一・二)、居延漢簡を用いて冊書の原形を復原し、そこから公文書の伝達・施行のシステムをあきらかにした「居延出土の詔書冊と詔書断簡について」(『関西大学東西学術研究所論叢』五二)、漢代の立法手続きを解明した「漢代詔書の形態について」(『史泉』二六)など、秦漢時代の法制に関する先生のご業績は枚挙に遑がない。

ところで、この分野における先生のご研究は、二十世紀初頭にアウエル・スタインやスウェン・ヘディンが中国の西辺で発見した漢代の木簡(漢簡)を活用したところに大きな特色がある。とくに、居延漢簡と呼ばれる約一万点の木簡については、京都大学人文科学研究所でその共同研究がはじまった昭和二十七年当初から研究会に参加し、その研究歴は、先生のご逝去に至るまで、じつに半世紀にも及んでいる。

こうした、①の分野での研究を集成したのが、学位請求論文となった『秦漢法制史の研究』

（創文社）と、その後の論文をまとめた『漢簡研究』（同朋舎出版）である。これらは、日本国内で広く評価を得ているのみならず、ともに中文訳も出版されている（前者は林剣鳴氏らの旧訳と徐世虹氏らによる新訳とがあり、後者はおなじく徐氏らによる翻訳がある）。

つぎに②だが、この分野でも、先生は、実証的な、質の高い仕事を数多く残された。「龍谷大学所蔵吐魯番出土の張懐寂告身について」（『龍谷大学論集』三五九）・「唐代告身の古文書学的研究」（『西域文化研究』三）・「建中元年朱巨川奏授告身と唐の考課」上・中・下（『史泉』一一・一二・一八）は、そのおもなものである。また、これに関連する論文として、「高階眞人遠成の告身について―遣唐使の告身と位記―」（『関西大学東西学術研究所論叢』四一）・「『卑弥呼を親魏倭王とする制書』をめぐる問題」（『末永先生古稀記念古代学論叢』）や「豊臣秀吉を日本国王に封ずる誥命について―我が国に現存する明代の誥勅―」（『関西大学東西学術研究所紀要』四）などがある。これら諸篇も、広い意味での辞令の研究に含めることができる。

ちなみに、右の諸論文は、歿後に刊行された『唐告身と日本古代の位階制』（学校法人皇學館出版部）に収録されている。

つぎに③を取り上げるが、この分野は、中国史の大家という先生のイメージからは、ずいぶんかけ離れたテーマである。

先生がこの分野の研究に足を踏み入れたのは、昭和三十八年に文部省科学研究費補助による総合研究「江戸時代京坂における漢学の研究」（代表・故石濱純太郎氏）に参加したことが契機となっている。その際、先生は、中国文化の日本への影響を知るためには、いつ、いかなる種類の漢籍がどれだけ輸入されたかを調べる必要があると考え、みずからその調査に乗り出された。

『大意書』『齎来書目《さいらいしょもく》』など、長崎貿易にかかわる資料を蒐集するいっぽうで、現存する輸入漢籍を各地の文庫で悉皆調査し、何年に輸入された書籍はどの某文庫のどの書物にあたるかを特定する作業を進められた。

やがて、先生は、こうした研究の成果を、『江戸時代における唐船持渡《とうせんもちわたり》書《しょ》の研究』（関西大学東西学術研究所）というB4判で八百頁を超える大著（研究編二百三十八頁、資料編五百二頁、書名索引六十頁）にまとめられたが、同書は、これまでにない研究として日中関係史の研究者から注目を浴びた。

その後、昭和五十九年には、同書の研究篇の誤謬を訂正し、大幅に改稿したものを、あらためて『江戸時代における中国文化受容の研究』（同朋舎出版）として刊行されている。その独創的な内容は学界で高く評価され、本書によって、昭和六十一年六月、第七十六回日本学士院賞を受賞されたことは、周知のとおりである。

――以上が、三つの専門のあらましだが、これをみれば、先生の研究活動が中国古代史の枠を超え多方面に及んでいることは一目瞭然である。研究者のなかには、「大庭脩」は日本近世史の専門家であって、中国古代史の研究者の「大庭脩」とは別人であると思い込んでおられるかたもいるやに聞いている。また、そこまで極端ではないにせよ、漢簡の専門家である先生が、江戸時代の中国文化の受容を研究していることに違和感を覚えるかたは少なくない。

しかし、先生によれば、たとえば、中国律令法の研究は明律を含む船載書の研究に結びつくし、江戸時代に輸入された法帖《ほうじょう》には告身関係の資料が含まれるので、それらは唐代告身の研究に転用できるという。つまり、一見なんの脈絡もないような研究も、先生の頭のなかでは、じつは有機的に連繋しているのである。生前、先生は、みずからディレッタントをもって任じておられたが、それは、自身の幅広い研究活動に対する自負のあらわれでもあった。

三、本書について

ところで、先生は、学術書の刊行と併行して、ご自身が活用された貴重な資料を翻刻・刊行して学界に提供することや、専門的な研究をわかりやすく叙述した啓蒙書を書くことを常に心がけておられた。

今回復刊された本書、すなわち『木簡学入門』は、先行する『図説中国の歴史2　秦漢帝国の威容』（講談社）・『木簡』（学生社）とともに、中国古代史の分野の啓蒙書である。ご存知のかたも多いと思うが、本書の初版は、昭和五十九年八月に講談社から講談社学術文庫六四九として刊行された。当時の学術文庫は、名著の復刊や親本の文庫化が大半を占めていたが、本書は全編書下ろしである。総三一九頁、初刷の定価は八八〇円。

先生は、すでに昭和五十四年に『木簡』を刊行されていたので、本書はこの方面の啓蒙書としては二冊目になる。当時は、書家や書道愛好家を対象とした書道全集のたぐいを除けば、漢簡を紹介した本はまだ乏しく、先生の執筆にかかる二書は読書人に歓迎された。昭和五十年代と云えば、日本でも藤原宮跡や平城宮跡から出土した木簡を対象に、本格的な木簡研究が始まった時期である（木簡学会の前身の木簡研究集会がはじまったのは、昭和五十年のことである）。『木簡』や本書は、中国の木簡事情を詳しく知りたいという、当時の古代史研究者の要望にも応えた、時宜を得た企画であった。

先に出た『木簡』のほうは、昭和五十二年一月から『日本美術工芸』という雑誌に十八回にわたって連載された「木簡のはなし」を一冊にまとめたものである。本書と比較するため、その目次を示すと、つぎのとおりである。

先生は、本書の執筆にあたって『木簡』との差別化について腐心されたようで、そのことは「あとがき」にもみえている。ただ、それぞれが独立の一書である以上、まずは、木簡がいかなるものかを説明することは不可避であって、叙述の重複はある程度やむを得ない。すなわち、『木簡』の一・二は、本書の第一章「木簡学への誘ない」と第二章「木簡とは何か—その形と名称—」に該当するし、つづく五・六は（『木簡』の四にあたる記述は本書にはない）、本書の第三章「フィールドの木簡と墓中の木簡」1「フィールドの木簡」に対応している。この部分は、二十世紀初頭にはじまる中国辺境における大量の木簡発見について詳しく紹介したもので、われわれを漢簡の世界へと誘《いざな》う導入部分である。

ただ、以下の構成はずいぶん異なる。『木簡』では七において木簡を用途別に九節に分け、その説明にかなりの紙数を割いている。このことからもわかるように、『木簡』のほうは、いかにも概説書らしい、整然とした章立てである。これに対し、本書は、第三章2「墓から出土する木簡—書籍—」・3「墓から出土する木簡二—遺策—」が『木簡』七の2・3に相当するものの、以後は、辺境の城砦の実態、地方官の仕事や人事考課、匈奴と戦う騎兵隊などについて、漢簡を活用し、当時のひとびととその暮らしを活写するという、『木簡』とは別の手法を採用している。こうした切り口は、すでに『図説中国の歴史2　秦漢帝国の威容』にもみえるが、本書が読み物としても面白い理由は、そこにある。

先生は、漢簡について「文献史料によって構想された漢代史の研究を、より濃く、より細かいディテールにわたって、網の目を細かに埋めてゆくための資料である」（『木簡』一四頁）と定義しておられるが、第四章以下では、まさにそうした漢簡の効用が遺憾なく発揮されている。どこを繙いても叙述の迫力は渝《かわ》らないが、これは本書が先生のオリジナルな研究成果に拠っているからにほかならない。

ちなみに、先生は、本書の出版から六年後に、『大英図書館蔵敦煌漢簡』（同朋舎出版）の「解説」を執筆されている。A3判二段組五十頁に及ぶ長篇だが、本書の構成や記述を部分的に踏襲しており、部分的に『木簡』も取り込んでいる。ただ、この「解説」は、あくまで敦煌漢簡を中心とした概説であり、その紹介や分析に力点がおかれている。また、晩年の著作として大庭脩編『木簡【古代からのメッセージ】』（大修館書店）もある。同書は、「木簡百科」とでも云うべき便利な手引き書だが、第一部「中国の木簡と竹簡」・第二部「日本の木簡」のうち、第一部のかなりの部分を先生が執筆されている。

こうしてみると、先生はかなり多くの木簡学の入門書を執筆しておられたことがわかるのであって、その健筆は驚嘆に値する。なかには重複もみられるが、本全体ではそれぞれに持ち味があり、いずれも有益である。

では、これほどまでに先生を啓蒙書の執筆に駆り立てた動機は、何だったのか。思うに、みずから知り得たことを、一人でも多くのかたに伝えたいという、抑えがたい衝動がおありだったのではあるまいか。いまでも強く印象に残っているのは、まるで研究を愉しんでおられるかのような、普段のお姿である。潑剌とした面持ちで調査の進捗を語る口吻は、先生亡き今も懐かしい。「どや、こんなんおもろいやろ?」と語りかけてくるような文章は、本書でもそこかしこに見受けられる。読み進めていくと、現に先生と対座しているかのような錯覚を覚えるほどである。

中国の木簡学は、厖大な数の楚簡・秦簡・漢簡・三国呉簡の発見を受け、凄まじい勢いで加速している。しかし、だからといって、本書の使命が終わったというものでもない。なぜなら、堅実な考証にもとづく著作は、そう簡単に色褪せるものではないからである。今回の復刊がきっかけとなって、先生の学問の魅力が、令和の若い世代に再認識されることを期待して止まない。

（いばらき・よしゆき　皇學館大学研究開発推進センター教授）

〔附記〕

大庭先生のご経歴と研究業績について、より詳しいことをお知りになりたいかたは、先生の歿後、筆者が編んだ「大庭脩前学長略歴及び研究業績」（『皇學館大学紀要』四二輯、平成十五年）と前掲『唐告身と日本古代の位階制』の巻末に附した拙稿「解説にかえて—大庭脩博士の人と学問—」を参照されたい。

なお、本書刊行後に出版された中国木簡に関する研究書や啓蒙書は数多くあるが、手軽に読める、優れた入門書として、籾山明先生の『漢帝国と辺境社会』（中公新書一四七三、平成十一年、志学社選書より増補復刊予定）・横田恭三先生の『中国古代簡牘のすべて』（二玄社、平成二十四年）・冨谷至先生の『木簡・竹簡の語る中国古代　増補新版』（岩波書店、平成二十六年）の三冊をお薦めしておく。

大庭脩先生の思い出

吉村昌之

本著『木簡学入門』が出版されたのは、昭和五九年（一九八四年）のことであり、出版からすでに三六年がすぎてしまった。この間に中国も大きく変わり、出土した文物や木簡も激増し、その量の多さに研究者は振り回されながらも研究は進んでいるようである。すでに古くなってしまった感のするこの書を読み返してみると、「木簡学」の入門のためというだけではなく、歴史を学ぶための、さらには物に即して事を考えるための示唆が含まれているように思われるのである。それはこの書が大庭脩先生の研究姿勢を伝えているものであるからだろう。今、一学生からみた「大庭脩先生」の印象を書き留めておくこともなにがしかの意味があることではなかろうか。やや私事にわたることもあるが、先生の側に居た学生の感想ということでお読みください。

昭和四九年（一九七四年）四月、私は関西大学文学部史学科に入学した。高校卒業まで、特にやりたいこともなく、漠然と大学へでもと考えていたところ、受験の年に父が急病死した。その最後の病床で読んでいたのが『史記』であった。おそらく昭和四七年（一九七二年）の日中国交正常化を受けた、パンダの来日に代表される中国ブームの中での読書だったのだろうが、私はこの遺された書を読んでみて、もちろん現代訳文だったが、むかしの学生はこれ位の本を読むのだと驚きもし、難しいが面白いものだと思ったものである。父は生前、旧制高校の理科学生は徴兵延期の恩典があったから理系へ進んだが、本当は歴史をやってみたかったともいっていた。これを機に、中国古代史をやってみようと思い進路を決めた。いくつかの大学案内をみてみると、関西大学に東洋史の先生がいるとの情報があった。今から思うと、どの大学にも東洋史の先生はいたのだが、大学の入試情報というのは案外その程度のものかもしれない。しかしその情報によって私は関西大学へ導かれた。先生は昭和二年（一九二七年）の生まれであるから、この時四七歳であったということになる。当時の中国は、国交正常化はなされていたものの、まだ文化大革命は終結しておらず、両国の交流も盛んとはいえない状況で、未知の世界という印象もあった。

入学後の早い時期に、私は文学部事務室を訪ね、入試情報の本を示しながら、「ここにある東洋史の先生はどこにおられますか」と問うたところ、「それなら大庭先生だね」と即答が。そして、先生の研究室の場所を教えられた。早速、そこを訪ねると、先生は数人の学生とともに、今まで見たことのないほどの本に囲まれた中で、なにやら楽しそうに歓談されていた。これが先生との初対面であった。

当時、先輩である早苗良雄氏が定時制高校へ赴任され、昼間は時間がつくれるということで、先生から研究室の鍵を預かり、決まった時間に開けておられた。その研究室の中央に置かれた机を囲んで、院生・学部生の数名で『漢書』の訓読会が開かれていた。先生はその輪読に参加されてはいなかったが、ある時、所用があったのか、机に向かって作業をされていた。どこの箇所だったのか全く記憶はないが、学生が読み間違えたところを、突然背中越しに、「そこは違う、○○と読むのだよ」と正された。その時、「この先生、『漢書』が全部頭にはいっているのだ」と単純に驚いたことを覚えている。当時の関西大学にはそのような学びの場があったのである。

また、先生は『資治通鑑』を読む会を開かれていた。授業が終わってから、夕方に天神橋筋六丁目にあった北市民会館へ移動し、卒業生や学生たちが『通鑑』を輪読するのである。最初は先輩方の読んでいるのを聞くだけで、漢文は全くわからなかったものの、そこに並べられたお菓子につられて、休むことなく席に坐っていた。後年、先生は、「語学は精読だけではダメなんだよ、多読が要るのさ」といわれていた。その頃は、ちょうど三国時代のあたりを読んでいたが、ほとんど聞いたことのない人名や官職名、地名、そしてなによりも内容が理解できないまま、「受験の世界史では、こんなこと聞いたこともないなあ」と思いつつも、なんとなく楽しいから参加する、という状況が続いた。やがて大学院修士課程での勞榦『居延漢簡考証』を読む授業への出席も許された。もっとも、その内容はほとんど理解できないもので、これは一からやり直さなければと思ったものだった。

昭和五〇年代は、先生がそれまでの研究をつぎつぎとまとめていかれた時期である。昭和五二年（一九七七年）一月に、『秦漢帝国の威容』（講談社『図説中国の歴史』二巻）が、それに続いて『木簡』（学生社、昭和五四年）、『江戸時代の日中秘話』（東方書店、昭和五五年）、『秦漢法制史の研究』（創文社、昭和五七年）が出版された。今更ながらその仕事量の多さには敬服するばかりだが、昭和五二年の年度途中から文学部長に就かれ、昭和五四年は博士号を授与されるなど、忙しく活動されている時期でもあった。

昭和五三年（一九七八年）四月、私が大学院へ進んだ時、先生から、「何がやりたい」と聞かれ、私は「『漢書』をきちんと読んでみたいと思います」と答えた。先生は快諾されたが、その際、王先謙『漢書補注』の百官公卿表を、本文から補注までを一人で読むようにと指示された。それから一年は、ひたすら『漢書』との格闘であった。週に一度の講読のために、多くの時間を費やし、そこに引かれたすべての原典にあたり、私が予習して読めたところまでがその時間の範囲。少しでも読み違えると、夏の暑い日などは、大きな扇子をゆっくり扇いでいた先生の手が止まり、扇子を閉じて机をポンと叩いて、「違う」と一言。手元の辞書で片が付かない時には、図書館へ走って行って調べ、帰ってきて報告。正答なら何事もなかったように続きへ、間違いなら宿題に。そういうことが一年間続いた。しかしこの時の学びで、『漢書』の訓読だけでなく官制史や清朝考証学など広範な知識が得られたことは間違いない。

昭和五四年から昭和五六年の間、先生は図書館長にも就かれたが、常々、「本は個人で所有するのではなく図書館に集めておくべきだ」といわれていたし、そのため図書館の図書購入にも相当努力されたことも話されていた。先生の没くなられた後、蔵書の整理をお手伝いしたが、手元に残されていたその多くない蔵書に正直驚かされたものである。もちろんそれは一般の人からみると決して少ないものではないのだが。先生は蔵書家というより、必要な書籍はできるだけ手に入れ、研究が終わると「次の研究者のために、市場に本を返す」という姿勢であったといえる。

昭和五〇年代の東洋史の世界は、まだまだ戦前史学の反省と東洋史の再構築がいわれ、理論的な論文が多くあった。昭和四九年入学生の私も大きく影響され、先生にもいろいろ尋ねたことがあったが、先生は軽々には答えられず、そのために私自身はその狭間で考えさせられたことも多々あったように思う。手堅い研究、堅実な実証、明確な論証といったことを十分に理解できないまま、大学院の博士課程前期課程を修了した。私は、先生が常々三田学園高等学校の教員時代、研究と教育の両立に悩まれたという話を聞いていたこともあり、教育ならなんとかなるかと高を括って公立中学校の教員となった。すでに四〇年近く前の話になるが、勤務は厳しく、研究どころか勉学をする時間もとても作りだせるものではなかった。やがて高等学校へ転出し、少しは時間の余裕はできたものの、昭和五〇年代後半の高校教育は多難の時期であったといえる。志を持つ仲間や後輩を集めて勉強会を開いてみたりしたものの、何か満たされない日々が続き、自分がどんどんすり減っていくように感じていた。あるとき先生にその旨を吐露すると、「いつなら大学に来れるか」との問い。「金曜日の夕方なら」と答えると、「それなら金曜日の夕方から研究会をやろう」とのこと。それを聞いて、驚くやら嬉しいやら。昭和六〇年から夜に研究会が行なわれた。在学生ばかりでなく、卒業生や中国からの留学生たちが参加し、居延漢簡を読んでいった。その成果のひとつが『居延漢簡索引』(関西大学東西学術研究所索引シリーズ一、関西大学出版部、平成七年)である。この当時の話は、この書の「はしがき」に先生が書かれているので参照されたい。(のち大庭脩先生古稀記念祝賀会『象と法と』同朋舎出版、平成九年に所収。)

『木簡学入門』が出版されたのもこの時期のことである。本書第二章に、冊書について考察されていた時の話として、『独断』に「其次一長一短」とあるのをどう読むかについての話が載せられている。先生は、この箇所がうまく読めなかったので、「先人の訓読にも謙虚に学ぶべきだろう」と思って、和刻本が参考になるかと購入してみたという。ここに学問に向かう先生の基本的姿勢が表れていると思う。もっとも、問題の箇所には返り点も送り仮名もなく、「何だ江戸時代の学者も読めなかったのか」と思った述べられている。先生に「自分の学力の低さをよそにおおいに安心した憶えがある」といわれると、返す言葉が見つからないのだが。ここは自分がわからないからと都合よく想像するのではなく、先人たちの意見も参考にしてできる限りを調べてみる。それでもわからなかったなら、改めてその物に即して合理的に考える。通説を無批判に信じていないか、論拠となることがきちんとみれているか、「望文生義」を戒める、こういった点は厳しくいわれていた。そして物によって考察を進めていかれたのである。

平成の初めの某日、研究室で話をしていると、先生は木簡の写真をとり出して、「研究者としてはあかんな」と笑って一言。そして話を切り上げられた。詳しい経路はわからないが、おそらく香港から流れてきた出土木簡を買わないかというオファーが先生の元にもあったのであろう。当時は盗掘品の木簡が市場に出始め、その一部は日本にも流れてきていた。盗掘され、流出してきた木簡に対価を払って手に入れるということはできないと思われたのではないか。先生が長く関わってこられた「居延漢簡」は、盗掘されたものではないものの、きちんと発掘されたものではなく、学術考査団により採集されたものであったため、今日からでは考えられないような研究の手間をかけざるを得なかった。そのためか、史料としてはきちんとした発掘を経たものを扱うべきと考えておられた。また、当時、中国の出版事情がまだ悪かったために、発掘はされたものの発表が遅れていた研究を支援されていた。この事情から『敦煌漢簡』（中華書局、一九九一年）の前言には先生の名前が挙げられている。

平成二年（一九九〇年）、先生と台北の中央研究院歴史語言研究所への調査へ同行した。当時の台北は、まだいたってのんびりした感じで、管東貴先生や邢義田先生の出迎えや、宿舎の美味しい料理などは忘れられないが、中央研究院ではすでにコンピューターが導入され、居延漢簡などのテキストがデータベース化がされていた。われわれが用意した発表用資料を夕方に渡すと、翌朝にはすべての資料を調べあげ、足らないもの、派生するものを示された。また赤外線で木簡を読む作業も試験的にはじめられており、先生とこれからはいよいよ大変な時代がくると話し合ったものである。

先生はさらに、「台湾には旧居延漢簡が、大陸には新居延漢簡がある。それがない日本の学者は、ますます学ばなければならない」といっておられた。そして、当時、まだ十分に交流ができなかった「台湾と大陸の橋渡しができるのは日本だけだ」とも。それが実現したのが、平成五年（一九九三年）関西大学で開催された漢簡シンポジウムである。この時、通訳として陳波・来村多加史が、フリーランサーとして門田明・吉村昌之・鵜飼昌男が配置され先生のもとで動いた。オープニングセレモニーのあと、皆を集めて、「今、何が必要か、自分で考えて動きなさい」と。世界から名だたる学者が一堂に会し、われわれが少し臆して動けなかったことを注意されたのである。「このようなチャンスは若い人のためにある」とも。

この時、社会科学院歴史研究所の李学勤先生や考古研究所の徐苹芳先生らをはじめ多くの先生方と面識を持つことができた。それから私は、積極的に世界へ出ていき、中国の学会へも参加するように心がけた。「大庭脩」の名前は、中国でも著名で、北京以外でも、湖北省の武漢や荊州、湖南省の長沙、甘粛省の蘭州などへ木簡の実物を観るために出かけ、自己紹介の初めには、「大庭脩の弟子です」と付け加えた。中国はまだ閉鎖的な雰囲気もあったが、この一言のお陰で、本来見せてもらえなかったかもしれない資料を手にすることもできた。これは学恩を直接的に感じた瞬間であった。

平成九年（一九九七年）三月に、先生は関西大学を退職され、「もう東洋史はやめる、これからは日本近世史をやる」と笑っていわれたが、私は、「いままでの研究会は、ぜひ継続してほしい」とお願いした。先生はそれを了承されたが、その際に、「大学院時代に読んだ、『漢書補注』百官公卿表をもう一度読みませんか」と提案した。先生はそれを快諾され、「今度は、後漢書、晋書、宋書も一緒に読もう」といわれ、東西学術研究所で研究会が続けられた。それを平成一四年（二〇〇二年）六月までに一通り読み終え、これを発表しようということになった。しかしながら、この直後の同年夏、先生は白血病を発症され、一一月二七日、逝去されたのである。平成二六年（二〇一四年）に、大庭脩監修『『漢書』百官公卿表』として、この研究会の成果は発表することができた。

かつて先生に「教育は実験だよ、しかしそれは決して失敗は許されないものだよ」といわれたことがあった。教える側は常に研鑽し、最新の情報を提供できるよう、挑戦し続けなければならない。その意味でいつも実験をしているようなものである。教師にとってはその授業はやり直しが効くけれども、生徒にとってはその授業は生涯で一回切りのものだから、「間違えました」とは決していえないということを忘れないようということである。私は今、大学で教職課程の講義を担当しているが、教師を目指す学生に対して、生徒に間違ったことを教えないために教師は学び続ける必要があること、向き合っている生徒に気づきを与えること、そのために知的挑戦を忘れないこと。しかし、それは楽しくあるべきこと、そしてなによりも学びの場があることが大事であるということを伝えようとしている。それらは大庭先生から学んだことだと思う。そしてその思いは私の教え子たちが引き継いでいってくれるのではと期待している。先生は、「学問に後継者はいない」と言われていた。もちろん、木簡学の深い洞察や江戸時代の書籍の流れの考察は及ばないものの、いろいろな場面で、先生の思考、手法に感じ、手探りでも実践しようとする多くの人がいること、「先生の意に反して、先生の後を継いでいる者がいますよ」と言いたくなる。この書『木簡学入門』を通してその一端でも伝わればと願います。

（よしむら・まさゆき）

志学社選書

001

吉川忠夫
『侯景の乱始末記
南朝貴族社会の命運』

本体：1,800円+税　判型：四六判　ISBN：978-4-909868-00-8

伝説的名著、ここに再誕——。

南朝梁の武帝のながきにわたる治世の末に起こり、江南貴族社会を極度の荒廃に陥れることとなった侯景の乱を活写した「南風競わず」。東魏に使いしたまま長年江南に帰還するを得ず、陳朝の勃興に至る南朝の黄昏に立ち会う生涯を送った一貴族を描く「叙陵」。そして、西魏・北周・隋の三代にわたり、北朝の傀儡政権として存続した後梁王朝を論じる「後梁春秋」。これら原本収録の三篇に加え、侯景の乱を遡ること一世紀余、劉宋の治世下で惹起した『後漢書』編著・范曄の「解すべからざる」謀反の背景に迫った「史家范曄の謀反」をあらたに採録。

吉川忠夫

（よしかわ　ただお）

1937年、京都市生まれ。京都大学文学部史学科卒業、同大学院文学研究科博士過程単位取得退学。東海大学文学部専任講師、京都大学教養部助教授を経て、京都大学人文科学研究所助教授、同教授。2000年、停年退官、京都大学名誉教授。花園大学客員教授、龍谷大学文学部教授を経て、同大学客員教授。日本学士院会員。

〔主著〕『劉裕』（人物往来社。後に中公文庫）、『王羲之―六朝貴族の世界―』（清水新書、清水書院。増補して岩波現代文庫）、『六朝精神史研究』（同朋舎出版）、『中国古代人の夢と死』（平凡社選書）、『秦の始皇帝』（集英社。後に講談社学術文庫）、『魏晋清談集』（中国の古典シリーズ、講談社）、『書と道教の周辺』（平凡社）、『古代中国人の不死幻想』（東方選書、東方書店）、『中国人の宗教意識』（中国学芸叢書、創文社）、『読書雑志―中国の史書と宗教をめぐる十二章―』（岩波書店）、『顔真卿伝―時事はただ天のみぞ知る―』（法蔵館）、訳書に『訓注本 後漢書』（全10冊・別冊1、岩波書店）、『高僧伝』（全4冊、船山徹氏と共訳、岩波文庫）など。

大庭脩

（おおば　おさむ）

1927年、京都市生まれ。生後ほどなくして大阪府にうつる。1950年、龍谷大学文学部東洋史学科卒業。1953年、同大学院文学研究科東洋史学科修了。聖心女子大学文学部（小林分校）専任講師・助教授を経て、1960年に関西大学文学部助教授、1965年に教授。1994年より大阪府立近つ飛鳥博物館館長。1997年3月に関西大学を定年退職し、同年4月より皇學館大学大学院教授。2000年に皇學館大学学長に就任。2002年11月27日、急性白血病により逝去。

［主著］単著に『江戸時代における唐船持渡書の研究』（関西大学東西学術研究所）、『親魏倭王』（学生社、のち同社より増補版が刊行）、『図説中国の歴史2 秦漢帝国の威容』（講談社）、『木簡』（学生社）、『江戸時代の日中秘話』（東方書店、のち増補改題して燃焼社より『日中交流史話』として再刊）、『秦漢法制史の研究』（創文社）、『江戸時代における中国文化受容の研究』（同朋舎出版）、『漢簡研究』（同朋舎出版）、『古代中世における日中関係史の研究』（同朋舎出版）、『漢籍輸入の文化史―聖徳太子から吉宗へ』（研文選書、研文出版）、『象と法と』（大庭脩先生古稀記念祝賀会）、『徳川吉宗と康熙帝―鎖国時代の日中関係』（大修館書店）、『漂着船物語　―江戸時代の日中交流―』（岩波新書、岩波書店）、『唐告身と日本古代の位階制』（皇學館大学出版部）、『木片に残った文字』（柳原書店）など。日中関係史にかかわる史料の出版にも尽力し、関西大学東西学術研究所および関西大学出版部などから多くの史料集を刊行した。

本書は、講談社学術文庫より同名で刊行されたものを底本とした。
とりあげられている史料には、著者がその後釈読を改めたものもあるが、
故人であるため原本のままとし、
本文については明らかな誤字の修正にとどめている。
なお、荊木美行氏による解説、吉村昌之氏による随筆は書き下ろしである。

志学社選書

002

木《もっ》簡《かん》学《がく》入《にゅう》門《もん》

二〇二〇年一一月二七日　初版第一刷発行

著者名　大庭《おおば》脩《おさむ》　©Osamu Oba

発行者　平林《ひらばやし》緑萌《もえぎ》・山田《やまだ》崇仁《たかひと》

発行　合同会社 志学社

〒272－0032 千葉県市川市大洲4－9－2

電話　047－321－4577

https://shigakusha.jp/

編集　志学社選書編集部

編集担当　平林緑萌

編集協力　長《ちょう》伸行《のぶゆき》

装幀　川名《かわな》潤《じゅん》

印刷所　モリモト印刷株式会社

定価はカバーに表記しております。

Printed in Japan　ISBN978-4-909868-01-5　C0322

お問い合わせ　info@shigakusha.jp